Der
Staat und der Landbau.

Beiträge
zur
Agriculturpolitik

von

Friedrich Bülau,
außerord. Prof. der Philosophie an der Univers. Leipzig.

Leipzig,
bei Georg Joachim Göschen.
1834.

Vorrede.

Die Gründe, die mich zur Ausarbeitung der nachfolgenden Abhandlungen bestimmten, sind größtentheils in dem ersten Aufsatze ausgesprochen. Ich hoffe, daß auch der eigentliche Theoretiker Manches in meiner Schrift finden wird, was ihm der Aufmerksamkeit werth scheint. Im Wesentlichen habe ich aber bei ihrer Abfassung an die zahlreiche Classe der Gebildeten gedacht, die bei den hier behandelten Fragen interessirt, für eine wissenschaftliche Erörterung empfänglich, aber mit den Ergebnissen der Volks- und Staatswirthschaftslehre nicht speciell vertraut sind. Der Zusammenhang der einzelnen Aufsätze stellt sich von selbst dar. Die Abhandlnng von den Domainen wird den Lesern des Jahrganges 1831 der Zeitschrift: „das Vaterland“ theilweise schon bekannt sein. Sollten übrigens diese Untersuchungen Beifall finden, so würde mich dieß vielleicht bestimmen, ihnen Aehnliche über die so eng zusammenhängenden Fragen von der Bevölkerung, den Heimaths- und Armengesetzen und der Gewerbspolitik folgen zu lassen.

Im ersten Bogen sind, während einer Reise des Verfassers, einige Druckfehler stehen geblieben, die ich nach Folgendem zu verbessern bitte. S. 6 Z. 15 v. u. l. derer statt: davon; S. 9 Z. 7 v. u. l. unentgeldlich st. unentgeltlich; S. 10 Z. 6 v. o. l. Bebauer st. Bebauen; Z. 9 l. Nationalgeschäft st. Nationalgeschick; S. 11 Z. 1 v. o. l. vor st. von.

Connewitz bei Leipzig, den 21. Dec. 1833.

Friedrich Bülau

Inhalt.

I.

Der volks- und staatswirthschaftliche Werth des Landbaues.

Das Merkantilsystem, einst die einzige Richtschnur der Staatswirthschaft, ist in der Theorie nun vollkommen verdrängt worden, wenigstens in den Principien ist es verdrängt; in deren Anwendung auf specielle Momente mag es noch hier und da durchleuchten. Aber wenn auch geläutertere Ansichten über die Güterwelt und das Verhältniß des Menschen und des Staates zu ihr sich geltend gemacht haben, in der Erscheinung begegnet das Industriesystem seinem Vorgänger, daß es zwar den hohen Werth des Landbaues nicht verkennt, aber mit Vorliebe bei den Mitteln verweilt, durch welche man Gewerbe und Handel zu befördern meint.

Daß dieß bei den Praktikern der Fall ist, darf nicht befremden. Die Staatsmänner liegen noch in den Fesseln des Merkantilsystems, die Bedrängnisse des Augenblicks sind zu groß, als daß es ihnen vergönnt wäre, auf die Zukunft zu blicken; dem Augenblick zu genügen, ist ihre Aufgabe, darum ist ihnen mehr an Quellen gelegen, aus denen sie schnell und auf einmal zu schöpfen vermögen, als daß sie an die allmälige Befestigung der öffentlichen Wohlfahrt denken könnten. Auch haben sie in Gewerbe und Handel mit weniger widerstrebenden Verhältnissen zu kämpfen. Zu allen den künstlichen Maaßregeln, die sie hier ergreifen, bedarf es nur der

Gesetze; der Handel und der Verkehr sind schmiegsam, sie unterwerfen sich den Geboten, aber sie umgehen sie, sie gleichen ihre Mängel und Nachtheile aus; sie ringen mit den Einrichtungen des Staats und halten sich trotz aller der Anstalten aufrecht, durch welche man sie zu begünstigen denkt, in Wahrheit aber lähmt und entkräftet. Der Landbau aber ist zäh und fest wie der Boden, den er bearbeitet; er ist den regelmäßigen Gang gewohnt; er ist umpanzert mit verjährten, erworbenen Rechten, dem Erbtheile der Jahrhunderte, mit Instituten, so alt wie er selbst, mit Sitten und Gewohnheiten, die der Landmann mit gleicher Anhänglichkeit pflegt, wie das Erbe der Väter, und denen, die ihn betreiben, gebricht der unternehmende Geist, der augenblicklich erkennt, was das veränderte Verhältniß fordert, und wie man sich in die neuen Zustände einzurichten habe, um ihre Vortheile zu benutzen, ihre Nachtheile zu vermeiden. Ueberdem haben die Staatsmänner bei dem Landbaue — wie eigentlich überall — keine Gelegenheit mehr, zu binden, zu beschränken, einzugreifen, ihr beliebtes Spiel mit Verordnungen und Befehlen zu treiben, sondern es tritt hier klarer als irgendwo hervor, daß es darauf ankommt, zu lösen, zu befreien, die Verhältnisse zu vereinfachen und der eignen Thätigkeit der Individuen unbeschränkteren Raum zu geben. Das aber sind Schritte, zu denen der Staatsmann sich selten geneigt fühlt.

Endlich läßt es sich nicht verkennen, daß durch den Landbau allein kein Volk zu Reichthum gelangt; es müßte denn, durch seltsame Umstände begünstigt, als die Kornkammer aller Nachbarländer erscheinen, mit diesen einen lebhaften Tauschverkehr treiben und Einsicht und Thätigkeit genug besitzen, um den Gewinn dieses Geschäfts für sich selbst zu behalten und nicht, wie gewöhnlich geschieht, einen ungebührlichen Antheil davon dem unternehmenderen Geiste der Fremden zu überlassen. Sonst aber sind es vorzüglich drei Momente, die es bewirken, daß ein bloß ackerbautreibendes Volk bei aller Wohlhabenheit, die es besitzen mag, sich selten zu der staunenswerthen Höhe des Reichthums emporschwingt, die wir bei Handelsvölkern bewundern. Einmal, daß der

Landbau eine bei Weitem größere Summe von Menschenkräften in Anspruch nimmt, als jedes andere Geschäft. Zwar wirkt auch bei ihm die Naturkraft als treue Mitarbeiterin. Aber es ist nicht die unbegrenzte, unerschöpfliche Naturkraft, die im Wasser, im Winde, in den Dämpfen wirkt; sie will geweckt sein, sie will Nahrung, sie will Ruhe; sie ist zwar einer Ergänzung, aber keiner unbegrenzten Steigerung fähig. Nirgends ist die Anwendung der Maschinen so beschränkt, wie beim Landbau, nirgends vermag man daher so wenig, durch sinnreiche Combination die einfache Kraft zu vervielfältigen. Ja selbst bei der Anwendung der Menschenkraft ist doch die Vertheilung der Arbeit, die anderwärts ihren Ertrag so unendlich erhöht, hier am Wenigsten thunlich. Die Menschenkraft aber ist das kostspieligste Werkzeug. — Dann die Schwierigkeit des Transports seiner Erzeugnisse. Keine Güter nehmen, im Verhältnisse zu ihrem Preise, einen so großen Raum ein, wie die des Landbaues. Einen bedeutenden Ausfuhrhandel mit Getreide vermögen in der Regel nur Völker zu treiben, die keine Binnenländer bewohnen, sondern deren Fluren von Flüssen durchströmt werden, die, schon von ihrem Gebiete aus schiffbar, in das Meer münden. Wasserstraßen, Verbindung mit der See und guten Häfen sind dem Ausfuhrhandel mit Landprodukten unentbehrlich. Auch sind die Erzeugnisse des Landbaues nur unter kostspieligen Anstalten langer Aufbewahrung fähig, in der Regel aber nach kurzer Zeit der Verderbniß ausgesetzt. Endlich die natürliche Trägheit des landbautreibenden Volks. Wie es die unentbehrlichsten Bedürfnisse des Lebens selbst und in Fülle erbaut, so bleibt es auch geneigter als andere, sich mit diesen begnügen zu lassen, fühlt sich weniger zu feinen, künstlichen Genüssen gezogen, wird aber eben dadurch des unternehmenden Sinnes und des Erfindungsgeistes beraubt, der in der Mannigfaltigkeit seiner Erzeugnisse seinen Lohn und rastlosen Antrieb zu neuen, gewinnreicheren Schöpfungen findet. — In ackerbautreibenden Ländern ist im günstigsten Falle ein mäßiger Wohlstand unter Viele vertheilt. Oder wo verkehrte, naturwidrige Einrichtungen es bewirken, daß der Ertrag der Arbeit und der Naturkraft sich in den Händen Weniger zusammendrängt, da mögen, wie in den westindischen Colonien und wie in Polen und Ungarn, sich einzelne unermeßlich reiche Geschlechter erhalten, unter denen die Masse des Volks im bittersten Elende schmachtet. Ein solcher Reichthum macht isolirte, außerordentliche Anstrengungen möglich, wenn sie im Interesse der Reichen und Herrschenden sind. Und jener Wohlstand erlaubt einer einsichtigen Verwaltung, durch gleichmäßig vertheilte Abgaben auch hohe Bedürfnisse des Staats zu bestreiten, ohne befürchten zu müssen, die Quellen ihrer Einkünfte versiegen zu sehen; er macht das Volk fähig, auch große Unfälle zu ertragen, ohne in gänzlichem Ruin sich zu erschöpfen. Beides aber ist es nicht, was unsre Staatsmänner brauchen, denen darauf ankommen muß, zu jeder Zeit über große Capitalien gebieten zu können und die in das Getriebe der merkantilischen Unternehmungen des Geld- und Papierhandels verflochten sind. Wie gesagt, es befremdet mich nicht, die Finanziers sich mehr für Handel und Industrie interessiren zu sehen, als für den Landbau.

Aber daß auch die Theorie nicht energischer auf die Emancipation der Agricultur dringt, daß auch sie sich mit Vorliebe fast nur mit Handel und Gewerbe beschäftigt, die Zölle mit größerem Feuer bekämpft, als die Frohnen, über die Institute der Handelswelt sich mit tieferer Kenntniß verbreitet, als über die Verhältnisse des Landes und uns zahlreichere Schriften über Handelspolitik liefert, als über Agriculturpolitik, das ist zu bewundern. Zwar das vorige Jahrhundert ist freier von dieser Schuld, als das jetzige. Den Physiokraten*) wird Niemand den Vorwurf machen, daß sie

*) Ueber den Stifter des physiokratischen Systems, den Leibarzt Ludwigs XIV. von Frankreich, Franz Quesnay, vergl. unt. a. die Mémoires de Madame d'Hausset, femme de chambre de Madame de Pompadour. Par. 1824, 8. Das System ist am Vollständigsten dargestellt in:

Turgot, recherches sur la nature et l'origine des richesses nationales. Paris, 1774. 12. t. von Mauvillon, Lemgo, 1775. 8.

den Werth des Landbaues zu niedrig angeschlagen, Industrie und Handel überschätzt hätten. Gleichwohl aber haben auch ihre Bestrebungen für diese letzteren Zweige der menschlichen Thätigkeit ungleich wohlthätigere Früchte getragen, als für ihr Ideal, den Landbau. Wo sie auf Entfesselung der Gewerbsthätigkeit und des Handels drangen, da begegneten sie ihren Gegnern, da widersprach ihnen Niemand, da fielen ihnen auch die bei, die ihre sonstigen Lehrsätze bekämpften. Indem sie aber den Landbau für die alleinige Quelle aller Produktion erklärten, den Werth desselben über Alles erhöhten und dem Stande der Landbebauer mit der höchsten Vorliebe huldigten, verfielen sie in den seltsamen Fehler, auf den Beweis übertriebener, irriger, widersinniger Behauptungen weit mehr Mühe und Eifer zu verwenden, als auf die Nachweisung der Mittel, durch welche dem von ihnen so hoch gepriesenen Erwerbszweige zu helfen gewesen wäre. Ja indem sie, in starrer Consequenz ihre Principien verfolgend, behaupteten: alle Bedürfnisse des Staats seien durch eine einzige große Grundsteuer zu bestreiten, da ja alle übrigen Staatsbürger von den Ueberschüssen des Landbaues lebten, und es den Grundbesitzern freistehe, den Consumenten, bei Zuweisung ihrer Antheile, den verhältnißmäßigen Beitrag zur Steuer wieder abzuziehen, kurz die Steuer auf die Produkte zu schlagen, und eben dadurch gleichmäßig zu vertheilen; indem sie dieß behaupteten, zogen sie selbst den Stand, für den sie eiferten, auf die Seite ihrer Gegner. Ueberhaupt hatten sie, wie dieß speculativen Köpfen nicht selten geht, mehr den Staat in der Idee, ein abgeschlossenes, von allen Beziehungen gegen Außen entferntes Ganze, im Auge, als daß sie sich die Erde in ihrer Mannigfaltigkeit vergegenwärtigt hätten, mit dieser Masse von Ländern verschiedener Natur, verschiedener Ertragsfähigkeit, verschiedenen Bedürfnissen, und eben durch diese Verschiedenheit auf das Innigste verflochten. Sie erkannten es nicht lebhaft genug, daß die Aecker handeltreibender Völker überall liegen, wo die Käufer ihrer Waa-

Reflexions sur la formation de la distribution des richesses. Paris, 1784. 8.

ren den Boden bebauen, und daß die Staatswirthschaft des Volkes, das Fremde für sich den Boden bearbeiten läßt, eine andere sein muß, als die des ackerbautreibenden. Sie verkannten, daß die unentbehrlichsten Güter nicht die einzigen sind, und daß Alles, was dazu beiträgt, eine Sache tauglicher zur Befriedigung vernünftiger Zwecke zu machen, auch ihren Werth oft unverhältnißmäßig erhöht, und ebendeshalb wesentlich produktiv ist. Ihr System wäre selbst auf einem abgeschlossenen Inselstaate nicht begründet gewesen; an den Verhältnissen der wirklichen Welt mußte es vollständigen Schiffbruch erleiden.

Indem man aber die Uebertreibungen der Physiokraten in ihr wahres Licht stellte, hätte man den Werth des Landbaues nicht verkennen, oder, wenn man ihn nicht verkannte, hätte man ihm die Gerechtigkeit widerfahren lassen sollen, die ihm gebührte. Konnte man auch nicht zugeben, daß Alle, die nicht Ackerbau treiben, nur halbproduktiv oder völlig steril seien, d. h. nur soviel erzeugten, als sie während der Arbeit verzehrten, oder gar nichts erzeugten, so konnte man doch auch nicht leugnen, daß von den Ueberschüssen, die der Landbau liefert, nachdem er alle mit ihm beschäftigten Individuen ernährt hat, die Gesammtmasse davon erhalten wird, die außer den Landbauern auf der Erde leben. — Ist auch das nothwendigste Bedürfniß nicht das einzige, so ist es doch das wichtigste und erste. Alles andere ist erst Bedürfniß geworden, das Produkt der Agricultur ist ursprüngliches Bedürfniß. Alles andere kann seinen Werth verlieren, die Erzeugnisse des Landbaues bleiben wichtig, so lange Menschen und Erde ihre Natur nicht wechseln. Vor Allem ist das der große Unterschied zwischen dem Landbau und allen andern Zweigen der menschlichen Thätigkeit, der große Vorzug, den er vor ihnen voraus hat: daß bei ihm die Nachfrage im Verhältnisse zum Angebot steigt, während dieß bei den Uebrigen keinesweges in gleichem Grade der Fall ist; und daß der Absatz der andern Güter wesentlich von dem Ueberflusse oder Mangel der

Landprodukte bedingt wird. Bevölkerung und Nahrungsmittel stehen in einer Wechselwirkung, die zwischen dem ersteren Elemente und irgend einer andern Sache keineswegs Statt findet. Mit der Vermehrung der Nahrung wächst die Bevölkerung, mit ihrer Abnahme sinkt sie. Die ersten Nahrungsmittel sind die Grundlage, die Bedingung der Existenz der Bevölkerung. Je höher aber die durch die vermehrte Ernährungsfähigkeit hervorgerufene Population anwächst, desto mehr steigert sich wieder die Nachfrage nach den Produkten des Landbaus, und was die eigne Agricultur des Landes nicht zu bestreiten vermag, das erwirbt Industrie und Handel, durch Noth beflügelt, auf dem Wege des Tauschverkehrs aus der Ferne. Ich will nicht leugnen, daß auch bei andern Gütern das vermehrte Angebot eine vermehrte Nachfrage veranlaßt. Allein dieß geschieht nicht deshalb, weil mit der Vermehrung der Waaren die Anzahl derjenigen wüchse, die consumiren können, sondern weil die vorhandenen Consumenten von einer wohlfeileren Waare mehr verwenden, als von einer theuren und weil von der vorhandenen Bevölkerung mehrere die wohlfeiler gewordene Waare consumiren, als früher. Da aber sonach die Vermehrung dieser Waaren nicht auf das Steigen der Bevölkerung, sondern auf die Zunahme der Lust zum Consumiren einwirkt, diese Zunahme aber nicht eine unbegrenzte sein kann, weil es sich nur um eine begrenzte Anzahl von Menschen handelt, so gibt es bei allen Gütern, die nicht zu den ersten Nahrungsmitteln gehören, eine Grenze, über welche hinaus die Nachfrage aufhört. Dazu kommt, daß die Erzeugnisse des Landbaues schnell und fortwährend consumirt werden, das Bedürfniß nach ihnen aber immer fortwirkt. Dann daß bei diesen Gütern das Bedürfniß auf einem Gebote der Natur beruht, bei andern aber mehr oder weniger auf der wechselnden Ansicht der Menschen, so daß eine Veränderung in der Sitte, der Tagesmeinung, den Verhältnissen, ein bisher für werthvoll gehaltenes Gut auf einmal zu einem werthlosen machen kann. Endlich trachtet der vernünftige Mensch erst dann nach dem weniger Nöthigen, wenn auch noch so Wünschenswerthen, wenn er vorher das Nöthige befriedigt hat. Von dem Angebote der Landprodukte hängt folglich auch die Nachfrage nach andern Gütern wesentlich ab. In Zeiten, wo Theurung der ersten Nahrungsmittel, der unentbehrlichsten Bedürfnisse herrscht, müssen die Individuen einen größeren Theil ihres Einkommens auf deren Erlangung verwenden, und sich folglich die Befriedigung manches andern Bedürfnisses versagen, an das sie sich in günstigeren Zeiten gewöhnt hatten. Was einzelne Reiche, vielleicht aus einem edlern Beweggrunde des Wohlthätigkeitssinnes, thun, kann auf das Ganze keinen Einfluß haben. Der Flor des Handels und der Gewerbe hängt nicht von den höchsten, sondern von den mittleren Klassen ab, auf deren Einkommen wieder die Lage der niedern einen nicht immer genug beachteten Einfluß hat. Die kleine Consumtion der großen Volksmenge beträgt unendlich mehr, als die große der wenigen Reichen.

Kurz, nicht darin beruht der nationalökonomische Werth des Landbaues, worin er häufig gesucht wird: daß er nehmlich Urprodukte herstellt, die Naturkraft zu neuen Schöpfungen aufmuntert, Güter in den Kreis des Lebens ruft, die bisher nicht vorhanden waren, und ohne seine Thätigkeit nutzlos für uns im Schooße der unorganischen Natur geschlummert hätten. Dasselbe leistet die Fabricatur, indem sie ein Produkt, das in rohem Zustande keinen oder geringeren Werth hatte, durch Umgestaltung oder durch Verbindung mit andern, für menschliche Zwecke tauglich oder tauglicher macht. Dasselbe leistet der Handel, wenn er eine Waare, die für die Bewohner des Auslandes keinen oder geringen Werth hat, an die Stelle schafft, wo sie der Befriedigung eines wichtigen Bedürfnisses dient, z. B. das Bauholz aus unbetretenen Urwäldern auf die Schiffswerften, die Südfrucht, das freie Geschenk der Natur in glücklichen Zonen, in die Palläste des Nordens liefert. Ja er leistet es für den einzelnen Staat, wenn er einen Ueberschuß bietenden Handel mit dem Auslande treibt, und dadurch die Masse der in dem Lande vorhandenen Güter quantitativ vermehrt, wie es dort und in den Fabriken qualitativ geschah. Selbst die rein geistige Thätigkeit leistet es, sobald sie, durch Erweiterung des Feldes der Wissenschaft einer Erfindung den Weg bahnt, die einem bisher vielleicht nutzlosen Gegenstande eine Bedeutung verleiht, in der die Schöpfung unermeßlicher Güterwerthe ihre Quelle findet. Der Gedanke, der die Spinnmaschinen erfand und alle die Speculationen, die diesen Gedanken möglich machten, sind unermeßlich productiv gewesen. Auch die Thätigkeit leistet es, die den Zustand der Ordnung und Sicherheit aufrecht erhält und dadurch die Entstehung von Gütermassen möglich macht, die unter Barbarei und Willkür sich niemals gebildet hätten; oder die für Gesundheit des Körpers und Geistes sorgt und so die Seele aller übrigen Kräfte: die Menschenkraft, sichert. Alles greift in einander ein, nichts ist nutzlos, als der Müssiggang. Aber der nationalökonomische Werth des Landbaues besteht in der Wichtigkeit der Güter, die er erzeugt, in ihrer Unentbehrlichkeit für die Menschheit, ihrer Beziehung zur Existenz der Bevölkerung und zu dem Verbrauche aller übrigen Bedürfnisse.

Wenn schon dieß für die allgemeine Betrachtung der Güterwelt den Landbau als den wichtigsten Zweig der mit Güterproduction beschäftigten menschlichen Thätigkeit herausstellt, so giebt es auch noch andere Momente, die für vernünftige Regierungen wohlgeordneter Staaten die besondere Beförderung desselben zur Pflicht machen. Abgesehen davon, daß die Ruhe und Zufriedenheit der ärmsten, niedersten und ungebildetsten, ebendeshalb aber in Zeiten der Aufregung gefährlichsten Volksclasse wesentlich durch den Ueberfluß der ersten Nahrungsmittel bedingt ist, — eine Thatsache, die in den Staaten des Alterthums die unentgeltliche Kornvertheilung zu einem Haupttheile der Regierungspolitik machte und auch in der französischen Revolution ihre Rolle gespielt hat — so ist doch durch Vernunft und Erfahrung bewiesen, daß der auf den Flor des Ackerbaus begründete Wohlstand am Meisten den Charakter der Sicherheit und der Dauer trägt und, so lange die Bevölkerung nicht in die tiefste Lethargie der Arbeitsscheu versenkt ist, auch von anhaltenden Unfällen nicht erschöpft wird, überhaupt aber den Wechselfällen des Glücks am Wenigsten ausgesetzt ist. Die Mutter Erde *), von Arbeit befruchtet, bietet jährlich ihre Schätze; der gleichmäßige Gang der Natur, Regen und Thau, Gestirne und Sonnenschein, alles wirkt im treuen Bunde mit dem fleißigen Bebauen des Landes. Es handelt sich nicht um isolirte Unternehmungen einzelner Speculanten, sondern um ein über das Gesammtgebiet verbreitetes Nationalgeschick. Irrthümer, Misgriffe, Leichtsinn der Einzelnen haben auf das Ganze keinen Einfluß und werden durch erhöhte Umsicht Anderer ausgeglichen. Darum ist Gleichmäßigkeit und Stetigkeit der Charakter des Landbaus. Weil das Product seiner Thätigkeit auf ewigen Naturgesetzen beruht, die nur in kürzeren Zeiträumen eine scheinbare Abweichung erlauben, so ist ein Wechsel in seinem Ertrage wohl für kleine Zeitperioden möglich, aber dieser Wechsel behauptet im Ganzen eine solche Regelmäßigkeit, daß das Durchschnittsverhältniß sich gleichbleibend gestaltet und der Landwirth mit Sicherheit darauf rechnen kann, im Laufe der, seiner Thätigkeit nach menschlicher Berechnung gesteckten Frist die schlechten Jahre durch gute übertragen zu sehen. Die meisten übrigen Lebensgeschäfte sind einem steten Wechsel, einem Einflusse der Mode, der veränderten Zeitlage und Verhältnisse unterworfen. Wie manches Gewerbe, das in früherer Zeit in hoher Blüthe stand, durch weite Länder verbreitet war und einen großen Theil der Bevölkerung ernährte, ist jetzt fast bis auf den Namen verschwunden! Ein neu entdecktes Product eines fernen Welttheils, eine neue Erfindung, eine veränderte Richtung der Sitte, ein äußeres, gewaltsam eingreifendes Ereigniß, irgend einer dieser Momente genügt, um einen Erwerbszweig zu vernichten, der bisher reichlohnend war und so sicher schien, daß ihn Viele zu ihrem Lebensberufe machten. Oder wenn auch die Nachfrage nach dem Producte industrieller Thätigkeit fortdauert,

*) Arbeit ist der Vater, die Erde die Mutter des Reichthums, sagt Petty in seinem treatise on taxes et contributions. Lond. 1667. 4. p. 47. Man könnte hinzusetzen: und das Capital ist seine Amme.

wie leicht kann eine mit einer Handelsstraße vorgegangene Veränderung, eine von einem auswärtigen Staate getroffene Gesetzgebungsmaaßregel, kurz ein Ereigniß im Auslande, ein Schritt des Auslandes, die Leichtigkeit seines Absatzes verringern und endlich diesen ganz verhindern. Der Handel vollends, wie sehr hängt er von der Handelspolitik fremder Staaten ab! Die Unabhängigkeit des Landbaues vom Auslande ist ein wichtiger Grund, der seine Beförderung den Regierungen empfehlen muß. Das Land, dessen Wohlstand wesentlich auf dem Landbaue beruht, ist einer Menge politischer Rücksichten entbunden, die der industrielle und handeltreibende Staat gar sorglich zu nehmen hat. Aber nicht nur der Landbau selbst ist unabhängig vom Auslande, er hebt auch in anderer Hinsicht die Abhängigkeit des Staates vom Auslande auf, eben weil er das nöthigste unter allen Bedürfnissen erzeugt. Nur der Staat kann sagen, daß er die Bedingungen vollkommener Unabhängigkeit vom Auslande in sich vereinigt, der Brot, Salz und Feuerungsmaterial in hinlänglicher Menge selbst erzeugt, um dem Bedürfnisse aller seiner Bewohner zu genügen. Wer jene Güter sich erst auf dem Wege des Tauschverkehrs verschaffen muß, der sieht ihren Erwerb schon von einer Menge Umständen abhängig, die er nicht immer beherrschen kann, sondern die nur allzuoft ihn beherrschen. Der Staat dagegen, der in der glücklichen Lage ist, seine Nachbarn mit seinem Ueberflusse an jenen unentbehrlichen Bedürfnissen versorgen zu können, kann sich in gewisser Beziehung als den Gebieter derselben betrachten. Ist auch in aufgeklärten Zeiten eine Absperrung der Getreideausfuhr aus Rücksichten politischer Feindschaft weniger zu erwarten, als früher, da die Regierungen jetzt einsehen müssen, daß sie durch solche Maaßregeln ihren eigenen Unterthanen, denen sie eine Quelle des Einkommens entziehen, einen wenigstens eben so großen Nachtheil zufügen, als dem Auslande, so muß es doch das ernstlichste Bestreben jeder einsichtsvollen Regierung sein, darauf hinzuwirken: daß der Grund und Boden eines Staats einen so reichen Ertrag liefere, als er unter Anstrengung aller Kräfte nur zu liefern im Stande ist, und daß also der

Staat, auch wenn natürliche Verhältnisse es ihm unmöglich machen, seine gesammte Bevölkerung aus eignen Erzeugnissen zu ernähren, wenigstens so wenig als möglich aus dem Auslande zu beziehen brauche und folglich so viel als möglich von dem Einflusse des Auslandes emancipirt sei. — Auch der Landbau bedarf der Capitalien, um zu einem höheren Flore sich zu erheben. Aber er bedarf ihrer, wenigstens im Einzelnen, nicht in dem Umfange, wie Gewerbe und Handel, nicht so auf einmal wie diese, sondern seinem Bedürfnisse entspricht mehr das allmählige Ansammeln aus mäßigen Ersparnissen gebildeter Ueberschüsse. Und die Capitalien, die er in Anspruch nimmt, nehmen, mit ihrer Verwendung in den Dienst des Landbaues, die Eigenschaften unwillkürlich an, die diesem selbst als Vorzüge beizulegen sind, die Eigenschaften der Sicherheit und Dauer. Der Landbau bleibt mehr, als alle andern Erwerbszweige, von den Verwickelungen der merkantilischen Welt, dem Steigen und Fallen des Geldpreises, dem Gelingen oder Mißlingen weitaussehender Unternehmungen unberührt. Das Sinken und Steigen der Staatspapiere berührt ihn nicht. Erschüttert eine Revolution das Gebäude des Staats, der mit ihm erschütterte Credit erregt die krampfhaftesten Zuckungen durch die ganze Vergliederung der Handels- und Gewerbswelt und der Bankerout des Banquiers, der mit Staatspapieren verkehrt, zieht vom Großhändler bis zu dem kleinsten Dorfkrämer herab, eine Reihe ähnlicher Schiffbrüche nach sich. Den sichern Grundeigenthümer stört er nicht. Ja solche Zeiten, in denen bittere Erfahrungen das Vertrauen auf die Sicherheit der Staaten und auf die Festigkeit industrieller Unternehmungen gelähmt haben, sind es gerade, in denen die Capitalisten ihre Ersparnisse williger und unter billigeren Bedingungen dem Landbaue zuwenden; zu der Ueberzeugung gelangt, daß es gerathen sei, einen kleinen aber sicheren Gewinn dem größeren und unsicheren vorzuziehen. — Der Landbau ist kein Glücksspiel, wie der Handel. Nur dem Fleißigen giebt er seine Schätze, nur der Anstrengung dient er willig. Nicht eine einzige glückliche Speculation vermag den Reichthum des Landwirths zu gründen, aber ein einzelnes Mißlingen ist es auch nicht, das ihn stürzen kann. Sein Gewinn ist mäßig, kommt langsam, wächst aber um so sicherer an. Der Wohlstand der Staaten bildet sich nicht aus dem Ertrage einzelner gewinnbringender Unternehmungen, sondern aus den allmäligen Ueberschüssen der Gesammtproduction; er beruht nicht auf glücklicher Speculation, sondern auf Sparsamkeit. Der Wohlstand aber, der auf diesem zwar langsamen, jedoch sicheren Wege gebildet ist, bleibt auch ein nachhaltender Wohlstand. Das leicht erworbene Gut geht leicht verloren. Was langsam und mühevoll erlangt ward, folgt seinem Erwerber treu und beständig. Wie es bei dem Landbau schwer ist, auf einmal einen außerordentlichen Gewinn zu machen, ein Vermögen zu erwerben, so bleibt doch auch die Gefahr eines, mit einem Schlage das ganze Vermögen entreißenden Verlustes fern. Nicht Reichthum, aber auch nicht Elend, sondern Wohlstand ist, bei wohlgeordneten öffentlichen Einrichtungen, der Charakter des ackerbautreibenden Volks. Das ist aber der wohlthätigste Zustand der Volkswirthschaft und die sicherste Grundlage einer guten Staatsökonomie. Auch hat der durch den Landbau entstandene Wohlstand die wohlthätige Eigenschaft, daß er sich weit und gleichmäßig verbreitet. Neben dem reichen Rittergutsbesitzer, neben dem wohlhabenden Bauer gedeihen auch Gärtner und Häusler; blüht der Landbau, so heben sich nicht nur die ländlichen Gewerbe, so sind nicht nur die arbeitenden Classen auf dem Lande in einer günstigen Lage; nein, auch der städtische Handwerker findet sichere und nützliche Kunden; der Kaufmann und Fabrikant einen reichlichen und einträglichen Absatz. Neben dem blühendsten Welthandel kann das Land in Dürftigkeit schmachten; ist aber der Ackerbau in seinem natürlichen Flor, dann werden auch die Städte nicht verarmen. Die Ursache jener Eigenschaft des Landbaues liegt wesentlich darin, daß er für den Einzelnen an ein beschränktes, begrenztes Gebiet gebunden ist, seine Betreibung weder eine kostspielige Vorbereitung noch durchgängig den Besitz eines großen Capitals erfordert und seine Werkzeuge in der Arbeit der Menschenhände bestehen. Deshalb ist der Grundbesitzer nicht in dem überwiegenden Vortheile von Concurrenten und Gehilfen, wie z. B. der Fabrikherr, und folglich nicht wie dieser im Stande, einen unverhältnißmäßigen Antheil des Gewinnes in Anspruch zu nehmen. Weder vermag er seinem Geschäfte eine willkürliche Ausdehnung zu geben, noch den Capitalgewinn zu ziehen, dessen Jener sich erfreut, noch seine eigne Arbeit sich so bezahlen zu lassen. Zur Begründung eines Fabrikgeschäfts gehört in der Regel ein besonderes Standesverhältniß; es gehören Verbindungen dazu und vor Allem der Besitz eines bedeutenden Capitals, nicht bloß zur ersten Anlage, — wo es der zur Erkaufung des Grundeigenthums erforderlichen Summe gleichkommt, — sondern zur fortwährenden Unterhaltung. Die Thätigkeit ferner des Fabrikherrn ist unendlich verschiedener von der seiner Arbeiter, als die des Verwalters einer Grundbesitzung von der der seinigen. Darum giebt der Fabrikherr von dem Gesammtertrage seines Geschäfts auch verhältnißmäßig ungleich weniger an seine Werkzeuge ab, als der Grundherr. Das Verhältniß also, was sich bei Jenem gestaltet, wo ein reicher und begüterter Unternehmer die Früchte des Fleißes einer großen Anzahl dürftiger Individuen genießt, dieses so traurige Verhältniß kann bei dem Landbaue nur in Pflanzercolonieen, wo die Aecker von Sklaven bestellt werden, oder in Ländern vorkommen, in denen die Leibeigenschaft noch in ihrer härtesten Form sich vorfindet. Und selbst in diesen haben überall Sitte, Gewohnheiten, und die von dem Landbaue unzertrennliche Idee des Eigenthumsrechts das Verhältniß genug gemildert, um der Lage des Leibeigenen vor der des Fabrikarbeiters wenigstens den Vorzug der Sicherheit zu verschaffen. — Wie bei dem Landbaue alles sicher und gleichmäßig ist, so geht auch die durch ihn hervorgerufene Zunahme der Bevölkerung einen ruhigen, gleichmäßigen und wohlthätigen Schritt und hält sich in stetem Gleichgewichte mit der Ernährungsfähigkeit des Landes. Wie bei dem Flore des Landbaues Entvölkerung nicht zu besorgen ist, so wird auch durch den Landbau niemals der Zustand der Uebervölkerung veranlaßt werden. Die Bevölkerung also, die Landbau erzeugt, giebt dem Staatsmanne keinen Grund zu

Befürchtungen. Sie ist, wie der Wohlstand des Landwirths, allmälig aus den nach Naturgesetzen sich bildenden mäßigen Ueberschüssen des Zuwachses der Bevölkerung über die Abnahme derselben entstanden; sie ist nicht in das Land gezogen, nicht künstlich hervorgerufen; sie ist das natürliche Produkt, das Kind des Landes. Die überraschende Zunahme der Bevölkerung civilisirter Staaten aber wird nicht dem Landbaue, sondern der Industrie und dem Handel verdankt. Wo diese ihr reiches und üppiges Füllhorn ausschütten, da sammelt sich in staunenswerther Schnelle eine Masse von Einwohnern; angelockt durch die leichtere Arbeit, den schnellen und hohen Verdienst, das sinnlich-glückliche Leben, die glänzenden Beispiele rasch und wunderbar errungenen Reichthums. Diese Bevölkerung hat kein bleibendes Eigenthum, sondern sie ist auf den Fortgang des Geschäftes, das sie hervorgerufen hatte, angewiesen; der Augenblick, wo dieses Geschäft zu stocken beginnt und wo es aufhört, setzt sie außer Brot und Verdienst. Eine einzelne reiche Erndte wirkt noch nicht auf die Vermehrung der Population, sondern nur der anhaltende Flor des Landbaues, wie er sich durchschnittlich darstellt, vermag dies; folglich können auch einzelne Unglücksjahre die Bevölkerung des Landes nicht nahrungslos machen. Aber schon ein isolirtes glückliches Handelsgeschäft, schon ein einzelner in Schwung gekommener Industriezweig vermehrt die Einwohnerzahl oder doch die Zahl der dieser Thätigkeit sich zuwendenden Individuen, folglich kann auch ein einziger Unfall, ein einziges Jahr der Stockung und des Unheils den Zustand des Elends hervorrufen, der bei dem Landbaue kaum in Folge einer langen Kette fortdauernder Unfälle möglich wäre. So ist also die durch den Landbau erzeugte Vermehrung der Population immer, die durch den Handel und die Gewerbe geschaffene keineswegs unbedenklich. — Und was das Wichtigste ist, der Charakter der letzteren Bevölkerung selbst eröffnet größeren Besorgnissen Raum, als der der ersten. Wer möchte es verkennen, daß die Classe der niedern Arbeiter, die in dem Dienste des Handels und der Industrie steht, ein leichtsinniges und zuchtloses Volk ist, daß sie das leicht Erworbene leicht vergeudet, daß sie zu schwerer Arbeit, zu harten Entbehrungen keine Lust hat, daß sie dem Augenblick fröhnt, veränderlich, leicht beweglich, zu jedem Wagniß bereit ist. Ihre Arbeit ist ungesund, entkräftend, für die Tage des Alters die Keime des Siechthums legend. Wie? wenn einer solchen Bevölkerung die Gelegenheit abgeht, ihre leicht erkornen Bedürfnisse auf leichte Weise zu befriedigen? Hat man da nicht es nicht bloß mit der Sorge zu thun, die wahrhafte und unvermeidliche Noth zu lindern, sondern auch Frevel, Verwilderung und verzweiflungsvolle Verbrechen zu befürchten? Im Glücke Laster, im Unglücke Missethaten, Seuchen und Umsturz, das sind die Schattenseiten des Handelsstaates, der so viele Lichtseiten darbietet. Anders die Bevölkerung des Landes. Es ist wahr, der Landmann ist trotzig, starr, er hängt an alten Gewohnheiten, auch an Vorurtheilen. Jahrhunderte trüber Erfahrungen haben ihm ein verhärtetes Mißtrauen eingeprägt, was nicht in kurzer Zeit und nicht von einem Geschlechte auszutilgen sein wird. Aber dieß alles sind mehr Fehler des Geistes, als des Herzens, mehr Unbequemlichkeiten für den Verkehr, als Ursachen zu Besorgnissen für den Staat. Sonst aber ist der sichere, feste Charakter des Landes auch auf seine Bewohner übergegangen. Die harte Arbeit, die ihnen obliegt, das einfache Leben, das sie führen, hat Fleiß und Genügsamkeit zu ihren Erbtugenden gemacht. Wie der Gewinn des Landbaues nur mäßig ist, nur allmälig kommt und nur bei Sparsamkeit möglich ist, so ist auch der Charakter des Landwirths gemäßigt, ruhig und jedem Extreme feind. Seine Lebensweise, seine Wohnsitze, seine Beschäftigungen sind die gesundesten für die Natur des Menschen. Die Gesundheit des Körpers wirkt auch auf die Gesundheit der Seele zurück. Zwar auch der Landmann ergiebt sich der Sinnenlust und Niemand mag an die idyllischen Träume einer ländlichen Unschuldswelt glauben. Aber er huldigt dabei nur dem Triebe einer kräftigen Natur, die nicht durch künstliche Antriebe überreizt wird. Das einfache Leben im Schooße der Natur erhält fortwährend einen tüchtigen Kern, der auch durch die rauhe Schaale hindurchbricht. Löst die

Fesseln des Landbaues, sorgt, daß der Landwirth bei Fleiß und Einsicht ein genügliches Auskommen findet, fördert Bildung und Unterricht in seiner Mitte, macht es ihm möglich, ein Bewußtsein seiner Menschenwürde und Bürgerstellung zu gewinnen, und ihr werdet mit Stolz auf den Stand blicken können, den ihr geschaffen habt.

Möchte es immer mehr und immer allseitiger erkannt werden, was eigentlich das einzige bleibend gedeihliche Verhältniß für den Wohlstand des Staats, der wahre Normalzustand seiner Blüthe ist. Nur da wird man sagen können, daß das Volksglück, soweit es von Güterverhältnissen abhängt, auf einer sichern Grundlage beruhe, wo die Kräfte und Capitalien des Volks zunächst und insoweit dem Landbau gewidmet sind, als dieser sie nur irgend in Anspruch nimmt und verwenden kann; die von ihm unbeschäftigt gelassenen aber der Umformung der Urproducte, den Gewerben dienen; die auch dann noch sich bildenden Ueberschüsse endlich im Handel ihren Wirkungskreis finden. Keine Stufe soll hier übersprungen werden. Der Zustand des Staats ist krankhaft, wenn er lebhaften Handel treibt, aber Landbau und Fabrikatur zur Ungebühr vernachlässigt. Möglich freilich, daß ihm jene Thätigkeit für den Augenblick einen höhern Gewinn verspricht, als eine andere Verwendung seiner Kräfte; aber dieses Verhältniß ist nur momentan; es widerstrebt der Natur der Dinge, den Gesetzen der Güterwelt, und auf den augenblicklichen Aufschwung muß eine desto größere und desto verderblichere Stockung folgen, bei der es sich dann zeigt, daß in den Adern eines solchen Staats kein gesundes Blut rinnt, die Quellen seines Einkommens keineswegs nachhaltig fließen.

Für die Wahrheit dieser Behauptungen legt auch die Geschichte vollgiltige Zeugnisse ab. Allerdings zwar mag es nicht geläugnet werden, daß Handelsvölker in der Geschichte eine glänzendere Rolle spielen, als bloß Ackerbau treibende. Ist auch das Loos der letzteren ohne Frage ruhiger, sichrer, ihr Wohlstand dauernder, doch geht ihnen die Spannkraft der Seele, die Energie, die Freiheitsliebe, der Unternehmungsgeist, es gehen ihnen alle die Eigenschaften ab, die große

Thaten, denkenswerthe Ereignisse hervorrufen und den Wirkungskreis eines Volks, im Reiche der Körperwelt, wie im Reiche der Geister, rastlos erweitern. Aber die Erfahrung lehrt auch, daß jenes glänzende Glück nicht bleibend ist, daß es tieferer Grundlagen ermangelt und daß die isolirte Richtung nach der einen Seite eben so wenig zu preisen ist, wie die nach der andern. Sparta im Gegensatze zu Athen, Rom im Gegensatze zu Carthago beweisen dieß. Wie auf einmal, wie spurlos ist der blendende Glanz von Sidon und Tyrus, das ganze Reich der Phönizier, dieser Portugiesen des Alterthums, verschwunden, während über die großen Landstaaten der Sturm der Jahrhunderte hinwegbrauste, ohne ihren Charakter zu verwischen, und der Sieger immer dem Geiste des Staates huldigte, den er besiegt hatte. Die dauerndste Macht, das gediegenste Wohlsein verspricht die Geschichte den Völkern, die zwar Geist und Leben genug besitzen, um Handel, Gewerbe, Künste und Wissenschaft mit Erfolg zu treiben, die aber zur wichtigsten Grundlage ihres Nationalreichthums, zum wesentlichsten Gegenstande ihrer Beschäftigung den Landbau gewählt haben; oder wenn ihre besondern Verhältnisse, die Oertlichkeit ihres Wohnsitzes, ein vorzugsweises Betreiben des Handels, der Schifffahrt, der Fabrikatur gebieten, dem Landbaue wenigstens die Anstrengungen widmen, die erforderlich sind, um das Mögliche zu leisten. Vergesse man nie, daß in England *) und Holland auch der Landbau auf einer ausgezeichneten Höhe steht, daß er über Handel und Industrie, die den Hauptzweig der Thätigkeit jener Völker ausmachen, nicht vernachlässigt wird. So beruht auch der wunderbare Flor der Vereinigten Staaten von Nordamerika hauptsächlich darauf, daß der Ackerbau die Grundlage ihres Wohlstandes ist. Die besondere Begünstigung, die man in neuerer Zeit den Fabriken dort widerfahren ließ, um ihnen einen künstlichen Aufschwung vor der Zeit zu verschaffen, während ihr natürliches Aufblühen zu erwarten stand, war ein Misgriff

---

*) Vergl. W. Spence, agriculture the source of the wealth of Britain. Lond. 1808. 8.

und die Opposition der südlichen Staaten gegen den Zolltarif keineswegs unbegründet.

Daß der Landbau in den meisten europäischen und besonders in den meisten deutschen Staaten zeither stiefmütterlich von der Gesetzgebung behandelt wurde und daß er noch nicht auf der Stufe steht, bei der wahrhaft auch auf diesem Gebiete das Mögliche geleistet wird, das dürfte wohl von Niemand geläugnet werden. Weniger aber möchten sich Alle über die Mittel vereinigen, von denen der Aufschwung der Agricultur auf den ihr gebührenden Standpunkt erwartet wird. Gegen allgemeine Beförderung durch Belehrung, Ausbreitung nützlicher Kenntnisse, Aufmunterung, Belobung, Prämienvertheilung, directe Unterstützung einzelner Unternehmungen, wird zwar nicht leicht ein heftiger Gegner auftreten, Niemand aber auch von diesen Maßregeln behaupten können, daß sie genügten. Vielmehr erscheinen sie in ihrem isolirten Vorkommen und bei der Fortdauer der sonstigen Verhältnisse des Landbaues nur allzuoft als nutzlose Verschwendung. Und so unterbleiben sie auch meist, da Niemand sie anregt. Wo es dagegen gilt, die Unbillden wegzuräumen, die wie ein fressender Krebs an der Herzwurzel des Landbaues nagen, die Hindernisse zu entfernen, die seinen fröhlichen Aufschwung unmöglich machen, da treten der unverständige Egoismus, der nur den Vortheil des Augenblickes im Sinne hat, die träge Geschäftsroutine, der es an Muth und Geschick fehlt, ein Mittel zu gebrauchen, das mehr als Palliativcur ist und das engherzige Vorurtheil, das der mahnenden Stimme der Vernunft mit ewig und ewig wiederholten Gemeinplätzen antwortet, diese treten in einen enggeschlossenen Bund gegen jeden Verbesserungsvorschlag.

Sei denn der Versuch gewagt, noch einmal die Einrichtungen zu prüfen, mit denen herkömmliches Recht und Gesetzgebung den freien Verkehr mit Grund und Boden gelähmt haben, und die Gründe zu untersuchen, durch welche man ihre Fortdauer zu rechtfertigen denkt. Vorerst aber wird die Vorfrage zu beantworten sein, ob überhaupt dieser freie Verkehr mit Grund und Boden, folglich der Wegfall aller der Momente, durch welche die Geschlossenheit des Grundeigenthums, direct oder indirect bedingt, die freie Benutzung direct oder indirect gehemmt ist, für etwas Wünschenswerthes zu halten sei. Denn auch dieß wird geläugnet.

II.

Die Dismembrationsfrage.

Unter dem Begriffe des **freien Verkehrs** mit Grun und **Boden** verstehe ich zunächst*) denjenigen Zustand, in welchem weder Recht, noch Gesetze, noch öffentliche Einrich tungen es hindern, daß eine solche Trennung der zum Land baue bestimmten Grundstücke von einander, eine solche Theilung derselben in einander, und eine solche Vereinigung mit einande stattfinde, die sich einzig und allein nach dem freien Wille der Eigenthümer, folglich**) im Allgemeinen nach dem herr schenden Bedürfnisse richtet. Ihm entgegen steht das Ver hältniß, in welchem die einzelnen Theile des Grund und Bo dens in der Trennung und Vereinigung, kurz in dem Um fange verharren, in dem sie sich einmal befinden, und wenn auch der Verkehr das Eigenthum mehrerer solcher Grundan theile — **geschlossene Güter** will ich sie nennen — in di Hände eines Einzigen bringt, dennoch diese als getrennt Besitzungen auch dann noch betrachtet werden, wenn sie nach barlich an einander grenzen. Veranlassende Ursache dieses Ver hältnisses ist zuweilen bloß die besondere Lage des Eigenthü

*) Denn allerdings ist auch da der freie Verkehr mit Grund und Bo den gehemmt, wo die Art und Weise der **Benutzung** des geschlossene oder ungeschlossenen Grundstücks nicht von dem Besitzer abhängt. Darüber später.

**) Wo Freiheit ist, da übernehmen die Gesetze der Güterwelt di Herrschaft. In einzelnen Fällen kann ausgezeichnete Einsicht oder groß Thorheit das Verhältniß ändern. Aber diese einzelnen Fälle verschwin den in der Masse oder gleichen sich in ihr aus. Wie die Gesetze der Mor talität unter zehn Individuen keine Anwendung finden, wohl aber unte Hunderttausenden eine unbedingte, so ist es auch in der Güterwelt.

mers, daß dieß nehmlich der Staat, oder eine Corporation, oder eine ewige Stiftung ist, alles Besitzer, die weniger in den Verkehr verflochten, seltner zur Veräußerung gedrängt, durch viele Momente von ihr abgelenkt sind; oder es hat der Wille eines früheren Besitzers, der seinen Erben nur ein bedingtes Eigenthum zurückließ, die Unveräußerlichkeit und Untheilbarkeit des Besitzthums ausgesprochen; oder es stehen die Rechte dritter Personen der Trennung entgegen, denen die Besitzer des Guts zu dinglichen Leistungen verpflichtet sind, oder die eventuelle Rechte auf das Gut haben, beide aber bei einer Zersplitterung des Besitzthums für gefährdet halten; oder endlich die Gesetzgebung selbst hat direct sich für die Festhaltung jenes Verhältnisses entschieden. Selten zwar ist der letztere Fall, aber öfterer hat die Gesetzgebung, ohne die Geschlossenheit direct zu gebieten, durch Schwierigkeiten, die sie aus dem Steuersysteme, dem Hypothekenwesen, dem obrigkeitlichen Aufsichts- und Bestätigungsrechte herleitet, der Herstellung des freien Verkehrs mit Grund und Boden Hindernisse entgegengestellt, die einer förmlichen Aufhebung desselben gleichkommen.

Es springt in die Augen, daß diese Einrichtung eine durch nichts gehinderte Tendenz zur Vereinigung des Grundbesitzes hat, einer Trennung desselben aber feindlich entgegensteht. Wenn sonst die natürlichen Verhältnisse es erlaubten, so könnte ein Einzelner die gesammten im Lande befindlichen Grundstücke in seinen Besitz bringen und so zu einem Ganzen vereinigen, ohne daß die Gesetze es hinderten. Ist nun auch das Vorkommen einer solchen Erscheinung nicht zu erwarten, im Einzelnen ereignet es sich doch nicht selten, daß ein umsichtiger Gutsherr benachbarte, ihm wohlgelegene Grundstücke an sich bringt und mit seinen Besitzungen vereinigt; ein Verband, den seine Nachfolger, so lange sie nicht durch Noth gedrängt sind, schwerlich wieder auflösen werden. Gegen eine solche Vereinigung würde auch gar nichts einzuwenden sein, wenn ihr auf der anderen Seite eine Trennung und Zertheilung unpassend verbundener Grundstücke entsprechen dürfte. Aber das ist das Seltsame des Verhältnisses, daß, während die

Vereinigung bis ins Unbegrenzte verstattet ist, die Trennung nur bis zu einem gewissen Umfange freisteht, dieser Umfang selbst aber nicht etwa ein, von dem Gesichtspunkte der Zweckmäßigkeit aus gesetzlich festgestelltes Minimum, sondern nur ein Produkt des Zufalls, des Herkömmlichen, nur das Maaß des Umfanges ist, den die Güter einmal erlangt haben und den sie in Zeiten erhielten, die nichts weniger im Sinne hatten, als: allgemeine Verhältnisse nach allgemeinen Grundsätzen zu ordnen. Bei diesem Stande der Sache darf es nicht befremden, wenn die besprochene Einrichtung dem lebhaftesten Angriffe ausgesetzt ist, und wohl möchte es eher Verwunderung erregen, daß diesem Angriffe eine nicht minder hartnäckige Vertheidigung antwortet, wenn wir nicht wüßten, welchen Einfluß Herkommen und Vorurtheil in politischen Dingen haben, wie mißtrauisch der Eigennutz ist und wie geneigt wir Alle sind, bei Maaßregeln, die wir mit Abneigung betrachten, weniger die Vortheile, die ihre weise und gemäßigte Anwendung bringt, als die Nachtheile ins Auge zu fassen, die auch bei ihnen aus dem Extreme hervorgehen müssen. Wägen wir die Gründe, die für und wider die erörterte Einrichtung sprechen, mit Unparteilichkeit und Sorgsamkeit ab und halten wir dabei den Gesichtspunkt der Nationalökonomie, der Staatswirthschaft, des Privatrechts und der Verfassungspolitik fest.

In ersterer Beziehung hat man die Frage so zu stellen gewußt, daß sie in die andere Frage aufgeht: *ob nach den allgemeinen Gesetzen der Güterwelt, große oder kleine Güter dem Nationalvermögen vortheilhafter seien.* Ich will diese Frage nicht ändern, obwohl es sich beweisen ließe *), daß die so oder so erfolgende Beantwortung derselben noch kein entscheidendes Urtheil über die Einrichtung abgeben würde. Jene Frage selbst aber wird auf das Verschiedenste entschieden. Gewöhnlich führt man zu Gunsten der

*) Denn auch jetzt giebt es viele mittlere und kleine Güter, und es handelt sich nicht um eine Aufhebung des großen, sondern um die Möglichkeit einer Veränderung des bisherigen Gutsverbandes. Wird übrigens die Frage unbedingt zu Gunsten der Großen entschieden, so ist zu viel, es ist die Nothwendigkeit des Wegfalls der Mittlern und Kleinen bewiesen. Und wer möchte dieses behaupten?

großen Güter die Behauptung an, daß sie einen auch verhältnißmäßig höheren Reinertrag lieferten, als die kleinen. Denn, sagt man, die kleinen Grundeigenthümer, die sich in einen gewissen Theil des Grund und Bodens getheilt haben, leben mit ihren Familien von dessen Ertrage und verzehren, während der Arbeit, den größten Theil der gewonnenen Produkte selbst, zufrieden, mit dem Ueberschusse ihre sonstigen Bedürfnisse bestreiten zu können. Sind aber dieselben Besitzungen in einer Hand vereinigt, so leitet ein einziger Unternehmer, der nur sich, seine Familie und seine Arbeiter zu ernähren braucht, die ganze Bestellung, vermag, durch umsichtige Anordnung und Vertheilung, durch weise Benutzung der Zeit, an der Menschenkraft zu ersparen, nimmt größtentheils unverheirathete Arbeiter in seine Dienste, beschäftigt und ernährt sie nur im Verhältnisse zum Bedürfniß, entläßt z. B. nach vollbrachter Erndte einen Theil derselben, während der kleine Landmann seine Familie das ganze Jahr hindurch zu ernähren hat, und bringt es, begünstigt von allen diesen Verhältnissen, zur Gewinnung eines ungleich größeren Ueberschusses über die Bestellungskosten, der nun zum Verkaufe freisteht. — Dagegen ist bemerkt worden, daß die ganze Annahme nur auf einer Täuschung beruhe. Wohl fände man auf den großen Fruchtböden und Speichern des großen Grundherrn eine imponirende Masse von Getreidevorräthen aufgehäuft, wohl führe er, wenn er einmal zum Verkaufe schreite, ganz andere Quantitäten zu Markte, als der kleine Besitzer. Aber es stehe sehr dahin, ob nicht die Gesammtsumme der Ueberschüsse, die eine Anzahl kleinerer Landbauer von dem gleichen Umfange des Bodens gewinnen, aber einzeln und in kleinen Antheilen veräußerten, schnell zu Gelde zu machen gezwungen wären, wenigstens nicht lange aufzubewahren vermöchten, ob diese nicht den scheinbar hohen Betrag des Ueberschusses der großen Grundbesitzer nicht nur erreiche, sondern auch noch überwöge. Man führt Gründe an, die dieß wahrscheinlich machen sollen. Zunächst stellt man der Behauptung, daß der kleine Landmann seine Familie das ganze Jahr ernähren müsse, folglich mit ihr einen ungebührlich hohen Antheil des gewonnenen Ertrags verzehre, die Bemerkung entgegen, daß diese Familie, nicht wie die des reichen Gutsherrn, die Hände müssig in den Schooß lege, sondern theils bei der Feldarbeit fördernd und helfend mitwirke, dieß aber ohnstreitig für einen geringeren Lohn, für die bloßen Unterhaltungskosten thue, als das Gesinde, dem, außer den letzteren, auch noch eine besondere, im Ganzen nicht unbedeutende Zahlung zu leisten ist; daß sie in Haus und Hof, mit lebhaftem Interesse an dem Gedeihen der Wirthschaft walte, daß sie aber auch mit Nebenbeschäftigungen und Nebendienszen für Andere einen Theil ihrer Unterhaltungskosten gewinne und dadurch den Mehrbetrag derselben, wenn ein solcher vorhanden sei, vollkommen ersetze. Dazu komme die größere Sparsamkeit, die in kleineren Wirthschaften herrsche, wo jeder bei sorgsamer Vermeidung jedes Verlustes interessirt sei, und nicht gleichgültiges Gesinde durch Nachlässigkeit, vielleicht durch Muthwillen, Vieles umkommen und verderben lasse. Habe auch der große Grundherr nur einen Hausstand, nur sich, seine Familie und sein Gesinde zu erhalten, so sei doch auch der standesgemäße Aufwand einer solchen Familie ein ganz anderer, als der der kleinen, und wenn man diesen von dem imaginären Reinertrage des Gutes eben so gut abziehe, wie man die Unterhaltskosten von dem Ertrage der kleinen Güter abgezogen habe, so werde sich das Verhältniß ganz anders darstellen, als die Gegner glaubten. Denn darauf komme natürlich nichts an, ob die Producte von den Producenten unmittelbar verbraucht oder gegen andere, gleichfalls zu verbrauchende Güter vertauscht würden. Ueberdem machten die großen Güter einzelne Arten des Aufwandes nöthig, die nur durch ihren bedeutenden Umfang veranlaßt, an sich aber völlig nutzlos wären. Es sei z. B. nicht zu vermeiden, daß ein besonderes Personal zur Führung der nöthigen Aufsicht über den zahlreichen Gesindestand, die umfänglichen Gebäude, die entlegenen Grundstücke gehalten und bezahlt werde. Diese Aufsicht führe aber der kleine Bauer selbst; bei ihm fielen zwei Handlungen, die Aufsicht und die Arbeit, zusammen, die Kosten der ersteren würden erspart und ihre Nothwendigkeit bei den großen Gütern erzeuge einen Verlust für das Nationalvermögen, dessen Ursache lediglich in der Größe der Güter zu suchen sei. So schlummere auch ein sehr bedeutendes Capital in den zur Aufbewahrung der großen Getreidevorräthe bestimmten Gebäuden. Der kleine Besitzer bringe ohne besondern Aufwand seine Erndte unter; wenn man wenigstens eine vergleichende Berechnung der beiderseitigen Kosten anstellen wollte, so werde das Plus auf der Seite der Großen sein. Nachdem man demnach die Existenz eines relativ höheren Reinertrags auf Seiten der großen Güter mindestens zweifelhaft gemacht hat, fährt man fort und meint, selbst dieses Mehr auf Seite des Reinertrages zugegeben, so beweise dieß nur für die günstigere Lage der großen Grundherren, die ohnehin nur allzu bekannt sei, nicht aber für den höheren nationalökonomischen Werth der großen Güter. Denn wenn man die Nützlichkeit für den Wohlstand des Volks ins Auge fasse, so müsse man von dem Gewinne der Einzelnen absehen und nur nach der Vermehrung des Gesammtbetrags fragen, man müsse nicht den Nettoertrag, sondern den Bruttoertrag in Erwägung ziehen. Der größere Reinertrag der großen Güter, den die Gegner voraussetzten, könne nur dadurch entstanden sein, daß die Besitzer der kleinen mehr in fremde Hände übergehen ließen, als die der großen; aber dieß sei kein Verlust für das Nationalvermögen, das ja aus dem Gewinne Aller bestehe. Doch die Frage über den Werth des Netto- und Bruttoertrags für den Nationalwohlstand soll in der folgenden Abhandlung ausführlicher erörtert werden. Hier kommt auf die Entscheidung derselben schon um deswillen weniger an, da die Vertheidiger der großen Güter behaupten, diese seien nicht bloß im Reinertrage, sondern *auch im Rohertrage den kleinen überlegen und überhaupt dem Landbaue und seinem Flore ungleich förderlicher.* Der große Grundbesitz bedinge nicht bloß einen höheren reinen Gewinn, sondern auch eine stärkere Gesammtproduction.

Man sagt nehmlich: die wahrhaft rationelle Cultur des Bodens werde nicht bloß durch fleißigen Gebrauch der Menschenhände, sie werde viel mehr durch Einsicht und Kenntniß bedingt; bei der hohen Ausbildung, die gegenwärtig auch die Wissenschaft der Landwirthschaft erlangt habe, sei es wichtig, daß die Bodencultur soviel als möglich nur Solchen überlassen sei, die eine verbesserte Benutzungsweise kennten, zu würdigen wüßten, und nicht durch die dem Bauernstande eigenthümliche Trägheit, sein Hängen am Schlendrian, am alten Gewohnheitsjoche von ihrer Anwendung abgehalten würden. Wäre es aber auch möglich, die dazu erforderliche Bildung unter den niedern Classen des Landvolks zu verbreiten, sie allein könne zur Abstellung eingewurzelter Uebelstände, zur Einführung wichtiger Verbesserungen, überhaupt zur Herstellung eines Zustandes, in welchem der Boden den höchstmöglichen Ertrag biete, nicht hinreichen; vielmehr sei dazu der Besitz bedeutender Capitalien erforderlich. Diese aber seien unter den großen Grundbesitzern ungleich mehr verbreitet, als unter den kleinen; bildeten sich bei den ersten in bei weitem höheren Maaße, und ihr Credit, die Bürgschaft, welche die Ausgedehntheit ihrer Besitzungen den Inhabern von Capitalien gebe, erleichtere ihnen die Erlangung von Vorschüssen, die nirgends sicherer und wohlthätiger angewendet werden könnten, als im Landbaue. Durch die Vereinigung dieser Elemente, der Einsicht, der Kenntniß und der Capitalkraft und deren Anwendung auf ein umfangreiches Grundeigenthum werde erst eine wahrhaft vollständige und erfolgreiche Benutzung desselben ermöglicht, und sein Gesammtertrag auf die äußerste Höhe gesteigert. Käme es ferner zu einer solchen Vertheilung der gesammten, dem Landbaue gewidmeten Bodenfläche, wo Jeder nicht mehr besäße, als er mit seiner Familie selbst bebauen könnte, so würde alle Rücksicht auf die natürliche Bestimmung der Feldstücken zu einer oder der andern Wirthschaftsbranche aufhören, man würde Feld- oder Waldboden zu Wiesenboden, Wiesenboden zu Feld verwenden, Roggen in schweren, Weizen, Gerste und Hafer in leichten Boden säen, und der Grundlage der neueren rationellen Oekonomie, dem zweckmäßigen Fruchtwechsel entsagen müssen. Namentlich aber fürchtet man für die Schafzucht, die, da das Schaf sein Futter auf sonst nutzlosem Boden suche, den wirksamsten thierischen Dünger, und in der Wolle einen ungemein werthvollen Handelsartikel liefere, von der höchsten Bedeutung, aber nur auf ausgedehnten Besitzungen mit Erfolg zu betreiben sei.

Zuvörderst von den Gegengründen, mit denen die Vertheidiger der kleinen Güter diese Behauptungen ihrer Gegner zu entkräften suchen. Sie läugnen nicht, daß die Besitzer der großen Güter in der Regel zu den gebildeten Ständen gehören, und daß diejenigen, welche den Landbau auf diesen großen Gütern leiten, im Durchschnitt mehr Kenntniß von der neueren rationellen Agricultur besitzen, als in dem Bauernstande sich finden mag. Doch aber sei der Letztere in neuerer Zeit aufmerksam genug geworden auf Alles, was seinem Besten fromme, was einer weiten Verbreitung fähig und überall ausführbar sei; er habe auf das Beispiel derer, die ihm vorangeschritten, geachtet, und wenn er nützliche Früchte ihres Verfahrens gesehen, dieß nachgeahmt; die Nothwendigkeit selbst, dieser stärkste Antrieb, zwinge ihn dazu. Die große Schnelligkeit, mit der viele Verbesserungen, z. B. der Kleebau, die Stallfütterung u. a. um sich gegriffen, beweise die Empfänglichkeit des Landmanns für das wahrhaft Nützliche. Probeversuche könne er freilich nicht anstellen. Ueberhaupt aber müsse auch der theoretisch gebildetste Landwirth zugeben, daß in der Oekonomie die Erfahrung die Hauptsache sei, und daß die allgemeinen Regeln, die ihre Theorie aufstelle, in der Praxis die vielfachsten Modificationen erleiden müßten. Recht genaue Kenntniß der Landesart und der Eigenthümlichkeiten jedes Bodentheils, und mehrjährige Erfahrungen über den Erfolg seiner Bestellung sei die erste und wichtigste Grundlage einer rationellen Bewirthschaftung eines Guts und stehe dem kleinen Grundbesitzer in hohem Grade zu Gebote. Ueberdem aber hätten die wirklichen Eigenthümer der großen Güter nur selten den Willen, noch seltner die nöthige Kenntniß zu der vorausgesetzten rationellen Bewirthschaftung. Ihre Standesverhältnisse zögen sie zu ganz andern Dingen hin, als zur Landwirthschaft.

Lebten sie auch auf ihren Gütern und wären sie im Besitze von Capitalien und geneigt, diese auf das Gut zu verwenden, so hätten sie in der Regel mehr die Verschönerung, als die Verbesserung desselben im Sinne. Sie bauten Schlösser, legten Parks und Lustgänge an, hielten prächtiges Federvieh, theure, ausländische, aber nutzlose Viehraçen; die Urbarmachung der Bergrücken, die Entsumpfung morastigen Bodens, die Bewässerung dürrer Haide, das alles wären keine Operationen, die dem Stolze und der Prachtliebe der Großen schmeichelten. Selbst der umsichtige Hausvater in jenen Ständen werde nur selten viel auf Verbesserung seines Gutes wenden, sobald dieses nicht offenbar heruntergebracht sei. Denn er wisse seine Capitalien auf anderm Wege für ihn, nicht aber für das Ganze, vortheilhafter zu benutzen. Er brauche sie, um Töchtern und nachgebornen Söhnen eine glänzende Lebensstellung zu sichern. Dagegen bedürfe es nur eines Blickes in das Leben, um zu bemerken, wie es der Stolz des Landmanns sei, sein Gut in möglichst guten Stand zu versetzen. Er sei vom Lande, seine Existenz mit dem Gute verwachsen, seine Ideen, Wünsche, Neigungen alle auf den Landbau gerichtet; er wisse sein Geld nicht vortheilhafter anzuwenden und wolle es nicht anders; indem er seine Gebäude und Felder verbessere, glaube er am besten für das Glück seiner Kinder gesorgt und am Sichersten sich die Achtung seiner Nachbarn und die Dankbarkeit seiner Nachkommen verschafft zu haben. Machte aber auch ein einzelner großer Grundherr eine Ausnahme von der gemeinen Regel, nie werde er im Stande sein, seine Verbesserungspläne selbst und vollkommen in dem Geiste, wie er sie gedacht, zu vollenden, und selten nur würde er das wahrhaft durch die Oertlichkeit Gebotene, das nach ihr Ausführbare erfaßt haben. Der gute Landwirth müsse von Unten auf gedient, er müsse überall selbst mit angegriffen haben, Alles, jede Einzelheit in der Wirthschaft und jeden Winkel und Fleck auf dem Gute kennen. Der Umfang der großen Güter mache es unumgänglich nöthig, daß der Grundherr sich fremder Personen zur Ausführung seiner Pläne bediene; ihm sei es unmöglich, überall die erforderliche Aufsicht selbst zu führen, und es sei nur ein seltner Glücksfall zu nennen, wenn er sich des Beistandes von Gehülfen bedienen könne, die wahrhaft in den Geist seiner Pläne eindrängen und sie mit gleichem Eifer und gleicher Sorgfalt ausführten und leiteten, als wenn es sich um ihr eignes Interesse handelte. Sehe man in der That, daß im Allgemeinen die großen Güter rationeller bewirthschaftet würden, als die kleinen — was überdem noch dahin stehe, da der Anblick der letzteren weniger glänzende, in die Augen springende Resultate liefere und bei den Ersten nur selten erwogen werde, wie viel noch gethan und gebessert werden könnte, — so sei dieß mehr dem Umstande zu verdanken, daß die Ersteren in der Regel verpachtet, und die Pächter, aus dem Landwirthsstande hervorgegangen, aber zu höherer Bildung gelangt, Männer vom Fach und bei einer gewinnbringenden Benutzung des Gutes interessirt seien. Aber eben der Umstand, daß die großen Güter in der Regel verpachtet werden müßten, weil ihre Besitzer durch Stand und Neigung zur Selbstbewirthschaftung nicht veranlaßt wären, sei ein Hauptgrund gegen den nationalökonomischen Werth dieser Güter und vor allen Dingen gegen die Behauptung, es sei von ihnen ein größerer Rohertrag zu erwarten, als bei ihrer Zerschlagung in Kleine*). Uebrigens lasse es sich leicht beweisen, daß gerade der Wirthschaftsplan, den die neueren Theorieen vorschreiben, auf den meisten großen Gütern nicht einmal mit Vortheil ausführbar sei, und daß sie bei der früheren einfacheren Methode, mit geringerem Risiko, einen größeren Reinertrag gebracht, und ihre Gerechtsame besser genutzt hätten.

Gegen die aus dem größeren Capitalbesitze hergeleitete Vertheidigung der großen Güter wird erinnert, daß es an und für sich noch eine Frage sei, ob denn in der That der Gesammtbetrag der einer verhältnißmäßigen Anzahl kleiner Grundbesitzer zu Gebote stehenden Mittel nicht die des großen Grundbesitzers überwiege. So viel wenigstens scheine

*) Darüber in der Abhandlung von den Domainen.

durch die Erfahrung**) bestätigt, daß die großen Grundherrn ungleich mehr mit fremdem Gelde wirthschafteten, als die kleinen, folglich den so hoch gepriesenen Reinertrag ungleich mehr durch die Zinsen geschmälert sähen. Eigne Mittel sei der große Grundherr aus den eben erörterten Gründen weit weniger geneigt und veranlaßt, auf seine Güter zu verwenden, als der kleine. Er könne sie anderweit benutzen und pflege es. So lange es nicht geradezu dem Herausreißen eines Gutes aus gänzlichem Verfalle, aus vollkommener Werthlosigkeit gelte, würden gewiß nur in den seltensten Fällen größere Capitalien zur Verbesserung der Güter aufgenommen; die Früchte solcher Verbesserungen kämen zu langsam, um die Hoffnung der Zurückerstattung des Capitals nicht auf eine allzu ferne Zukunft hinauszuschieben; wohl aber benutze der kleine Landwirth die Gelegenheit, eine geringe Summe zu erborgen, zu nöthigen Bauten, zur Ausführung eines nützlichen Plans, und Sparsamkeit und Fleiß machten ihm die Rückzahlung möglich. Uebrigens komme weit weniger auf den Besitz des Capitals, als auf die Gelegenheit und das Geschick, es zu benutzen, an. Erstere könne der kleine Landmann, bei genauerer Kenntniß auch der vernachlässigten Theile des Gutes, der Mängel und Uebelstände, weit leichter ausfindig machen; letzteres gebreche, wie gezeigt worden, dem großen Grundherrn. Von Pächtern aber könne man nicht erwarten, daß sie ihr Vermögen verwendeten oder gar Capitalien aufnähmen, um Verbesserungen zu bewirken, deren Früchte zu genießen sie nicht erwarten könnten. Endlich übersähen die Gegner ganz, daß zur gewöhnlichen, das Nothwendige leistenden Bewirthschaftung eines großen Gutes ein ganz anderes Capital gehöre, als zu der eines kleinen, daß die Capitalien, über die die großen Grundherren geböten, nicht alle auf Verbesserungen verwendet würden,

---

**) In der Kurmark z. B. ist 1827 der Werth der Rittergüter zu 27,000,000 Rthlr. geschätzt worden, worauf 21,000,000 Rthlr. hypothekarische Schulden lasteten. Der Werth der Bauergüter dagegen ward zu 31,000,000 Rthlr. geschätzt, und darauf ruhten nur 6,500,000 Rthlr. Hypothekschulden!

und daß der Umfang der Güter selbst es nöthig mache, ein bedeutendes Capital in Dinge zu stecken, die ohne diesen Umfang überflüssig wären; es todt und nutzlos schlummern zu lassen. Frage man nach den Gründen, aus denen die meisten Anleihen von den Grundherren gemacht wären, so werde man auf ganz andere Ursachen stoßen, als den Eifer für den Aufschwung der Agricultur, und in den günstigsten Fällen würde eher der Wunsch, sich auf dem Gute zu erhalten, als das Streben nach dessen Verbesserung zum Erborgen von Capitalien geführt haben. In bedrängten Zeiten halte sich der kleine Landwirth durch doppelte Sparsamkeit und doppelte Arbeit, zwei Mittel, die dem Großen bei Weitem nicht in gleichem Maaße zu Gebote ständen.

Die letzten Gründe endlich, welche die Vertheidiger der großen Güter vorbrachten, führen auf die seltsame Annahme zurück, als handele es sich um eine allgemeine Gütervertheilung, um eine Zerstückelung des ganzen Landes in kleine Parzellen, und als würde eine Aufhebung aller mittleren und großen Güter verlangt, während bloß von der Möglichkeit einer Trennung, Theilung und Vereinigung die Rede ist. Darüber jedoch später. Hier nur in Bezug auf die Schafzucht die Frage, ob man glaubt, daß ein Gutsherr, der aus dieser höhere Nutzungen zieht, als das Capital verzinsen würde, das er bei einer Zerschlagung des für sie nöthigen Bodens erhalten könnte, sich zu letzterer entschließen wird? (Um einzelner Verschwender willen darf natürlich die Gesetzgebung die vernünftige Mehrzahl nicht beschränken.) Ist aber wirklich ein höherer Gewinn aus dem Boden zu ziehen, wenn er zu etwas anderem, als zur Schafzucht verwendet wird, nun dann ist der Mehrbetrag desselben, so lange der Besitzer noch fortfährt, der letzteren den Vorzug zu geben, Verlust für das Nationalvermögen. Große Triften unbebaut zu lassen, bloß um Schafe auf ihnen zu weiden, während aus ihrer Bestellung mit Früchten ein größerer Gewinn zu machen wäre, wer dieß verlangen wollte, der müßte auch darauf antragen, daß alle Getreidefelder der Schafhutung

Preiß gegeben würden*). Jener Grund beweist zuviel, folglich nichts.

Nachdem die Gegner der großen Güter auf diese Weise die entgegenstehenden Behauptungen zu entkräften gesucht, urgiren sie mit hohem Nachdruck die mannigfachen, mit diesen großen Gütern verbundenen Uebelstände und die Vorzüge der Kleinen. Sie machen darauf aufmerksam, wie gerade der Umfang vieler Güter, die Entlegenheit einzelner Parzellen vom Hauptgute, die zerstreute Lage der Felder nicht bloß eine Masse von Kosten hervorrufe, die ein bedeutender Verlust für das Nationalvermögen wären, einen nutzlosen Aufwand von Zeit, Kräften und Geld verursache, sondern auch einen wahrhaft rationellen Betrieb des Landbaues förmlich verhindere. Denn, sagen sie, dieser Umfang der Güter macht es den Besitzern unmöglich, alle Theile auf die Weise zu benutzen, wie die Natur derselben es an sich fordert und zuläßt. Es gebricht ihnen an dem erforderlichen Verlag, und sie sind deshalb genöthigt, große Strecken auf eine nur geringen Gewinn abwerfende, aber auch nur geringen Verlag erfordernde Weise, z. B. zur Weide zu benutzen. Wissen sie nun auch diesen Ausfall durch desto kräftigere Betreibung der einmal in Gang gebrachten vortheilhafteren Branchen zu ersetzen, so würde doch, bei einer Zerschlagung des Gutes, das Letztere gleichfalls fortdauern und doch das Erstere vermieden werden. Denn jene Strecken werden nicht deshalb so niedrig genutzt, weil sie eines höheren Ertrages unfähig wären, sondern weil nur ihr Besitzer nicht im Stande ist, sie vortheilhafter zu benutzen. Nur bei dem Aufhören der Geschlossenheit der Gü-

*) Jedermann tadelt die **Mesta** in Spanien, in Folge deren in den Provinzen, welche die wandernden Schafe (Transsumantes) durchziehen, eine 240 Fuß breite Straße für dieselben, und eine ungeheure Strecke Landes als Weide liegen bleiben muß. Würde sie aber abgeschafft und fielen wirklich deshalb die 393 000 Centner Wolle hinweg, die jährlich gewonnen werden, so würde auch Jedermann über den unersetzlichen Verlust schreien. Und doch dürfte der jetzt den Schafen preißgegebene Boden als Ackerland eine weit größere Gütermasse schaffen, und dieß auf eine für die Gesammtheit ungleich wohlthätigere Weise. In jener Einrichtung liegt u. a. der Grund, daß in Estremadura auf der Quadratmeile nur 684 Individuen leben, während diese Provinz die doppelte Volkszahl reichlich ernähren könnte.

ter würde es möglich sein, eine solche Arrondirung des Grund und Bodens zu treffen, bei welcher nur die Theile vereinigt wären, deren Natur eine Vereinigung fordert, und die nur vereint am Besten benutzt werden können. Ein gegenseitiger Austausch der jetzt verworren unter einander herumliegenden Felder würde mit einem Schlage den Werth aller concurrirenden Güter erhöhen. Der Grundherr, der ein entlegenes, von ihm nur schlecht zu nutzendes Grundstück um guten Preis an seinen Nachbar abtritt, dem es gelegen ist, verringert nicht, sondern erhöht durch diese Operation den Werth seines Guts und kann nun mit voller Kraft die übrig bleibenden Theile angreifen. — Ferner hebt man die Sparsamkeit hervor, die in den kleinen Wirthschaften herrscht, das ängstliche Zusammennehmen, die sorgfältige Aufsicht und Aufmerksamkeit, und macht im Gegensatze auf die von einem großen Gesindestande unzertrennlichen Verluste, Nachlässigkeiten und das oft muthwillige Verderben aufmerksam. Endlich der Fleiß, mit dem der kleine Landwirth sein Feld bebaut, die Sorgfalt, mit der er kein Fleckchen, keinen Winkel unbenutzt läßt, Erde und Dünger in Körben auf dürre Bergrücken trägt, jedem kleinen Verluste vorbeugt, jeden, wenn auch unbedeutenden, im Ganzen aber doch sich summirenden Gewinn mitnimmt, jeden momentanen Vortheil, den die Tagesconjunctur darbietet, zu benutzen geneigt und im Stande ist, sich mit seiner kleinen Wirthschaft geschmeidig nach den Umständen richten, in die Zeit fügen kann und auch bei Unfällen noch ängstlich die letzten Trümmer sammelt und was zu retten ist rettet.

Ueberhaupt wirken im Landbau drei Kräfte zusammen: die Naturkraft, die Arbeit und das Capital. Die erstere kann über eine gewisse Grenze hinaus nicht gesteigert werden. Eine Vermehrung des Bodenertrags ist also nur von den letzteren beiden Elementen zu erwarten, und Beide werden bei einer Güterzerschlagung in erhöhtem Maaße dem Landbau zugewendet.

Ob der reine und rohe Ertrag des Landbaues zu der Höhe gesteigert sei, deren er fähig ist, das ist allerdings für den Wohlstand des Volks von der größten Bedeutung. Indeß die Erscheinung ist schwer zu erkennen, die Wirkungen verlieren sich im Dunkel der verwickelten Verhältnisse der Güterwelt; ein Aufschwung des Handels und der Gewerbe kann den Zustand eines Volks, trotz dem, daß der Landbau darniederliegt, günstig darstellen. Er würde günstiger sein, man würde sicherer auf seine Fortdauer rechnen können, wenn auch der Landbau blühte. Aber dieß ist nur ein entgehender Gewinn, der von den Wenigsten gekannt und beachtet wird. Die Freunde der Geschlossenheit der Güter suchen aber andre Momente auf, durch welche sie den Staatsmann überzeugen wollen, mit dem Aufhören dieser Einrichtung würden ganz andere Uebel für den Staat hereinbrechen, würden Hülfsquellen und Vortheile verschwinden, deren man jetzt sich erfreue, Uebelstände sich zeigen, gegen die nur in dem bisherigen Verhältniß ein Schutz zu finden sei. Und in der That sind die Gründe, die sie hier vorbringen, von einer Natur, für die der gewöhnliche Praktiker empfänglicher ist, als für die oben erörterten.

Zuvörderst benutzen sie die gegenwärtige Furcht vor einer hereinbrechenden Uebervölkerung unserer Staaten; diese seltsame Erscheinung, die im schroffen Gegensatze zu der Tendenz der Regierungen des vorigen Jahrhunderts steht, denen eine ungebundene Vermehrung der Population das höchste Ziel ihrer Weisheit schien. Wie man damals, statt ruhig die natürlichen Wirkungen der Ordnung, Sicherheit und Wohlfahrt im Staate abzuwarten, durch künstliches Eingreifen in das innerste Volksleben ein vorzeitiges Anwachsen der Bevölkerung zu befördern strebte, so ist in unsern Tagen zu ebenso künstlichen, aber, da sie nicht Leben schaffen, sondern zerstören, ungleich verwerflicheren Maaßregeln gerathen worden, durch welche man der als bedenklich betrachteten Zunahme der Volksmenge wieder Schranken zu setzen denkt. Es ist ein Beweis eines Vorschritts in der Staatskunst, daß unsre Regierungen zur Zeit noch nicht eben auf Maaßregeln eingingen, die direct der Bevölkerung entgegenarbeiten. Aber soweit sind wir noch nicht, daß man überall einsähe, daß Freiheit der Bewegung das einzige Mittel ist, Production und Bevölkerung in stetem Gleichgewichte zu erhalten. Statt die Beschränkungen auf allen Seiten zu heben, bekämpft man einzelne Symptome der Nahrungslosigkeit durch neue Hemmungen, und glaubt, der Armuth abgeholfen zu haben, wenn man dafür gesorgt hat, daß der Arme den Reichen für den Augenblick weniger genirt, als bisher. Nun heben die Freunde der großen Güter die Gefahren hervor, die aus einer Zerschlagung derselben, in Bezug auf die davon zu erwartende Zunahme der Bevölkerung erwachsen müßten. Wohin solle es kommen, fragen sie, wenn neue Familien gegründet würden? Der Erwerber des kleinen Gutes setze eine zahlreiche Nachkommenschaft in die Welt; dieß führe zu neuen Theilungen, bis endlich die Antheile so klein geworden, daß sie nur das dürftigste Elend kümmerlich fristen, nicht aber ihren Besitzer ernähren könnten, die überflüssige Bevölkerung aber gleichwohl andern an sich schon überfüllten Lebenszweigen zuströmen müßte. Durch die vorgeschlagene Maaßregel werde überdem nur der Leichtsinn der niedern Volksklassen gefördert. Jetzt sei der kleine Bauer doch oft noch vor gänzlichem Verderben geschützt worden, da ihm Niemand weiter als bis zu einem gewissen Betrage geborgt habe Dann aber werde er, um seine Vergnügungssucht zu befriedigen, ein Stück seines Guts nach dem andern und die besten zuerst verkaufen. Ueberdem, meinen Andre, sei es noch sehr zu bezweifeln, ob wirklich die gehoffte größere und bessere Vertheilung des Grundbesitzes erlangt werden würde. Denn man könne es ja den Reichen nicht verwehren, alle ihnen gelegenen Grundstücke an sich zu bringen, dem verarmten Landmanne die besten Felder um billige Preise abzuhandeln, und so werde am Ende das Resultat kein anderes sein, als daß neben einzelnen außerordentlich großen Gütern in den Händen unermeßlich reicher Besitzer, das übrige Land in unendlich kleine Parzellen zerstückelt, von den ärmsten und elendesten Menschen bewohnt werde, der wohlthätige Mittelstand aber, dieser Kern des Staats, verschwunden sei. Unwissenheit, Rohheit und Verwilderung würden die Folgen sein. Auch habe die jetzige Einrichtung, wo in der Regel nur ein Sohn das Erbgut des Vaters übernehme, den Vorzug, daß der neue Besitzer in seinen Geschwistern das wohlfeilste und brauchbarste Gesinde behalte. Sie fürchten ferner, bei einer allgemeinen Aufhebung der Gutsgebundenheit werde der Werth des Grundbesitzes, wegen der gesteigerten Concurrenz unverhältnißmäßig sinken, der Credit, den man bisher den Landeigenthümern geschenkt, und der auch der Agricultur unentbehrlich sei, endlich verloren gehen. Auch behaupten sie: der große Gutsbesitzer sei ungleich mehr im Stande, als der kleine, den Unfällen, die nicht immer vom Lande abzuwenden sind, Trotz zu bieten, sich auch in einer langen Kette von Unglücksfällen zu erhalten, und durch sein Bestehen wieder den kleinen Landwirthen zur Stütze zu dienen, wie die mächtige Eiche das unter ihr wachsende Gebüsch vor dem Hagel des Himmels deckt. Namentlich aber sei es in Zeiten der Theuerung, wo sich die wahre Nützlichkeit des großen Grundbesitzes beurkunde. Hier wären auf den Fruchtböden der Grundherren die wahren Landmagazine, die Vorrathskammern des Volks, auf deren Oeffnung und den umsichtigen, allmäligen Veräußerungen ihrer Schätze die einzige Möglichkeit, mit der wachsenden Noth einen siegreichen Kampf zu führen, beruhe. Endlich ziehen sie auch die Finanz- und Kriegsminister in ihr Interesse, indem sie die Besorgniß anregen, bei dem Wegfall der großen Güter werde sowohl die Einquartirung der Truppen, als auch die Erlangung des nöthigen Vorspanns mit unüberwindlichen Schwierigkeiten zu kämpfen haben.

Scheint mir auch der aus der Furcht vor Uebervölkerung hergeleitete Einwand nicht der Erheblichste unter den Angeführten, so dürfte er doch in der Gegenwart den meisten Anklang finden. Hören wir denn zuerst, was auch gegen ihn sich erinnern läßt. Es kann nicht geläugnet werden, daß die Aufhebung der Gutsgeschlossenheit die Herstellung eines natürlichen Verhältnisses ist und daß sie das Recht zur freien Bodenbenutzung, dessen Ausübung gegenwärtig einem großen Theile der Bevölkerung unmöglich gemacht ist, wieder einräumt. Die Zurückgabe eines ursprünglichen, von der Vernunft geheiligten Rechtes, wenn diese Nachtheile bringen könnte, so ließe dieß auf einen organischen Fehler in dem ganzen Staats- und Volksleben schließen. Die Neubegründung des natürlichen Zustandes setzt die ewigen und rastlos wohlthätigen Naturgesetze in Wirksamkeit, die nur zum Glücke der Menschen beitragen, nicht ihr Elend begründen. Nur die verkehrten Einrichtungen der Menschen tragen die Schuld, wenn Production und Bevölkerung nicht im Gleichgewicht stehen. Deshalb, so behauptet man, läßt sich schon a priori annehmen, die Aufhebung jener, nicht aus dem Principe der Nothwendigkeit abgeleiteten, mittelalterlichen Beschränkung könne nur wohlthätige Früchte haben. Uebrigens aber verlange man ja nicht eine wirkliche Zerstückelung des Landes, und die Gegner geriethen mit sich selbst in Widerspruch, wenn sie einmal das gänzliche Verschwinden der großen Güter, dann aber wieder den Uebergang des Grundbesitzes in wenige Hände besorgten. Es sei vielmehr, da in der Güterwelt das Bedürfniß der oberste Richter sei, keiner von beiden Fällen zu befürchten. Vielmehr werde die Folge der Maaßregel keine andre sein, als daß auf den Landgütern, auch auf den großen, mehr als bisher erbaut werde, folglich eine größere Bevölkerung ernährt werden könnte, und daß einzelne Theile des Landes, die bis jetzt fast nutzlose Anhängsel großer Güter gewesen, nunmehr an fleißige Bearbeiter überlassen, eine nützliche und wohlthätige Bevölkerung ernährten. Fürchte man, es möge der Bevölkerung an Nahrungsmitteln gebrechen, so müßte doch ein Verfahren an Wahnsinn grenzen, das, statt die Quellen der Production zu öffnen und reicher fließen zu machen, sie verschlossen und versandet erhalten wollte? Ein Mittel, die Nahrungslosigkeit zu heben, nicht sie zu vermehren, sei die Zerschlagung. Würde auch in Folge derselben die Bevölkerung des Landes zunehmen, so würde dieß doch nur in gleichem Verhältnisse zur gesteigerten Production erfolgen; eine Frucht des natürlichen Ganges der Dinge, ein wohlthätiges Zeichen der Blüthe des Staats sein.

Die Bevölkerung des Landes, sich der neu gewonnenen Freiheit freuend, werde fröhlich aufblühen, und durch ihre einfache, aber stete Comsumtion auf städtische Gewerbe und Handel den wohlthätigsten Einfluß äußern, dem Flore der letzteren die sicherste Begründung verleihen, und so auch für ihre überflüssige Bevölkerung einen nützlichen Spielraum schaffen. Unter allen Quellen der Zunahme der Bevölkerung sei die durch den Landbau Geschaffene die Unschädlichste. Warum äußere man denn nicht die gleichen Besorgnisse bei der Erfindung einer Maschine, der Gründung einer Fabrik, die Errichtung eines Handelsgeschäfts? Weil dieß Alles den Sprechern keinen Nachtheil bringe, während sie einen solchen von der Dismembration grundlos besorgten!

Wie in allen Classen des Lebens, so sei auch in dem Stande der Landwirthe ausgezeichnete Umsicht und ausgezeichneter Leichtsinn keine allgemeine Erscheinung, beide, der letztere besonders, in ihm vielleicht seltner, als in jedem andern. Man könne ihm eher übertriebene Vorsicht, als Unbesonnenheit Schuld geben. Die Gesetzgebung, soweit sie die Güterwelt betreffe, müsse ein vernünftiges Verfahren voraussetzen und als Gegengewicht gegen möglichen Misbrauch der Freiheit, die Jedem natürliche Sorge für seinen Vortheil betrachten. Sie sei weder verpflichtet, noch berechtigt, Jemanden von seinem Ruine abzuhalten. Uebrigens aber sei von der jetzigen Methode des Schuldenmachens weit eher Nachtheil zu erwarten, als von der Zerschlagung; es sei eine wahre Ueberschuldung an vielen Orten, auf großen nnd kleinen Gütern vorhanden; die Erfahrung lehre täglich, daß nach dem erzwungenen Verkaufe des Gutes oft nicht einmal die hypothekarischen Gläubiger ihre Befriedigung vollständig erlangten. Nun sei es eine bekannte Thatsache, daß, wer einmal in Schulden gerathen, sich schwer wieder herausreiße. Bei der Ungeübtheit des Landmanns in Geldgeschäften gerathe er leicht in wucherliche Hände, und werde zu immer höheren Schulden genöthigt, weil er einmal damit angefangen. Den Werth seiner Felder dagegen kenne er recht gut und sei nicht geneigt, sie zu verschleudern. Hätte er, als er das erste Capital zu borgen genöthigt war, statt dessen einen Theil seines Gutes veräußern dürfen, den er nicht vollständig zu nutzen vermochte, so hätte er mit der gewonnenen Summe das Uebrigbleibende in Stand setzen und sich für alle Zukunft sichern können. Es sei doch eine natürliche Sache, daß Jemand, der **1000** Thaler besitze und **100** ausgeben müsse, sie von den **1000** Thalern nehme und nicht aufborge. Warum wolle man aber den Grundbesitzer zwingen, durchaus in dem Besitze eines imaginären Vermögens zu bleiben, warum ihn nöthigen, Schulden zu machen, statt sein Capital anzugreifen, wo die Noth drängt? Der Landwirth, dessen Gut zur Hälfte verschuldet sei, habe nur das halbe Eigenthum daran. Warum wolle man ihn denn verhindern, die Hälfte seinem Gläubiger abzutreten, oder zu verkaufen, und dafür das Uebrige schuldenfrei zu behalten? Die Ueberschuldung des Grund und Bodens, die wahrlich eine bedenkliche Erscheinung sei, wäre durch nichts so sicher hervorgerufen worden, als eben durch die Gebundenheit der Güter. Bald müßte der Erbe eines Gutes ein Capital aufnehmen, weil es ihm an eignen Mitteln gebräche, um den von großen Gütern unzertrennlichen bedeutenden Verlag zu bestreiten. Hätte er statt dessen ein Stück des Gutes veräußern dürfen, so wäre ihm, dem Gute und Andern geholfen gewesen. Bald hinterließe ein Vater kein Vermögen als sein Gut; man wolle es nicht aus der Familie lassen, man könne bei einem Verkaufe des Ganzen kein angemessenes Kaufpretium erwarten, der Sohn sei zur Landwirthschaft erzogen, er wisse keine andere Stellung im Leben mit Vortheil zu ergreifen; er übernehme also das Gut, müsse aber, um seine zahlreichen Geschwister abzufinden, vielleicht zu zwei Dritttheilen des Werthes Capitalien aufnehmen und — wenn er nicht eine reiche Heirath mache oder besonders vom Glücke begünstigt sei — so kämpfe er eine Reihe von Jahren mit seinen Bedrängnissen, um endlich dem Concurse, der wie das Schwert des Damokles all die Zeit über seinem Haupte geschwebt, zu erliegen. Wäre es nicht auch hier natürlicher und besser gewesen, wenn das Gut unter die Erben vertheilt worden wäre; der Sohn hätte ein kleines, aber schuldenfreies Theil erhalten und sich danach einrichten können; die Anderen hätten ihren Antheil veräußert und wären um nichts schlechter daran gewesen. Antworten hierauf die Gegner: wie? wenn nun der Sohn abermals zahlreiche Erben verläßt? soll da dasselbe Manoeuvre wiederholt und so bis ins Unendliche fortgesetzt werden? so wird ihnen entgegnet, daß die Gründe, die dem mittleren Grundbesitzer besonders die Beibehaltung des väterlichen Erbes wünschenswerth machen, nicht ins Unendliche fortdauern; und daß bei ganz kleinen Gütern die Söhne kein Bedenken tragen, als Handlanger, Tagelöhner und dergl. ihr Brot zu suchen, daß daher, wenn die übrigen Kinder nicht anderweit versorgt sind und der Sohn sich die kleine Abfindungssumme nicht vorher verdienen konnte, das Haus verkauft und das Kaufgeld vertheilt werden kann; um so mehr, als der Preis der Häuslerwohnungen weniger von Umständen abhängt, als der der Bauergüter. In diesen Bemerkungen liegt zugleich ein Einwurf gegen die von der Stellung der Geschwister des Erben hergeleitete Vertheidigung des bisherigen Systems. Diese findet in der oben angegebenen Maaße nur auf kleinen Nahrungen Statt und könnte es auch künftig.

Ueber die Besorgniß, es werde der wohlthätige Mittelstand auf dem Lande verschwinden, später. Jetzt von den zusammenhängenden Behauptungen, daß mit dem Aufhören der Gutsgeschlossenheit der Werth der Güter und der Credit des Landbaues sinken werde. Gerade im Gegentheil wird behauptet, daß der Werth der Güter sich bedeutend erhöhen werde. Es müßte dies der Fall sein, weil der Ertrag der Güter sich vermehre und eine zweckmäßigere Arrondirung derselben ihre Bewirthschaftung erleichtere, alles Lästige und Störende entfernt, eine wahrhaft rationelle Bestellung nun erst möglich werde. Das Angebot werde steigen, aber in noch weit höherem Grade werde es auch die Nachfrage. Die Handwerker auf dem Lande würden kleine Parzellen ankaufen, und in deren Bestellung eine nützliche Nebenbeschäftigung finden. Mancher Gläubiger würde es vorziehen, um langwierigen und kostspieligen Prozessen zu entgehen, einen Theil des verpfändeten Gutes an Zahlungsstatt anzunehmen. Mancher Rechtsstreit würde durch Abtretung und Austausch von Grund und Boden geschlichtet werden. Viele würden ihre Capitalien am Sichersten im Grundbesitze angewendet glauben, und selbst der Speculationsgeist im freien Verkehre mit Grund und Boden sein Feld finden. Die Erfahrung habe gelehrt, daß in vielen Fällen der sicherste Weg, den höchstmöglichen Preis für ein Gut zu erhalten, dessen Veräußerung in einzelnen Stücken gewesen sei. Für sehr große Güter fehle es an Nachfrage, an Käufern. Daher ihr verhältnißmäßig niedriger Preis. Stiege aber der Werth und der Preis der Güter, so müsse auch der Credit des Landbaues wachsen. Und in der That würden die Darleihen sicherer und mit geringeren Beschwerlichkeiten für Gläubiger und Schuldner verbunden sein, wenn sie auf einzelne, kleinere Theile gelegt wären. Wäre die Gutsgebundenheit aufgehoben, so würden nur Specialhypotheken errichtet, dadurch aber der Kostenbetrag verringert, die Aufnahme kleiner und öfterer Darleihen für den Schuldner, und für den Gläubiger die Rechtsverfolgung erleichtert, die Möglichkeit, zu seinem Gelde zu kommen, mit größerer Sicherheit hergestellt. Wo die Schuld auf dem ganzen Gute lastet, da kann in Folge einer Schuldklage und des daraus hervorgehenden erzwungenen Verkaufs der ganze Nahrungsstand des Schuldners vernichtet werden; liegt sie aber nur auf einem einzelnen Theile, so wird durch dessen Verkauf der Wohlstand des Schuldners höchstens geschwächt, nicht aber rettungslos zerstört. Walzende Güter werden immer höher im Preise stehen, als geschlossene und eines besseren Credites sich erfreuen.

Für ungegründet hält man es ferner, daß der große Grundherr den wechselnden Unfällen des Landbaues mit größerer Festigkeit trotzen könne, als der kleine Landwirth. In der Natur der großen und kleinen Güter wenigstens liege ein solcher Vorzug durchaus nicht. Vielmehr müßten unvermeidliche Verluste, allgemein verbreitete Bedrängnisse des Landbaues gerade die großen Güter empfindlicher treffen, weil bei ihnen schon ein weit größeres Capital von den Unternehmungen abhänge, das ganze Geschäft verwickelter, das Risiko höher sei. Nur das Monopol des großen Grundherrn, nur die vielfachen Privilegien und Befreiungen, mit denen er häufig ausgestattet sei, könnten ihm jenen Vorzug verschaffen. Dagegen habe der kleine Landwirth an sich weit mehr Mittel, das Unheil zu mildern. Er, nicht Jener, könne sich nach der Decke strecken, den wechselnden Zeitumständen anschmiegen. Nur ihm sei es möglich, nicht bloß für seine Person, sondern für seinen ganzen Haushalt, das durch die Noth gebotene Ersparungssystem durchzuführen, das der große Grundherr selbst in Bezug auf den Aufwand seiner Familie in der Regel durch Standesverhältnisse, durch Rücksicht auf seinen Credit, auf Verbindungen und dergl. zu begründen verhindert sei, in Bezug auf seine übrigen Ausgaben aber zu keiner Zeit durchführen könne. Mit dem Bauer spart und müht sich die ganze Familie. Aber auch bei gänzlichem Miswachs wird das Gesinde nicht sorgsamer, der Drescher nicht fleißiger, der Fröhner nicht williger. Der kleine Verlust des kleinen Landwirths ist durch doppelten Fleiß und doppelte Sparsamkeit, durch eine Nebenspeculation, ein Nebengeschäft schon wieder beizubringen. Dem Großen drohen ganz andere Verluste, und wenn ihm auch größere Mittel zu Gebote stehen, so bedarf er doch dieser schon zur gewöhnlichen Fortführung seiner Wirthschaft. — Bei Theurung aber, statt daß hier die großen Güter der Schutz und die Hülfe des Volks wären, träte, so meint man, gerade das Gegentheil ein. Der große Grundbesitzer, nicht der kleine, sei im Stande, auf die Theuerung zu speculiren, und thue es in der Regel. Er halte seine Vorräthe zurück, und verkaufe sie nur im Wege des Großhandels an Kornhändler, die gleichfalls ihren Gewinn daran haben wollten und dadurch den Preis nur noch mehr in die Höhe trieben. Der kleine Landwirth dagegen wende in theuren Zeiten doppelte Sparsamkeit an, um die eigne Consumtion des Getreides möglichst zu beschränken, wodurch an sich schon die Productenmasse höher erhalten werde, und beeile sich dann, die ersparten Vorräthe sobald als möglich zum Markt zu bringen. Er treibe den Kleinhandel auf den städtischen Märkten, der für die Erleichterung der Volksnoth der Wichtigste sei. Die auf einer gleichen Bodenfläche bei kleinen und großen Grundbesitzern sich sammelnden Vorräthe würden aber wenigstens gleich sein, wenn gleich die der letzteren mehr ins Auge fielen und leichter zu finden wären. Wenn übrigens die Annahme begründet sei, daß auf kleinen Gütern der Reinertrag, und besonders der Rohertrag ungleich höher sei, als auf großen, daß überhaupt bei einer Aufhebung der Gutsgeschlossenheit die Gesammtproduction sich bedeutend erhöhen müsse, so sei diese Maaßregel ja das beste Schutzmittel gegen Theuerung und Hungersnoth*). Die großen Güter riefen oft selbst erst die Theuerung hervor, indem sie, bei einem Steigen der Preise, ihre großen Vorräthe zurückhielten und auf ein weiteres Steigen speculirten. — Was endlich Einquartirung und Vorspann beträfe, so solle man doch ja nicht eine schlechte Einrichtung durch eine noch schlechtere vertheidigen. Es sei längst erwiesen, daß alle Naturalleistungen der Staatsbürger den Leistenden mehr kosteten, als sie dem Staate nützten. Eine Aufhebung der Staatsfrohnen namentlich werde eine Handlung der Gerechtigkeit und Zweckmäßigkeit sein. Uebrigens würde es, nach Lösung der Bande des Landbaus, immer noch weder an Raum zur Aufnahme der Truppen, noch an Pferden zum Vorspann fehlen.

Andere Gründe gegen die Maaßregel werden aus dem Privatrechte hergeleitet. Man besorgt eine Gefährdung der Mitbelehnten bei großen Gütern, der Grundherrn, die Frohnen, Dienste, Zehnten u. a. zu fordern haben, bei kleinen, der Gläubiger bei allen. Ueber die Sicherstellung der Mitbelehnten bei einer andern Gelegenheit. Die Grundherren werden aber ihre baaren und Naturalgefälle nur leichter und

*) Erscheinungen, die überhaupt bei dem jetzigen Stande der Agricultur und der innern Verbindung unter den Staaten nicht leicht wieder zu besorgen sein dürften, wenn sie nicht künstlich herbeigerufen werden.

sicherer beziehen, wenn die Pflichtigen durch die Maaßregel überhaupt in eine günstigere wirthschaftliche Lage gekommen sind. Die Leistung der Handfrohnen wird erleichtert werden, weil die Zahl der Pflichtigen zunimmt. Für Spannfrohnen, wo deren Fortdauer bei einer Dismembration unmöglich wird, da giebt diese Maaßregel selbst das beste Mittel zu deren Ablösung an die Hand. Für die Gläubiger ist gar nichts zu besorgen; sie werden theils bei Gelegenheit der Dismembration ihr Capital zurückgezahlt erhalten, theils finden sie in dem gesteigerten Werthe des Gutes und den verbesserten Verhältnissen seines Besitzers eine erhöhte Bürgschaft; endlich muß und kann allerdings eine gesetzliche Bestimmung über das Hypothekenwesen getroffen werden, wodurch eine vollkommene Sicherstellung erhalten wird. Das Beste ist, daß ein verhältnißmäßiger Antheil der für die abgetrennten Grundstücke erlangten Kaufsumme zur Verminderung der auf dem Hauptgute haftenden Consensschulden verwendet wird.

Die allgemeinpolitischen Gründe endlich, die man zur Vertheidigung der Gutsgebundenheit vorbringt, daß sie nehmlich die Grundlage einer einflußreichen Aristokratie, diese aber die festeste Stütze der Throne sei, übergehe ich, da sie anfangen, veraltet zu werden, da man einzusehen beginnt, daß nicht auf der Selbstsucht der Großen, sondern auf der Liebe der Völker die Sicherheit der Fürsten beruht, die Aristokratie die verderblichste und von der Zeit, nächst der Priesterherrschaft, am Entschiedensten zurückgewiesene Staatsform und daß es jedenfalls unmöglich ist, sie da zu schaffen, wo sie keinen Grund hat, oder sie da zu halten, wo sie die Keime des Untergangs in sich selbst trägt.

Allerdings kann ein gebildeter und edeldenkender Grundherr durch Einfluß und Beispiel ungemein segensreich wirken. Die Stellung des großen Grundbesitzers giebt überdem das Gefühl der Selbstständigkeit, die Unabhängigkeit des Charakters, und die zum gemeinnützigen Wirken erforderliche Muße, die diesen Stand vorzugsweise zu einer nützlichen politischen Wirksamkeit befähigen. Darum mag man dem Staate Glück wünschen, der sich vieler trefflicher Mitglieder eines solchen Standes erfreut. Um jeden Preiß aber den großen Grundbesitz zu erhalten, würde, wenigstens aus diesem Grunde, widersinnig sein, da man ja zwar für den Umfang der Aecker, nicht aber für den der Bildung, des Edelsinnes und der Vaterlandsliebe stehen kann. Daß aber für die Gesammtlage des Volks das Vorhandensein eines gebildeten, wohlhabenden und zum Gefühle seiner Würde und Selbstständigkeit gelangten Mittelstandes noch ungleich wichtiger sei, wird Niemand läugnen.

Uebrigens handelt es sich ja gar nicht um eine Aufhebung der großen und mittleren Güter, um eine Zerschlagung des ganzen Landes in lauter kleine Nahrungen. Eine solche würde weder ausführbar, noch nöthig und nützlich sein. Sie wäre dieselbe Beschränkung der natürlichen Freiheit, wie die Geschlossenheit; sie erforderte dasselbe Eingreifen in die natürlichen Gesetze der Güterwelt. Gütervertheilungen, wie sie wohl in einzelnen kleinen Republiken des Alterthums vorkamen, sind in unsern Staaten unmöglich. Und auch dort konnten sich solche Institute nicht lange erhalten, da es eines fortwährenden Kampfes gegen die Natur und die Verhältnisse des Menschen bedurft hätte, um zu verhindern, daß der natürliche Gang der Dinge, die Ungleichheit der geistigen Anlagen, daß Todesfälle und Vermälungen die Anordnung des kurzsichtigen Gesetzgebers verwirrten. Wer übrigens möchte es läugnen, daß viele Theile des Grund und Bodens von einer Natur und Beschaffenheit sind, die sie nur zu Wirthschaftsbranchen eignet, welche bloß auf umfangreichen Gütern gepflegt werden können; daß viele Grundstücke nur in enger Vereinigung unter eine Bewirthschaftung den höchstmöglichen Ertrag versprechen? Aber eben das Erkennen, welches das natürliche Verhältniß sei, welche Grundstücke sich zweckmäßig an einander schließen und getrennt oder vereint am Besten zu bewirthschaften sind, kann nur aus der Freiheit aufgehen. Nicht Zufall und Herkommen soll darüber entscheiden. Der Streit ist deshalb erbitterter geführt worden, weil die Gegner der großen Güter fortwährend nur unermeßliche Besitzungen im Sinne hatten, mit vielen gar nicht zu benutzenden Theilen, kostspieliger Wirthschaft; Güter, auf denen die Möglichkeit, von dem Hauptpunkte aus auch die entfernteren Theile zu bestellen, nur auf der Frohnpflichtigkeit der umliegenden Dörfer beruht; die Gegner der Kleinen aber stets ein Extrem ins Auge faßten und meinten, mit einer Auflösung der Gutsgeschlossenheit müsse eine Zerstückelung des ganzen Landes in engster Verbindung stehen.

Aber nicht jenes verderbliche Verhältniß soll erhalten, noch dieses gleichfalls unheilvolle befördert werden. Wir fordern nur die Möglichkeit, daß Einsicht in die örtliche Lage, die zweckmäßigste und wohlthätigste Benutzung und das Bedürfniß der Zeit und des Landes, über Trennung und Vereinigung entscheide. Wenn der freie Verkehr auf der einen Seite trennt, auf der andern wird er auch wieder zu vereinigen wissen. Gebt Freiheit des Verkehrs mit Grund und Boden und es werden große, unzweckmäßig vereinigte, unvollständig zu benutzende Güter sich ihrer lästigen Theile entledigen; es werden aber auch andere wohlgelegene, zweckmäßig sich gegenseitig umschließende und ergänzende Grundstücke vereinigt werden; meist wird der jetzige Bestand der Güter den Kern, die Grundlage bilden, aber ein gegenseitiger Austausch das Geschäft für Alle erleichtern und nützlicher machen. Es werden große Güter bleiben, der Sitz eines unabhängigen und einflußreichen Standes, Musterwirthschaften für ihre Umgebungen; aber zu große Güter, deren Umfang die vollständigste Benutzung durch freie Arbeit unmöglich macht, werden verschwinden. Die Güter von mittlerem Umfange, die zwei und mehr Gespanne beschäftigen, ohne doch den Besitzer von eigner Führung und Leitung zu dispensiren, werden die Regel bleiben und einen kräftigen, ordnungsliebenden, verständigen Menschenschlag nähren, den wahren Kern, die Stütze des Staats. Auf den Flächen, die jetzt unbenutzt oder schlecht benutzt lagen, weil sie nur dem sorgfältigsten Fleiße, nur der ängstlichsten Sorgfalt, nur dem Eifer dessen, der mit dem Boden um seinen Unterhalt ringt, einen höheren Lohn zollen, werden arbeitsame Hände sich Wohnungen errichten, ein dürftiges Geschlecht genüglich ernähren, und dankbare Herzen werden zum Himmel schlagen. Das Gesetz der Güterwelt tritt in seine Rechte. Wo die Nachfrage nach Grundbesitz nur gering ist, die Bevölkerung anderen Zweigen menschlicher Thätigkeit zustrebt, die Capitalien anderwärts lohnendere Beschäftigung finden, da werden die Güter in größerem Umfange vereinigt bleiben. Wo dagegen die Bevölkerung sich nicht zu nähren vermag, weil die Production nicht hinreichend ist, und weder Fabriken noch Handel das Fehlende zu gewinnen vermögen, da wird man in größerer Vertheilung des Bodens eine höhere Production zu bewirken streben. Die Gesammtproduction wird sich auf ihre wahre Höhe erheben und für die Gesammtheit der Vortheil unberechenbar sein.

Wir wollen nicht unbedingte Theilung, nur Aufhebung der Geschlossenheit, Herstellung der Freiheit. Soll aber diese Freiheit bis ins Unendliche gehen? Soll das Recht zur Theilung nur in dem Aufhören aller ferneren Theilbarkeit seine Grenze finden? Oder soll ein gesetzliches Minimum festgestellt werden, unter welches die Theile nicht herabsinken dürfen? Obgleich sich unter den Theoretikern mehr Stimmen gegen ein solches Minimum ausgesprochen haben, als dafür, und obgleich sich annehmen ließe, der natürliche Gang des Verkehrs, die im Durchschnitt verbreitete Einsicht des Volks werde Theilungen nicht aufkommen lassen, die alle Möglichkeit einer guten Bewirthschaftung aufhöben, so hat doch die Erfahrung einzelner Länder ein allzu schwarzes Gemälde von den Folgen gezeigt *), die eine einreißende Speculationssucht auf die Parcellirung des Grund und Bodens äußert, und das Uebel ist, wenn es einmal eingebrochen, so schwer, ja unmöglich, wieder gut zu machen, daß es, wie in den meisten menschlichen Dingen, bedenklich scheint, eine völlige Unbegrenztheit zu empfehlen. Nur kann eine allgemeine, gleiche Bestimmung nicht einmal für einzelne Gegenden getroffen werden. Denn wenn man von denen, die sich vom Feldbau nähren

---

*) Z. B. in Würtemberg. Vgl. Mohl: Die Polizeiwissenschaft nach den Grundsätzen des Rechtsstaates. 2 Bde. Tübingen 1832—33. 8. Th. 2, S. 26 ff.

wollen, verlangen kann, daß sie bei ihrer Niederlassung wenigstens ein solches Besitzthum nachweisen, das eine Familie bei Selbstbestellung ausreichend nährt, und wenn auch in Gegenden, die keinen Markt für ihre Producte in unmittelbarer Nähe haben, die Großwirthschaft vorzuziehen ist — und in der Regel auch vorherrschen wird — so scheint es doch auf der andern Seite, als könne in der Nähe vielverzehrender Städte die Parzellirung unbegrenzt gelassen werden, und als sei es ungemein zweckmäßig, den Handwerkern und Häuslern auf dem Lande die Gelegenheit zu lassen, kleine Feldstücken zu erwerben, denen sie in Nebenstunden eine nützliche Thätigkeit zuwenden können.

Ich hoffe, daß aus dem Vorhergehenden wenigstens so viel klar wird, daß es Pflicht der Gesetzgebung ist, eine Tendenz zur Verkleinerung der Besitzungen anzunehmen, während sie jetzt eine Tendenz zur Vergrößerung nicht verheimlichen kann. Zu große Güter sind vielleicht nicht so nachtheilig, wie zu kleine; wenigstens springen die Nachtheile nicht so in die Augen, da man hier die dürftige Bevölkerung sieht und dort die fehlende nicht sieht. Aber auf dem unermeßlichen Zwischenraume zwischen den zu großen und zu kleinen Gütern sind die Vortheile überwiegend auf der Seite der Verkleinerung. Ausnahmen zu machen, die Gebote der Oertlichkeit zu erkennen, diese Aufgabe kann man getrost dem Verkehre selbst überlassen, in welchem die Einsicht der Menschen in ihren Vortheil, ihre Sach- und Localkenntniß und das Bedürfniß entscheiden.

* * *

Die Ursachen der Geschlossenheit der Güter beruhen nicht überall und nicht lediglich auf einer klar ausgesprochenen gesetzlichen Bestimmung. Zum Theil bewirken es politische Verhältnisse, daß eine unverrückte Beibehaltung des Umfanges einzelner Besitzungen die Regel bleibt. In Bezug auf die Domainen trägt der Staat selbst die Schuld. Zunächst also von diesen.

III.

Die Domainen.

So natürlich die Idee ist, daß alle Mitglieder einer zu gemeinem Nutzen gestifteten Gesellschaft nach ihren Kräften und im Verhältnisse zu den Vortheilen, die sie von der Gesellschaft ziehen, auch der Erhaltung derselben und der Erreichung der Gesammtzwecke die erforderlichen Opfer und Anstrengungen zu widmen sich nicht weigern dürfen, und so gewiß diese Idee, auf den Staat übergetragen, die Rechtlichkeit der Abgaben begründet, so hat man doch in den verschieschiedensten Zeiten den Staatsbürgern so lange als möglich die Erfüllung dieser Verpflichtung ersparen zu müssen geglaubt. Theils mochte die Ueberzeugung von der unendlichen Abstufung der politischen Mündigkeit der Staatsbürger und von dem Unvermögen der Mehrzahl, die höheren Staatszwecke zu durchdenken und zu berechnen, die Besorgniß vor Unzufriedenheit und vor Mißtrauen gegen die Leiter des Ganzen rechtfertigen. Theils mochte man wohl auch die Erfahrung gemacht haben, wie nachtheilig auch nicht allzuhohe Abgaben auf den Volkswohlstand gewirkt hatten und mochte die Ursache der Einrichtung selbst zuschreiben, die doch bloß in ihrer Ausführung gelegen hatte. Aus diesen und andern Gründen die Erhebung von Abgaben für weniger rathsam erachtend, zuweilen auch durch die natürlichen Verhältnisse eines Staates gar nicht auf eine solche Maaßregel geführt, sah man sich, um dennoch die Kosten der Staatsverwaltung bestreiten zu können, nach andern Quellen der öffentlichen Einkünfte um, die wenigstens nicht unmittelbar dem Privatvermögen entzogen zu sein schienen. Ursprünglich mag man bloß um Mittel zur Deckung der außerordentlichen Staatsbedürfnisse verlegen gewesen sein, oder die gewöhnlichen, täglich wiederkehrenden wurden von den Einzelnen, denen bedeutende Staatsämter anheimfielen, aus eignen Mitteln getragen. Kamen aber wichtige Veranlassungen vor, die eine gemeinschaftliche Anstrengung zu fordern schienen, da mögen die reichern Bürger, der höhern Ehre, die sie genossen, gemäß, nach eignem Ermessen oder nach vereinter Schätzung, das Ihrige beigetragen haben *). So wie sich aber die Idee einer Regierung, die einer besondern Verwaltung bedürfe und der besondere Rechte und Pflichten zukämen, weiter entwickelte, da boten die Verhältnisse selbst, besonders in den kleinen Freistaaten der alten Welt, das natürlichste Mittel: einen Theil der gemeinschaftlichen Besitzungen von der Vertheilung unter die Einzelnen auszuheben, auf gemeine Kosten zu verwalten und von seinem Ertrage die Ausgaben des Staates zu bestreiten. Dennoch finden wir schon in den griechischen Freistaaten, von der Zeit ihrer höhern Blüthe an, Zölle und andere Abgaben vor. Die Römer konnten sich bloß bis zur Belagerung von Veji frei von Auflagen erhalten und trugen dann lange und während der ersten punischen Kriege mit großer Anstrengung bedeutende Lasten. Wenn sie aber von der Zeit der Eroberung Macedoniens bis zur Regierung des Augustus abgabenfrei waren, so verdankten sie dieß der unermeßlichen Beute, die aus allen Ländern nach Rom geströmt war, und ihrer Macht, die ihnen erlaubte, die Lasten, die sie zu tragen nicht mehr geneigt waren, auf die besiegten Völker überzuwälzen. Im Verhältnisse zu den Summen, die damals nach Rom flossen, mochten die Staatsländereien unbedeutend erscheinen, und vielleicht daß man sie nur bewahrte, um die Pflicht der Staaten des Alterthumes, in theuren Zeiten das Volk mit Getreide zu unterstützen, leichter erfüllen zu können, wie man sie denn auch zuweilen unter die ärmeren Staatsbürger als freies Eigenthum vertheilte. —

*) So wenigstens ist das Bild der kleinen griechischen und asiatischen Staaten, wie es uns aus Homers Schilderungen, z. B. bei Gelegenheit des Gastgeschenkes, das die Phaaken dem Odysseus reichten, aufgeht.

Zu den Eigenthümlichkeiten des Mittelalters gehörte es, daß alle Verhältnisse weniger auf die Persönlichkeit, wie bei den Alten, als auf den Besitz bezogen waren. Es war natürlich. Das, was Macht giebt, hat jederzeit die größte Rolle in den menschlichen Dingen gespielt. So lange die politisch freie, auf allgemeine Theilnahme am öffentlichen Leben berechnete Gestaltung der Staaten des Alterthumes zur Behauptung einer ehrenvollen Stelle im Staatsleben den Besitz vorragender Talente und glänzender Eigenschaften erforderte, war es der Einfluß des Charakters und Geistes, der entschied. Im Mittelalter verschwand der politische Sinn, um dem freiern Gebahren des Einzelnen im Privatleben Platz zu machen und nun gab eigner Grund und Boden allein das Vermögen, durch rohe Gastfreundschaft sich Anhänger zu erhalten, Schaaren von Hintersassen und Eigenhörigen zu ernähren, mit einem Worte: Macht zu behaupten. — Doch auch in den niedern Ständen des Volkes richtete sich der Antheil an der Gemeinde nach der Größe des Grundbesitzes. Denn verdankten sie nicht ihren Ursprung meistens der Vereinigung Mehrerer zur gemeinschaftlichen, oder wenigstens durch vereinte Kraft gesicherten Benutzung des Grund und Bodens? Ein Verhältniß, dessen Einfluß sich bei den deutschen Stämmen ungleich länger erhalten hat, als das Band nationeller Verwandtschaft, das bei den Alten so stark war. Rechte und Pflichten hingen vom Grundbesitz ab. Suchte auch in den höhern Beziehungen des öffentlichen Lebens, wo Lehnsherr und Vasall sich begegneten, der Eidschwur die dingliche Verpflichtung auch mit einer persönlichen zu verbinden, im gewöhnlichen Leben war nicht der Mann dem Manne, das Gut war dem Gute die Dienste schuldig. Nicht weil des Landes Wohl es erforderte, auf das Aufgebot des Herrn, von dem er sein Gut hatte, erschien der Vasall zu Gericht und zum Heerzug. Nicht auf die gleichmäßigen Beiträge aller Staatsbürger zum gemeinschaftlichen Bedürfnisse ward der Vorsteher einer Provinz angewiesen, zum Lohne seiner Mühen und zur Bestreitung aller Kosten bekam er Grundeigenthum, geeignet, ihm Macht und Ansehen zu verschaffen. — Schon in den damaligen Zeiten mochte das Eigenthum des

Amtes häufig mit dem der Person verwechselt werden und bei weiterer Ausbildung *) des Lehnsystems mochten die eingeführte Erblichkeit der Lehnsgüter und die der Staatsämter wechselsweise so auf einander einwirken, daß bald die Familie sich in dem Amte behauptete, die sich in dem Besitze der meisten dazu gehörigen Güter zu erhalten gewußt hatte, bald mit dem Privatvermögen der Familie, in der das Staatsamt erblich ward, auch die zu der Würde gehörigen Besitzungen verschmolzen. Daß unter dem Umfange der Domainen der europäischen Fürsten des Mittelalters theils Privatbesitzungen der herrschenden Familie, theils seit uralter Zeit als Staatseigenthum betrachtete und zum gemeinen Besten verwaltete Güter, theils, für die deutschen Fürsten namentlich, von dem Kaiser zur Bestreitung der Staatsbedürfnisse empfangene Lehne, theils auch aus dem Ertrage der gesammten Staatseinkünfte erworbene Grundstücke sich befanden, läßt sich vermuthen und zum Theil nachweisen, ohne daß man unter der großen Masse der noch vorhandenen Domainen anzugeben im Stande wäre, zu welcher von diesen Klassen ein jedes Einzelne gehören möge. Und so groß eigentlich in staatsrechtlicher Hinsicht die Wirkung dieser verschiedenen Erwerbungsart hätte sein sollen, so war doch der Begriff des Staates damals so unklar, daß der Umfang der Staatsgüter nothwendig in das Privateigenthum des regierenden Hauses sich verlieren mußte und auf der anderen Seite war es natürlich, daß die damaligen Fürsten selbst aus dringenden Bedürfnissen des Staates nicht einen Rechtsgrund herleiten konnten, von dem Volke Beiträge und Abgaben zu fordern, sondern, so lange es irgend möglich war, aus den Nutzungen dessen, was nun einmal nach und nach ihr Eigenthum, ihr erworbenes Gut geworden, oder zum Behufe der Verwaltung von der Verleihung an Einzelne ausgenommen war, die Kosten der Re-

---

*) Oder sollte man die Erblichkeit der Lehne vielleicht eher eine Ausartung, als eine Fortbildung der Lehnsverfassung nennen? Das Menschliche trug über die politische Idee den Sieg davon, wie über alle Institute, die nicht auf die ewig gleichen Neigungen des menschlichen Herzens gebaut sind.

gierung decken mußten. Die Hintersassen der Domainen freilich waren zu manchen Abgaben und Lasten verpflichtet. Die Vasallen aber leisteten nicht mehr, als wozu ihr Lehnsvertrag sie verband, und hatten die Macht, diesen Grundsatz zu verfechten. Von dem Ertrage der Domainen also und von den Nutzungen der Rechte, die den Fürsten durch eigene Erwerbung und in Deutschland durch kaiserliche Verleihung oder Gestattung zukamen, und worunter das Recht, an bestimmten Orten Zölle zu erheben, von früher Zeit an eine Hauptrolle spielte, wurden die Kosten der Regierung bestritten, theils weil man eingedenk sein mochte, wie ein großer Theil dieses Besitzthums blos zum Behufe des öffentlichen Dienstes empfangen war, theils weil der damalige Staatsaufwand meist nur das Interesse der Fürsten berührte. —

Schon gegen das Ende des 14ten, noch mehr aber im Laufe des 15ten und 16ten Jahrhunderts wurden diese Einkünfte fast überall der Last der öffentlichen Bedürfnisse ungleich. Die Güter mochten unter übler Verwaltung verschlechtert, die Rechte durch freigebige Ertheilung eines Antheils davon an Privatpersonen, die gelegentlich Gegendienste geleistet, zersplittert, kurz alle Hülfsquellen mächtig verringert sein. Dann erforderten aber auch die kostspieliger gewordenen Kriege, besonders als die dem früheren kriegerischen Geiste wohl auch allmählig entfremdeten Lehnstruppen den nach und nach sich bildenden stehenden Heeren die Wage zu halten nicht vermochten, größere Anstrengungen und Opfer; die häufiger werdenden politischen Unterhandlungen unter den Höfen machten die Absendung kostspieliger und langwieriger Gesandtschaften nöthig; auch keimte wohl damals die Einsicht, wie wohlthätig der Handel und der Gewerbsfleiß für den Wohlstand, das Glück und die Ruhe des Landes wirke, und wie gleichwohl ein höherer Flor dieser Betriebszweige wenigstens ohne Ordnung und Sicherheit, mithin ohne umfassende Anstalten nicht zu hoffen sei. Die meisten Höfe waren, durch unzählige Theilungen, in ihren Einkünften, nicht aber in ihrem Aufwande geschmälert, in eine Schuldenlast gerathen, aus der sie der Ertrag der wenigen unverpfändet gebliebenen Güter und Rechte, der doch zunächst nur zur Deckung der laufenden Bedürfnisse anzuwenden war, nicht zu reißen vermochte. Nur wenige Regierungen hatten, wie Frankreichs Fürsten, in den Stürmen der vergangenen Jahrhunderte, ihre Kräfte zu sammeln und die Machtfülle der Souverainetät zu erringen gewußt, und denen war es leicht, sich und dem Staate zu helfen. Den Mindermächtigen blieben nur Unterhandlungen mit denjenigen Ständen des Volkes übrig, von denen sie Widerspruch befürchten mußten, hätten sie eigenmächtig eine Bestreitung der allgemeinen Lasten durch allgemeine Opfer gefordert. Indem sie diese durch Privilegien und Freiheitsbriefe, durch Vorstellung der dringenden Nothwendigkeit der neuen Maaßregeln und durch Anregung der Hoffnung, das Ganze werde nur von kurzer, vorübergehender Dauer sein, für ihre Absicht zu gewinnen wußten, kamen endlich die ersten rohen Versuche von allgemeinen Auflagen zu Stande, bei denen man wenig mehr als den größtmöglichsten Ertrag beabsichtigt zu haben scheint, wenn man bald auf die ersten Lebensbedürfnisse und auf Kauf und Verkauf eine unsrer Accise ähnliche Abgabe legte, bald für alle Personen eine gleiche Kopfsteuer — die ungleichste Aller — anordnete und erst allmählig den Grundbesitz, als den damals richtigsten Maaßstab des wirklichen Vermögens zu besteuern anfing. Man sah sich aber, bei dem Ungewohnten dieser Maaßregel und weil sie bloß von dem guten Willen der Unterthanen gestattet zu sein schien, veranlaßt, den Ständen des Volkes, die man darüber zu befragen genöthigt gewesen war, nicht bloß auf die Bestimmung der Größe der Abgaben und die Verwendung derselben zu gewissen, namhaft gemachten Zwecken, sondern auch auf die wirkliche Erhebung, Verwaltung und Benutzung des Geldes einen Einfluß zu gönnen, der zum Theil noch in den Einrichtungen einzelner Staaten nachwirkt und dem der Gegensatz zwischen Fiscus und Aerar, zwischen Kammer und Steuer, überhaupt diese doppelte Finanzverwaltung, von verschiedenen Behörden geführt, oft unter sich im Streit begriffen, die Entstehung verdankt, der außer der großen, unnöthigen Verschwendung von Zeit, Mühe und Kosten, die sie erfordert, auch noch der wesentliche Nachtheil in politischer Hinsicht zuzuschreiben ist, daß weder den Ständen die umfassende Einsicht in alle Quellen der Staatseinkünfte und in ihre Verwendung zu allen Zwecken gewährt wird, die Vernunft und Gerechtigkeit für die Vertreter mündig gewordener Völker fordern, noch die Regierung die Fülle der vollziehenden Gewalt bewahrte, mit der allein Kraft, Einheit und Nachdruck der Verwaltung vereinbar ist. In staatswirthschaftlicher Hinsicht aber wurden die Regierungen, die natürlich so viel als möglich die von der ständischen Verwaltung freigebliebenen Fonds wichtiger zu machen strebten, dadurch veranlaßt und oft gezwungen, den Umfang der Regalien auf alle ersinnliche Weise zu erweitern. Und ward nicht der Wirkungskreis wichtiger Staatsbehörden von zufälligen Umständen abhängig? —

Die ängstliche Vorsicht der Stände verfehlte ihren Zweck. Statt eine Erleichterung in dem ungewohnten Joche der Abgaben zu verstatten, stiegen die Staatsbedürfnisse, zum Theil mit reißender Schnelligkeit, zu einer vorher nie geahneten Höhe und mit der Fähigkeit zum Ertrage höherer Lasten wuchs auch die Nothwendigkeit, immer kostspieligere Anstalten zu treffen. Auch bildeten sich aus den Zöllen, die schon von alter Zeit her dem Regenten zukamen, mannigfaltige Arten von Abgaben, die in vielen Staaten nicht ohne Grund mit den übrigen Steuern in Eine Linie und unter Eine Verwaltung gesetzt wurden. Viele Regierungen sahen sich genöthigt, Regalien, die eine reifere Staatskunst dem öffentlichen Verkehre zurückzugeben rieth, beizubehalten, andere, die man bloß um des öffentlichen Bestens willen der Verwaltung durch Staatsbehörden vindicirte, auch als Quelle ihrer Einkünfte zu betrachten, und unter den Ertrag der Meisten Abgaben zu verbergen, die eigentlich diesen Ertrag ausmachten. Der Besitz der Domainen, der allmählig seine Bedeutung in politischer Hinsicht als Hauptstütze des fürstlichen Einflusses verlor, ward auch nach und nach in finanzieller Hinsicht im Verhältnisse zu den übrigen Staatseinkünften weniger wichtig.

Was die staatsrechtliche Natur des heutigen Domainenbesitzes betrifft, so hat man in vielen Staaten dieselben als eigentliches Staatsgut betrachtet, über welches nur denen zu verfügen zukomme, die die höchsten Rechte der Staatsgewalt zu verwalten hätten. Das Eigenthum derselben, so lange sie ihre Eigenschaft behaupten, wird als unzertrennlich von der Würde des Staatsoberhauptes angesehen. Das völkerrechtliche Herkommen hat diese Entscheidung für alle Staaten angenommen. Denn nach jeder Abtretung einer Provinz gehen, auch ohne besondere Bestimmung, die Domainen in die Hände des neuen Herrschers über. Privatbesitzungen eines Fürsten werden auch im fremden Lande behauptet. Keinesweges aber ist diese Entscheidung in allen Staaten auch staatsrechtlich. Vielmehr gelten sie in manchen als Familienfideicommiß, das nach erfolgter eigenmächtiger Veräußerung wenigstens von dem Nachfolger aus derselben Familie reclamirt werden könnte, in einigen sind sie freies Eigenthum des Regenten. Kein Staat hat ihre Nutzungen dem gemeinen Bedürfnisse versagen wollen. In vielen Staaten wird ihr Ertrag ganz mit den übrigen Staatseinkünften gemeinschaftlich verrechnet und angewendet. In einzelnen sind besondere Bedürfnisse, etwa der Hofstaat des Regenten, die Verzinsung und Tilgung einzelner Theile der Schulden auf sie angewiesen. Wo die Trennung zwischen Kammer und Steuer noch obwaltet, werden sie zu dem Theile des Staatsvermögens gerechnet, der von der Kammer verwaltet wird. In wenigen Staaten traf man eine Theilung derselben und überließ einen Theil der Verwendung zum allgemeinen Besten, vindicirte aber das Uebrige dem Fürstenhause, dem ein freies Verfügungsrecht über die Früchte desselben bedingt ward. Wo sie als landesherrliches Eigenthum oder Familiengut gelten, sind sie meist steuerfrei.

In der Benutzung der Domainen haben die verschiedenen Staaten keine sehr abweichenden Wege eingeschlagen, daß vielleicht die eine Regierung gerade bloß dieser Methode, die andere ausschließlich einer entgegengesetzten gehuldigt hätte. Man nahm immer die größere Einträglichkeit zur Richtschnur und nach diesem leicht zu entdeckenden Verhältnisse befolgte man bei den einzelnen Gütern das System, das gerade für sie am geeignetsten schien, das erwünschte Resultat zu gewähren. Man hat daher auch in den meisten Staaten aufgehört, die Staatsgüter in eigner Administration zu behalten.

Denn zu den vielen Beweisen, daß ein Schluß von dem, was für den Privatmann vortheilhaft ist, auf das, was für den Staat von Nutzen sein müsse, unsicher bleibt, gehört auch die unleugbare Erfahrung, daß der Staat überall, wo er selbst als Unternehmer auftritt, mit großen Kosten wenig erlangt; am wenigsten da, wo er genöthigt ist, neben den Privatleuten und ohne Vorzugsrechte vor ihnen sich in den Verkehr zu mischen, und daß er eben deshalb auch von seinen Gütern, die er auf eigne Rechnung bewirthschaften läßt, mehr Schaden als Nutzen zu erwarten hat, während bei dem Privatmanne, sobald er Sachkundiger und guter Wirth ist, das umgekehrte Verhältniß statt findet. In großen Staaten, wo die Domainen, wenn auch nicht im Verhältnisse zu den übrigen Staatsfonds, doch an sich von sehr bedeutendem Umfange sind, ist die Selbstbewirthschaftung schon wegen der Größe des erforderlichen Wirthschaftskapitals geradezu gar nicht, oder doch nicht ohne die sichtbarsten Nachtheile durchzuführen. Aber auch in kleineren läßt sie sich kaum vertheidigen und der Grund ist leicht zu entdecken. Der Staat kann sich nie in die Lage des Privatmannes setzen; er ist denselben und höheren Gefahren unterworfen, ohne doch die Vortheile sich aneignen zu können, die Jenem eben den höheren Ertrag sichern. So lange und da, wo die Landesherren mehr als große Grundbesitzer zu betrachten waren, und eher durch das Uebergewicht, das ihnen eben ihr höherer Grundbesitz gab, als durch die Regentenwürde befehligten, mag auch ihr Verhältniß zu ihren Besitzungen dem des Privatmannes angemessen gewesen sein, und hier können sie durch steten und persönlichen Einfluß auf die Verwalter ihrer Grundstücke wenigstens schlimmere Nachtheile vermieden haben, als die allemal den Besitzer außerordentlich großer und umfangsreicher Güter bei eigner Verwaltung betreffen werden. Der Vortheil, den der kleine Grundbesitzer bei der eignen Bewirthschaftung seines Gutes hat, beruht aber eben darin, daß er diese Bestellung zum Berufe seines Lebens zu machen vermag und mit unausgesetzter Sorgfalt, mit beständiger Berücksichtigung aller Zeitverhältnisse, mit steter Beobachtung des Augenblicks die Gelegenheiten zum Vortheile ergreifen, dem drohenden Schaden entgehen, die unvermeidlichen Uebel voraussehen und bei ihrem Hereinbrechen auch die letzten Trümmer noch sammeln kann. Wenn nun dieß schon dem größeren Grundbesitzer, der zwar durch Fremde handelt, aber auf diese wenigstens persönlichen Einfluß behauptet, schwierig, ja unmöglich wird: wie kann es dem Staate gelingen, der die nöthige Aufsicht durch vielfache Behörden zu führen gezwungen ist, und hier im glücklichsten Falle die zu erwartenden Vortheile durch Weitläufstigkeiten gefährdet, die wirklich erlangten durch höhere Kosten schmälert? dem bloß die Wahl bleibt, durch Lüftung der strengeren Aufsicht die Sicherheit des Ganzen zu erschüttern, oder durch ängstliche Sorgfalt seinen Gewinn zu verringern? Wäre es aber auch möglich, durch die genaueste Controlle der Stellung des Privatmannes nahe, ja gleich zu kommen, immer kann dies blos negativ helfen; es kann blos vor nachtheiligen Unternehmungen, vor den üblen Folgen des bösen Willens, oder der Unklugheit der Administratoren sichern; den thätigen, unternehmenden und doch besonnenen und umsichtigen Geist aber, der dem Privatmanne den höchsten Ertrag seiner Besitzungen verspricht, kann jene Controlle dem Verwalter eines fremden Gutes nicht einflößen. Diesem fehlt immer das mächtige Gefühl, für eignen Vortheil zu arbeiten und zu wagen und einziger Richter seiner Unternehmungen zu sein. Dies ist auch eigentlich der wahre Grund, warum Verbesserungen auf so bewirthschafteten Gütern nur selten gelingen, wiewohl man gerade mit der höheren Leichtigkeit solcher Verbesserungen die Selbstbewirthschaftung empfehlen wollte. Sobald der Administrator eines Staatsgutes nicht für sich aus den zu treffenden Verbesserungen unmittelbare Vortheile erwartet — und dies kann er bei der einfachen Einrichtung höchstens für seine Bequemlichkeit, die selten mit dem Vortheile des Gutes in Verbindung steht — wird ihm vor Allem der Eifer fehlen, der selbst dem Besseren unermüdlich nachspürt, der keine Mühe und keinen Versuch scheuet, das für besser Erkannte in Ausführung zu setzen, der aber auch ohne Gefahr, so bald er die Unausführbarkeit seines Planes erkennt, die Sache aufgiebt und sich vor größerem Schaden hütet! Er wird also die Vorschläge in der Regel nicht von selbst machen. Thut er dies aber doch, so wird ihm in den wenigsten Fällen die höhere Behörde bereitwillig entgegenkommen. Man wird ihn durch beschwerliche Untersuchungen, durch Commissionen, durch Zweifel und Bedenklichkeiten ermüden, und, wenn es die Wagniß eines Capitals vielleicht auf Jahre gilt, häufig weder geneigt, noch im Stande sein, ein Gut, von dem man nur Einkünfte erwartete, als Grund zu Ausgaben zu betrachten. Ist aber die höhere Finanzbehörde gerade geneigt zu solchen Versuchen, so ist wieder fast immer zu besorgen, daß der Administrator, der bei der Sache weder zu gewinnen noch zu verlieren hat, mit unnützen und nicht zum Zwecke führenden Versuchen Geld und Zeit verschwenden, und wenn die Sache weniger nach Wunsche ging, so lange als möglich den üblen Erfolg verbergen, und so die Ausführung in die Länge ziehen, wenn aber der Vorschlag nicht von ihm herkam, durch nachlässige Betreibung das Gelingen der Unternehmung erschweren werde. Und doch müssen wahre Verbesserungen mit aller Kraft und mit Anstrengung aller Mittel durchgesetzt, solche aber, in denen man sich irrte, sobald als möglich aufgegeben werden. Aus Allem ergiebt sich, daß die Bewirthschaftung der Domainen auf Staatsrechnung diese Güter in die Hände von Personen spielt, die bei der vortheilhaftesten Bestellung derselben kein oder nur ein sehr untergeordnetes Interesse haben und daß auch eine scharfe und thätige Controlle, trotz des großen Zeit- und Kostenaufwandes, den sie erfordert, doch blos gegen Betrügereien und Fehler schützen, nicht aber den Eifer und die Umsicht schaffen kann, auf denen allein eine vortheilhafte Verwaltung beruht. Und wenn auch in dem Administrator dieser Geist lebt, wird er nicht durch das Aengstliche und Beengende, was in jeder öffentlichen Controlle herrscht, nothwendig ertödtet? Der nur, der frei mit seinem Gute schaltet, wird es mit dem höchsten Vortheile benutzen.

Man hat diesen Mängeln zuweilen durch eine ziemlich künstliche Einrichtung zu begegnen und namentlich den Vortheil der Verwalter der Staatsgüter mit dem öffentlichen Interesse dadurch zu verflechten gesucht, daß man ihnen einen verhältnißmäßigen Antheil an dem Ertrage des Gutes verstattete. Die Gewährsadministration legt dem Verwalter des Gutes die Pflicht auf, einen gewissen Ertrag desselben zu liefern (in welchen nur vielleicht die Uebernahme gewisser Lasten und Abgaben eingerechnet wird), sichert ihm aber von dem Ueberschusse einen bestimmten Antheil zu. Es dürfte diese Methode allerdings viele Vortheile haben, da sie das eigne Interesse des Administrators mit dem des Staats verbindet, und ihm dabei gewöhnlich freiere Hand läßt, als bei der reinen Verwaltung. Auch sichert sie dem Staate vielleicht den höchsten Gewinn, den er aus irgend einer der gewöhnlichen Benutzungsarten der Domainen erwarten kann. Dennoch ist die Einrichtung in mancher Hinsicht zu complicirt und vielfachen Zweifeln und Bedenklichkeiten in Bezug auf die Kosten für nothwendig erachteter Unternehmungen, auf Unglücksfälle, bei denen die Schuld des Verwalters nicht klar ist, auf solche, die offenbar unverschuldet sind, ausgesetzt. Und immer werden nur Wenige geneigt sein, sich einem Geschäfte zu widmen, bei dem sie im günstigen Falle wenig gewinnen, im ungünstigen aber viel verlieren können. Schießen sie das Wirthschaftskapital her, wie immer zu wünschen ist, da der Staat seine Gelder nöthiger braucht, so muß ihnen auch dafür der gebührende Ersatz werden, und immer würden sie es durch freiere Unternehmnngen besser haben benutzen können; nie aber werden sie geneigt sein, auf außerordentliche Pläne und Verbesserungen ihre Capitale zu wenden. Kurz, auch diese Art der Verwaltung ist so manchen Bedenken ausgesetzt, und da sie für den Unternehmer möglichen Nachtheil und nicht gewissen Vortheil darbietet, dürften sich meist bloß Leute dazu verstehen, die eben in der Hoffnung sich dazu hergeben, das, was ihnen rechtmäßig entgeht, auf anderem Wege sich ersetzen zu können; die schlimmsten Hände, in die öffentliche Güter gelangen dürften.

Durch jede andere Art der Selbstbewirthschaftung möchte aber am wenigsten die Hoffnung befriedigt werden, einen nur einigermaaßen dem Werthe des Gutes angemessenen Ertrag zu erhalten. Nothwendig aber dürfte die fortwährende Selbstbewirthschaftung eines Gutes nirgends mehr sein. Vorübergehende Zeitverhältnisse können es gebieten, daß der Staat erst bedeutende Summen in ein vielleicht verwüstetes Gut wende, ehe er es mit Vortheil zu veräußern oder zu verpachten im Stande ist. Die besondere Beschaffenheit eines oder des andern Gutes, und daß sein Ertrag vielleicht sehr bequem zu übersehen ist, seine Nutzungen mehr aus baaren Gefällen, als aus Produkten bestehen, auch schlechte Bewirthschaftung ihm nicht viel schaden kann, können die eigne Verwaltung zuläßlich erscheinen lassen, wiewohl auch hier die Gefälle ihrer Natur nach von dem Gute getrennt zu betrachten sind, von dem Grund und Boden aber, der noch zu benutzen bleibt, alles das gilt, was von den Domainen gesagt war. Will aber der Staat Musterwirthschaften anlegen, was wenigstens bei dem jetzigen Standpunkte der Feldwirthschaft in den cultivirten Ländern eine überflüssige Mühe sein dürfte, und will er diese, wie billig, einem eignen Administrator anvertrauen, so sind sie dann auch bloß nach dem Zwecke zu beurtheilen, den sie haben sollen: als Beispiel, als Bildungsmittel zu wirken, und man muß bei ihnen von dem finanziellen Ertrage überhaupt, besonders aber von dem Ertrage absehen, den das Gut haben würde, wenn es im Eigenthume des Bewirthschafters wäre. Denn hier überwiegt der höhere Zweck alle andern Rücksichten. Die Selbstbewirthschaftung kann nur in den Zeiten wahrhaft nothwendig sein, wo vielleicht noch nicht einmal das ganze Landeigenthum vertheilt ist, oder wenigstens noch keine Capitale sich gebildet haben, mit denen unternehmende Landwirthe sich einen Antheil an dem Ertrage fremder

Grundstücke zu verdienen streben, kurz, wo der Mangel an Pächtern sie gebietet. Auf dieser Stufe der Gesellschaft werden aber auch alle übrigen Verhältnisse anders sein, und das Staatsoberhaupt wird der Lage des Privatmannes näher stehen. Die eigne Administration wird folglich weniger Nachtheilen ausgesetzt, überhaupt aber auf die höchste und nützlichste Production keine Rechnung zu machen sein.

Alles dies sind Betrachtungen, die von der Erfahrung schon den Regierungen aufgedrungen wurden, und im Ganzen findet daher auch die Verwaltung der Domainen auf Staatsrechnung nur noch ausnahmsweise statt; da aber, wo sie noch angewendet wird, treten ihre Nachtheile sichtlich hervor*).

Die bei weitem gewöhnlichste Benutzungsart ist die Verpachtung der Domainen, und zwar der Zeitpacht. Durch die Verpachtung der Staatsgüter an tüchtige Landwirthe, unter billigen Bedingungen und auf eine festgesetzte, längere Reihe von Jahren, wird allerdings dem Staate eine bestimmte, sichere und reine Einnahme gewährt. Bestimmt ist diese Einnahme, da sie nicht von dem zufälligen Ertrage eines Grundstückes, nicht von dem größeren oder geringeren Eifer, von dem verständigen oder unklugen Verfahren seiner Verwalter, besonders da sie nicht von den schwankenden Preisen des Getreides abhängt. Sicher ist sie, wenn man bei der Auswahl der Pächter, die sich der Staat bei den öffentlichen Licitationen durchaus vorbehalten muß, sein Augenmerk mehr auf solide, durch eignes Vermögen und vor Allem durch früher bewiesene Rechtschaffenheit und Einsicht für ihr künftiges gutes Benehmen Bürgschaft leistende Männer, als auf bedeutende Pachtgelder richtet. Rein ist die Einnahme, oder wenigstens reiner als bei der Selbstbewirthschaftung, da sie bei weitem weniger durch mannichfach controllirende Beamte und vielfach verzweigte Behörden, mit

*) Daß in mehreren süddeutschen Staaten die Selbstbewirthschaftung noch so gebräuchlich ist, darin liegt die hauptsächlichste Ursache der großen Kostspieligkeit ihrer Domainenverwaltung.

allem dem Aufwande an Geld und Arbeit, den diese in ihrem Gefolge führen, verkürzt wird. Auch wird man gerade keine Verschlechterung des Gutes zu besorgen haben, da ja das eigne Interesse des Pachters ihn zur umsichtigen Bestellung auffordert. Und wenn man auch bei allzukurzen Pachtterminen besorgen müßte, der Pachter möchte die Kräfte des Gutes allzusehr anspannen und mit dem schnell erzwungenen Ertrage bereichert dasselbe vielleicht auf geraume Zeit zu vortheilhafter Benutzung unfähig verlassen, so kann man dieser Klippe leicht durch Gewährung der Aussicht auf billige Verlängerung der Pacht entgehen, die den Pachter nicht nur bewegen muß, die Kräfte des Gutes zu Rathe zu halten, sondern ihn auch zu bedeutendem Aufwande auf seine Verbesserung ermuthigen kann, und deren Erfüllung allein dem Staate den Vortheil gewährt, fortwährend mit erprobten Männern zu thun zu haben.

Doch möchte es nicht gerade passend sein, wie zuweilen geschieht, die Dauer des Pachttermines ausdrücklich von der Lebenszeit des Pachters abhängig zu machen. Wenn auch ein Vitalpacht nur mit einem sicheren und geprüften Manne eingegangen wird, so wird doch dadurch eine Stellung begründet, die zwar sicher genug ist, um im Nothfalle auch zu einem schädlichen Verfahren Muth zu machen, aber doch nicht sicher genug, um zu bedeutenden Verbesserungen zu bewegen. Der Staat hat das Recht nicht mehr, die Pachtzeit zu verkürzen, und doch nicht die Macht, sie zu verlängern, und wird in ein Verhältniß verwickelt, das ganz von einem zufälligen Ereignisse abhängt.

Die Einnahme, die der Zeitpacht verspricht, wird dem natürlichen Betrage der Grundrente, die dem Staate gebührt, sich gemäß halten, wenn man eine freie Concurrenz unter den Pachtlustigen begünstigt und die Pächter weder durch eine allzuängstliche und häufig unnöthige, zeitraubende Controlle beengt, noch ihr möglichst freies Verfahren mit dem Gute durch drückende, vor allen Dingen durch unnütze Bedingungen erschwert. Denn als soche sind alle Bedingungen zu betrachten, durch welche eine Regierung dem

Pachter vielleicht die Art und Weise der Bestellung, die Getreidearten, die er erbauen, die Personen, die er auf der Domaine aufnehmen soll, bestimmen, und ihm gewissermaßen seinen Vortheil, den er selbst sicher am besten versteht, lehren will. Sonst aber ist es ein wesentlicher Gewinn bei dieser Methode, daß der Pachter, gegen billige Entschädigung, Lasten und Pflichten, die auf dem Gute haften, übernehmen und als Privatmann besser, leichter und angemessener ausführen kann, als die Regierung. Auch kann man bei der Verpachtung der Domainen, ohne deshalb die Aufsichtskosten bedeutend zu vermehren, die vielen einzelnen zugehörigen Stücke der Güter, die eine leichtere Verwaltung des Ganzen hindern, dann solche Zubehöre, die nicht zu dem rein ökonomischen Theile gehören, wie Ziegelbrennereien, Brauereien, Kalköfen in Specialpacht geben und dadurch das Geschäft der Verpachtung selbst vereinfachen, aus jenen Parzellen aber den möglichst höchsten Nutzen ziehen*).

Doch bleiben noch immer gar manche kostspielige und mühevolle Arbeiten auch mit der Einrichtung des Zeitpachtes verbunden. Dahin gehört vor allem die Veranschlagung des Gutes. Sie setzt eine äußerst genaue, auf die zuverlässigsten Nachrichten gestützte Kenntniß des Gutes nach allen seinen Theilen, nach allen den Rechten und Gefällen, die ihm zukommen, und allen den Pflichten und Lasten, die darauf gelegt sind, voraus. Und auch mit dieser Kenntniß ist es eine der schwierigsten Aufgaben, zuerst den wahrscheinlichen Ertrag des Gutes, wenigstens nach einer Durchschnittsberechnung zu erforschen, bei dieser Untersuchung darüber einig zu werden, was wirklich mit in Anschlag gebracht, was namentlich und speciell aufgeführt, was gegen andre Theile vielleicht aufgewogen werden soll; die Abzüge zu bestimmen, die man für die gesammten Wirthschaftskosten und alle

*) Denn sicher giebt z. B. der Ziegelbrenner, der selbst einen Ofen pachtet, dem Staate mehr ab, als der Pachter, der erst einen Mann für jene Arbeit lohnen muß und dem Staate doch höhere Kosten anrechnet, oder der einen Afterpachter ansetzt, und außer dem Gewinn, den er diesem verstatten muß, auch für sich noch einen bedingt.

anderen Ausgaben, so wie für die Zinsen der in dem Geschäfte wirkenden Capitalien und die billigen Gewinne daran in Rechnung zu bringen genöthigt ist, endlich die Form des Naturalprodukts, in dem nothwendig diese Werthverhältnisse ausgesprochen werden müssen, in den entsprechenden Geldpreis umzuwandeln. Denn die Empfangnahme des Pachtquantums in Naturalien dürfte keinesweges zu rathen sein, da sie dem Staate das Risico des Kornhändlers, das er eben zum Theile durch die Verpachtung vermeiden will, aufbürdet, ihn wenigstens zu kostspieligem Aufspeichern und überhaupt zu Unternehmungen nöthigt, für die er ein neues Beamtenheer anwerben, neue Aufsichtsbehörden einsetzen, neue Kosten übernehmen muß, und von denen er am Ende doch mehr Schaden, als Vortheil zieht. Die Wahrheit dieser Bemerkungen haben namentlich die süddeutschen Regierungen bitter empfunden. Eben so würde es, so zweckmäßig es ist, bei Feststellung des Pachtquantums den Marktpreis im Durchschnitte einer Reihe von Jahren zu beobachten, fehlerhaft sein, wenn man das Pachtquantum in Naturalien auswerfen, und nun nach den jedesmaligen Marktpreisen das Geldquantum bestimmen wollte. Denn dies brächte die Unbestimmtheit in den Domainenertrag zurück, der man zu entgehen strebte. Es kann dies nicht einmal bei der Erhebung von Grundsteuern der Billigkeit angemessen erscheinen, der Pachter aber hat überdem schon das Wagniß des Preisstandes übernommen, und der Staat ist nicht verpflichtet, ihn desselben zu überheben. Alle die hier angedeuteten Schwierigkeiten bei der Verpachtung der Domainen werden zwar durch den Specialpacht einzelner Pertinenzen gerade nicht verringert, da diese immer ihre besondere Veranschlagung erfordern; wohl aber kann sie der Wegfall unnöthiger Bedingungen wenigstens erleichtern. Und die Befolgung fester und erprobter, von Theorie und Erfahrung gemeinschaftlich vorgezeichneter, nicht bloß hergebrachter Grundsätze wird auch hier ein sicheres und erwünschtes Resultat gewähren. Die nöthige Controlle wird bei der Verpachtung der Domainen einfach und ohne Kosten sein. Denn sie braucht weder besonderen Domainenämtern in einzelnen Kreisen, noch eignen Intendanten für gewisse Bezirke, die fortwährend in die Verwaltung eingreifen, anvertraut zu werden, sondern man wird sie um so leichter den allgemeinen Aufsichtsbeamten der einzelnen Provinzen, Kreise, Aemter rc. übertragen können, jemehr sie sich blos auf eine allgemeine Kenntniß von dem Zustande des Gutes zu beschränken braucht und nur bei außerordentlichen Veranlassungen Sachkundige zu beauftragen sind, die sich an Ort und Stelle, und nicht bloß an der Tafel des Domainenpachters, der auch Diese dem Staate anrechnet, von der Lage der Dinge zu unterrichten haben. Nach allen diesen Voraussetzungen scheint aus finanziellem Standpunkte, oder vielmehr mit Rücksicht auf den Ertrag aus den Domainen, wie sie jetzt sind, der Zeitpacht immer noch das größte Einkommen mit den geringsten Kosten zu versprechen, da namentlich die vielleicht noch einträglichere Gewährsadministration nur selten mit Sicherheit zu Stande kommen dürfte. Wo freilich die Finanzbehörden in dem Umstande, daß sie mit fremdem Gelde wirthschaften, nicht einen Grund finden, gerade mit doppelter Strenge und Gewissenhaftigkeit zu Werke zu gehen, da versplittert sich oft der ganze Ertrag der Domainen in kostspieligen Bauten und ewigen Pachterlassen, kurz in Dingen, zu denen ein Privatmann sich nie verstehen würde, und bei denen Niemand gewinnt, als Baumeister und Domainenpachter.

Aber es kommen von einer ganz andern Seite namhafte Gegner dieser Maaßregel, die theils gegen den Besitz der Domainen durch den Staat überhaupt, theils wenigstens gegen die bisher erörterten Benutzungsweisen ankämpfen, ihre Gründe aus der Betrachtung des Einflusses, den jener Besitz und diese Verwaltungsart auf das Volksvermögen und dadurch auch auf das Staatseinkommen hat, entlehnen, und also bei ihren finanziellen Vorschlägen sich auf die Ergebnisse der Nationalökonomie stützen. Es ist aber vor allem Ein Hauptvorwurf, den man den Domainen macht, es ist Ein Grund, der von den Gegnern derselben, so bald sie ihren Angriff mit Nachdruck führen wollen, vor Allem ins Licht zu stellen ist, und dieser dürfte aus folgenden Bemerkungen sich ergeben. Für den Privatmann kann es von Wichtigkeit sein, den reinen Ertrag des Grundstückes, das er bebaut, aufs Höchste zu steigern, mithin von den Produkten seines Bodens den möglichst kleinsten Theil für die Bestellung desselben abgeben zu müssen. Hat er zwei Güter, von denen das Eine in der Masse der Früchte, die es hervorbringt, das Andere übertrifft, diese Produkte aber nur gegen einen solchen Aufwand von Bestellungskosten liefert, daß der Nettoertrag geringer ist, als bei dem Anderen, vielleicht Kleineren, so wird er das Letztere dem Ersteren ungleich vorziehen. Ist ihm doch aller der Aufwand, den er in andere Hände übergehen ließ, rein verloren. Kann er doch das nur, was ihm nach Abzug aller Kosten gelassen ward, zu der Erreichung seiner Zwecke, zu weiterm Erwerbe, oder zu frohem Genusse verwenden. Anders der Staat. Er kennt kein Sondereigenthum. Alle die nutzbaren Güter, die in seinem Bereiche sind, und zur Erreichung menschlicher Zwecke dienen, fördern auch sein Wohl. Sein Zweck fordert die höchstmögliche Benutzung aller der Grundkräfte, aus denen Güter entspringen, und nur die Kräfte, die ungenutzt und ungekannt vermodern, sind ihm verloren, entzogen, geraubt. Der Bruttoertrag ist es, von dessen Größe der Flor des Nationalwohlstandes abhängt. Was kümmert es die Gesellschaft, ob Einzelne einen höheren, oder geringeren Gewinn von ihren Besitzungen ziehen? Unersetzlich aber ist der Verlust fruchtbringender Güter, die zur Ernährung einer größeren Bevölkerungszahl und in ihr in stetem Fortschreiten zur Weckung und Erhaltung neuer Kräfte nnd neuer Güter beigetragen hätten. Daß also der Ertrag des Grund und Bodens aufs höchste gesteigert werde, erheischt das Wohl des Ganzen, und die Erfüllung dieser Forderung wird dem gewöhnlichen Gange der Dinge nach schon dadurch gewährleistet, daß auch das eigne Interesse des Einzelnen mit dieser Bedingung im Einklange steht. Strebt auch der Privatmann mehr nach dem reinen Gewinne als nach dem Gesammtertrage des Gutes, sobald er dieses Streben auf rein natürlichem Wege und im freien Schalten über die Substanz des Bodens befriedigt, wird er mit seinem Zwecke auch den allgemeinen Nutzen befördern. · Seine Scholle fleißig, treu und mit Umsicht zu bauen, dazu fordern den Landmann tausend Rücksichten, und vor Allem die Stimme des eigenen Vortheiles auf. Der Staat, indem er durch fremde, gleichgültige Hände seine Aecker bestellen läßt, verliert schon an sich den Antheil des Einkommens, den er Diesen abtreten muß. Aber nur die Staatskassen verlieren den. Der Gesellschaft geht er nicht verloren, und auch der Finanzmann muß sich beruhigen, wenn er nur so viel erlangt, als den einmal gegebenen Verhältnissen gemäß zu gewinnen ist. Dies leistet der Zeitpacht. Allein auch der redlichste und eifrigste Pachter wird nicht mit dem Eifer, mit der Liebe, mit der vertrauensvollen Hoffnung seine Pachtung verwalten, mit der der Privatmann den Boden bebaut, auf dem er sicher ist, den Lohn des darauf vergossenen Schweißes zu gewinnen, oder wo er doch hofft, daß Kinder und Kindeskinder die Früchte seiner Mühe erndten. Nur der eigne Besitzer wagt es, auf große, kostspielige Verbesserungen Arbeit und Capitale zu verwenden, bei denen nicht schnell und mit dem Ertrage weniger Erndten Ersatz und Lohn zu erwarten ist, sondern nur allmälig die etwas erhöhte Produktion jedes Jahres das darauf Gewendete wiedererstattet. Denn nur Er ist sicher, daß er selbst oder seine Nachkommen die Früchte davon erndten werden. Nur Ihm steht es frei, durch den höheren Preis des verbesserten Gutes, das er zu jeder Zeit veräußern kann, Entschädigung und Gewinn zu erlangen. Der Pachter aber sinnt wohl, wie er für die Zeit seiner Verwaltung den größtmöglichen reinen Ertrag erlangen will, hütet sich mithin vor Kosten und Unternehmungen, die nicht ihm, sondern nur dem Gute Gewinn versprechen, wendet alle Kräfte an, um den Ertrag der Felder aufs Höchste zu steigern, die ihm die schnellste Wiedererstattung seiner Summen und die reichste Belohnung erwarten lassen, wenn auch darüber andere Grundstücke, die einen kargen, aber doch auch nachhaltigen und ersprießlichen Segen geben, vernachlässigt werden, legt auf die Theile der Oekonomie, die den größten baaren Gewinn abwerfen, einen vorzüglichen Werth, und wenn er durch alles dies die Gesammtproduktion des Gutes nicht gerade verringert, so bleibt er doch weit entfernt, sie auf den Standpunkt zu bringen, auf den sie hätte gelangen können. Die Summe der Früchte aber, die auf dem Umfange der Domainen mehr erbauet würde, wären sie in Privathänden, ist Verlust für die Nation, und nach dem ewigen Zusammenhange, der zwischen der Summe der Produktion und der Summe der Consumenten obwaltet, hängt mit diesem Verluste auch das Nichtdasein einer größeren Bevölkerung, und in ihr vielfach schaffender Kräfte zusammen. Schon deshalb dringen die Vertheidiger der eben vorgetragenen Meinungen, in denen das physiokratische System mit dem Industriesysteme übereinstimmt, auf Rückgabe der Domainen in Privathände. Ja sie gehen noch weiter und verlangen Zerschlagung derselben in kleinere Parzellen, oder wenigstens Erleichterung der Theilbarkeit nach dem natürlichen Laufe des Verkehrs. Denn, sagen sie, wenn es auch wahr wäre, daß große Güter durch ihre relativ vereinfachte Verwaltung, durch die nur ihnen mögliche Vereinigung mehrfacher Zwecke, Deckung des einen Abgangs auf der andern Seite, Benutzung des hier Ueberflüssigen zu neuem Gewinne an anderen Orten, Ersparung von Menschenkräften in ihnen nur möglicher Anwendung der thierischen Stärke oder der Maschinenkraft, einen im Durchschnitte höheren Nettoertrag versprächen, als dieselben Besitzungen in den Händen mehrerer Eigenthümer, so ist es doch jedenfalls unläugbar, daß die größere Sorgfalt der Letzteren, die ängstlichere Benutzung auch der kleinsten Theile ihres Bodens, die genauere Kenntniß der Eigenschaften jedes Fleckchens und Winkels, der Wegfall der Nachlässigkeiten und des muthwilligen Verderbens, was von einem großen Gesindestande unzertrennlich ist, die stete Rücksicht, die sie nicht auf den Gelderwerb, sondern auf den Naturalertrag hinzieht*), einen ungleich höheren Bruttoertrag sichert. Auch dieser geht durch den großen Umfang der Domainen, und daß sie, dem Privatverkehre entzogen, im Wechsel der Verhältnisse unzertrennbar bleiben, dem Nationalvermögen verloren, und vermehrt mithin jene Nachtheile, die die Gesellschaft von den Staatsgütern hat. Nach diesen Prämissen gehen sie nun weiter und sagen: da die Domainen ohnstreitig einen größeren Werth hätten, als zu dem sie der Staat benutzen könne, so müßte nothwendig durch ihren Verkauf eine größere Summe zu gewinnen sein, als durch die Domanialeinkünfte verzinst würde. Würde nun der Betrag dieser Summe von den Staatsschulden abgetragen, so würde durch den Wegfall der Interessen nicht bloß das nunmehr eintretende Ausbleiben der Domanialeinkünfte gedeckt, sondern es würde noch ein höherer Betrag gewonnen, die Abgaben könnten mithin vermindert werden und die Summe dieser Verminderung, die zwar nicht ganz dem Mehrertrage der Domainen in Privathänden entsprechen würde, aber sich diesem doch annähern müßte**), würde gegenwärtig zu viel erhoben, und also auch so dem Nationalvermögen entzogen. Auch würde der ganze Aufwand der Verwaltung, der unnöthigerweise und bloß durch die besonderen Verhältnisse des Staates geboten, durch die Domainen veranlaßt würde, auf etwas Entbehrliches gewendet. So büße die Gesellschaft dreifach ein: an ihren Produkten; durch unnütze Anwendung bedeutender Capitalien; durch Abgaben, die erspart werden könnten***). Selbst für die

*) Der kleine Wirth, der mehr um sich zu nähren, als auf den Verkauf baut, freuet sich wohlfeiler Zeiten, reicher Produktion Der große Gutsherr ist wohl über geringen Ertrag froh, wenn er durch hohe Preise werthvoll wird.

**) Sie müßte wahrscheinlich das betragen, was die Domainen, nach ihrem jetzigen Zustande, abgesehen von den Verbesserungen, die der Privatbesitz hoffen ließe, mehr werth sind, als ihr gegenwärtiger Ertrag verzinst. Und dies ist ein bedeutender Betrag.

***) Einen Grund, den man gewöhnlich noch anführt, kann ich nicht gelten lassen, daß nehmlich der Mehraufwand, den die Domainenverwaltung dem Staate koste, durch Auflagen gedeckt werden müßte Er wird stets aus dem Ertrage der Domainen bestritten, und vergrößer einzelnen Landwirthe im Volke erblicken sie aus dem Domainenbesitze Nachtheile. Durch ihn nehmlich träte der Staat in die Reihe der Producenten materieller Güter, und in diesem Falle in Concurrenz mit den übrigen Landwirthen. Er aber habe die Macht in Händen und könne dann, wenn er seinen Domainen einen recht hohen Ertrag sichern wolle, Maaßregeln treffen, die bald den gesammten Staatsbürgern, bald dem Stande der übrigen Oekonomen vielfache Nachtheile bringen könnten*). Dann suchen sie selbst den Ertrag, den die Domainen jetzt noch bieten, von seiner scheinbaren Höhe herabzusetzen. Er bestehe, sagen sie, zum Theil aus Gefällen, die zufällig entstanden und ohne höheres Princip geordnet, auf jeden Fall aber nicht Ertrag des Domainenbodens, sondern Abgaben wären; aus Naturaldiensten und Lieferungen, die unwillig gegeben und vollbracht, den Leistenden mehr Schaden, als dem Staate Nutzen brächten; er werde durch Freiheit von Besteuerung erhöht, wodurch theils die Regierung auf die Seite der Feinde einer gleichen Besteuerung gezogen würde, theils für den Staat der wesentliche Nachtheil erwüchse, daß ein großer Theil des Grund und Bodens unbesteuert bliebe, und mithin von Anderen zu übertragen sei. Sie denken sogar den Finanzmann zu gewinnen, indem sie ihm versichern, der Verkauf der Domainen werde die Staatskassen füllen, die Trennung jener Gefälle, die Verwandlung jener Lieferungen und Frohnen in Geldabgaben werde ihm sichere Revenüen gewähren, die den Staatskassen einen größeren Nutzen als bisher bringen, und doch den Unterthanen weniger kosten würden; der höhere Flor endlich des Landbaues, der steigende Ertrag der Domainen in den Händen steuerpflichtiger Privatbesitzer, die mehr und mehr anwachsende Bevölkerung

die Steuerlast nicht im Geringsten. Man kann wohl sagen, die Steuern würden geringer sein, wenn der Staat die Domainen so vortheilhaft benutzen könnte, wie Privatleute ihre Güter. Dieß aber ist nicht möglich, und nur das Mögliche kann gefordert werden.

*) Die Gerechtigkeit erfordert die Bemerkung, daß von solchen Maaßregeln zum Besten der Domainen sich wohl wenig Beispiele finden dürften.

werde auf tausend Wegen neue Canäle für die Bedürfnisse des Staates öffnen, und so wie immer das Beste der Bürger mit dem wahren Interesse des Staates Hand in Hand gehen. Endlich weisen sie auf die Nachtheile hin, die auch bei dem Zeitpachte den öffentlichen Cassen drohen, wenn unvermuthete Unglücksfälle, Ueberschwemmungen z. B., den Staat als Eigenthümer nöthigen, Jahrelang auf alle Einkünfte aus seinen Gütern zu verzichten, wenn feindliche Heere auf ihrem Boden Schlachten liefern, ja die Domainen vielleicht vorzugsweise so verwüsten, daß es einer geraumen Zeit bedarf, ehe sie nur das Geringste für die Staatskassen liefern können. —

Allen diesen Gründen haben die neueren Theoretiker Gerechtigkeit widerfahren lassen, und in staatswirthschaftlicher Hinsicht hat wohl kein einsichtsvoller Behandler dieser Materie die Nachtheile des Domainenbesitzes verkannt. Eine gewisse Schule hat politische Gründe dagegen aufgestellt, aber Gründe, die ihr Gewicht in der Gegenwart verloren haben. Ehemals freilich hätte eine Regierung, die sich ihrer Domainen entäußert hätte, sich auch ihrer Macht und ihres Einflusses entäußert. Jetzt aber beruht das Uebergewicht nicht mehr auf dem Grundbesitze. Der setzt die Würde unsrer Regenten herab, der ihren Einfluß, oder wohl gar ihr Recht, von ihrer Eigenschaft als Grundeigenthümer abhängig macht. Auf das Recht ist der Thron unserer Fürsten gegründet, und seine sicherste Bürgschaft ist die Liebe des Volks. Man fürchtet, den Regenten vom Volke abhängig zu machen, wenn man die öffentlichen Einkünfte bloß auf Steuern begründet. Gienge hieraus eine Abhängigkeit hervor, so wäre sie nicht zu vermeiden; denn wo ist die Aussicht, daß je eine Regierung wieder im Stande sein werde, lediglich von ihren eigenen Hülfsquellen die Bedürfnisse des Staates zu bestreiten? Englands Verfassung würde so sein, wie sie ist, wenn auch das lange Parlament die Krongüter nicht verkauft hätte. Ist es aber eine Abhängigkeit zu nennen, wenn der Regent im hohen Gefühle seiner Bestimmung mit den Würdigsten seines Volkes über den gesammten Staatshaushalt, über die Bedürfnisse, die Beiträge aus dem Privatvermögen fordern, und auch über die Verwendung dieser Summen in freie Uebereinkunft tritt? —

Männer, die von ganz andern Gesinnungen erfüllt waren, haben dennoch den dargelegten Gründen der Gegner des Domainenwesens die entscheidendste Stimme in allen Fragen, die den Staat betreffen, nehmlich die Nothwendigkeit entgegengesetzt, ein kleineres Uebel ertragen zu müssen, um ein Größeres zu vermeiden. Wenn man nur das Größere sich nicht bloß aus Abneigung gegen das Durchgreifende der geforderten Maaßregel erträumt hat! „Noch ist keine Methode erfunden," sagt man, „die Abgaben auf eine wahrhaft gerechte und unschädliche Weise zu vertheilen. Durch die Einkünfte aus Domainen werden die Beiträge erspart, die man sonst aus dem Privatvermögen durch Auflagen erheben müßte, und gegen solche Auflagen herrscht nun einmal Abneigung im Volke, während es das, was aus den Domainen gethan wird, als Wohlthat betrachtet." Wenn es einen Staat gäbe, dessen sämmtliche, oder nur dessen meiste Bedürfnisse bloß aus dem Ertrage der Domainen bestritten würden, und in welchem, nach dem Verkaufe dieser Güter gerade dieselbe Summe, die bisher aus diesen gezogen wurde, nun durch Steuern aufgebracht werden müßte, so würde allerdings die eben angeführte Meinung unläugbar sein, so lange man wenigstens die Staatsbürger nicht von der Zweckmäßigkeit der anderen Einrichtung überzeugen könnte. In den größeren europäischen Staaten aber wird nur ein sehr kleiner Theil der Staatsbedürfnisse von dem Ertrage der Domainen bestritten. Das Volk hat selten Gelegenheit zu beurtheilen, was gerade von dem Domainenertrage geleistet, was ihm dadurch erspart werde. Eben so oft und noch öfter hat es vielmehr Anlaß, sich über die drückenden, damit verbundenen Einrichtungen zu beklagen. Die Abneigung der Staatsbürger gegen die Steuern wird am besten gehoben, wenn man sie von der Nothwendigkeit und Billigkeit derselben überzeugt, von den Grundsätzen, die bei der Anlage derselben befolgt werden, und dem Zwecke, dem diese Summen bestimmt sind, in Kenntniß setzt und durch zweckmäßige Verfassungseinrichtungen der Willkür in der Steuererhebung vorbeugt. Sie wird von selbst verschwinden, wenn die Verfassung des Staates in allen Theilen darauf wirkt, das Volk mit dem patriotischen Sinne zu erfüllen, der im Gefühle, der Staat verdiene es, willig seine Opfer auf den Altar des Vaterlands niederlegt. Daß keine Methode der zweckmäßigen Steuererhebung bis jetzt da sei, bewiese gegen alle Steuern, folglich zu viel, folglich nichts. Haben wir das Beste noch nicht, so streben wir doch nach dem Bessern. Und endlich, wenn die oben durchgeführten Grundsätze wahr sind, so würde der Domainenverkauf eher eine Verminderung, als eine Vermehrung der Abgaben hervorbringen, folglich nach den Ansichten unserer Gegner auch in politischer Hinsicht höchst vortheilhaft wirken. „Wie aber," sagen Andre, „wenn nun neue Stürme über uns hereinbrechen, sollen wir dann die einzig sichere Quelle des Einkommens entbehren? Wie dann uns helfen, wenn neue Schulden von den Bedürfnissen der Zeit auf uns gelegt werden?" Hätten wir dann die Domainen noch, so hätten wir den Betrag der durch ihren Verkauf erworbenen Summe und der durch ihre bessere Bewirthschaftung gewonnenen Produkte nicht; die Sache wäre also gleich, oder vielmehr schlimmer. Noch Andre fürchten für die Sicherheit der Staatsschulden, wenn den Gläubigern ein so bedeutendes Pfand entrissen würde. Als wenn in dem mächtig geförderten Nationalreichthume, in dem Vermögen aller Staatsbürger nicht ein sichereres und besseres Pfand läge, als in einzelnen, schlecht bewirthschafteten Gütern. Wenn diese Garantieen nicht mehr reichten, dann müßte ein allgemeiner Staatsbankerott eingetreten, eine alles zerstörende Umwälzung der Dinge einhergestürmt sein, und dann dürften auch jene Besitzungen für die Gläubiger verloren gehen. Fällt es England, was wenig Domainen hat, so schwer, Anleihen zu contrahiren? „Wäre aber doch nicht die jetzt befolgte Maaßregel besser, durch Abgaben allmälig die Schulden zu bezahlen? Wird nicht nach ihrer Tilgung, wenn dadurch die Möglichkeit, die Steuern bedeutend zu verringern, gegeben ist, dann auch der Ertrag der Domainen dem Volke noch ein Mehreres ersparen?“ Entweder bringt die Zukunft neue Lasten, oder nicht. Im erstern Falle ist an die Erfüllung jener Hoffnung nicht zu denken. In beiden Fällen scheint es gerathener, schon die Gegenwart zu erleichtern und für die Zukunft der Thätigkeit und den Capitalen des Volkes neuen Spielraum zu eröffnen. Beides leistet der Domainenverkauf. Mit einem Worte, handelte es sich darum, die Domainen als freies Geschenk dahinzugeben, so wäre der Betrag der Abgaben, mit dem die mangelnden Einkünfte jener Güter ersetzt werden sollten, ungerecht den Steuerpflichtigen entzogen und die Maaßregel folglich nicht zu rechtfertigen. Wenn es aber bloß gilt, die Summe der Domainen mit einer anderen Werthsumme, oder mit dem Symbole einer gleich großen, ja einer größeren Gütermasse zu vertauschen, so fragt es sich bloß, ob der Staat jene Güter, oder das eingetauschte Aequivalent leichter und besser benutzen könne, und hier möchte die Entscheidung für das Letztere ausfallen.

Man könnte endlich noch erinnern, daß jene Bemerkungen zu viel bewiesen, indem sie alle Verpachtungen als antinationalökonomisch darstellten, die man doch dem Privatmanne nicht verbieten könne. Dagegen läßt sich aber bemerken, daß es allerdings besser wäre, wenn der Grund und Boden bloß von Eigenthümern bestellt würde, daß die Verpachtung bei größeren Gütern am gewöhnlichsten sei, und nur hier, wo es dem Pachter frei steht, durch vorzugsweise Pflege einzelner Theile sich einen schnellen Gewinn zu sichern, schädlich wirke, daß wenigstens der Staat das Beispiel zu einem antinationalökonomischen Verfahren nicht geben solle, daß endlich der Privatmann weit mehr Gelegenheit habe, über seinen Pachter ohne Kosten eine scharfe Aufsicht zu führen und ihn zu einer wirthschaftlichen und dem Gute zuträglichen Bestellung zu nöthigen; endlich daß der Staat zwar den Privatmann nicht hindern könne, einer höheren Nutzung seines Vermögens zu entsagen, daß er aber verpflichtet sei, sein eignes Vermögen auf die vortheilhafteste Weise zu verwalten.

Sollten aber nicht vielleicht Die eine richtige Mittelstraße gewählt haben, welche die nationalökonomischen Vortheile zu erreichen, und doch die befürchteten politischen Nachtheile zu vermeiden hoffen, indem sie eine Zerschlagung der größeren Domainen und eine Vererbpachtung oder Verleihung in Erbzins Aller empfehlen? Ein Vorschlag, der gewiß eine aufmerksame Betrachtung verdient. Zuerst machen die Vertheidiger dieser Meinung zur Bedingung, daß von den Staatsgütern alle Vortheile getrennt werden, welche den Individuen, die sie leisten, mehr kosten, als sie dem Staate nützen. Gegen diese Bedingung wenden wir nichts ein, vorausgesetzt, daß die Entschädigung für die bisherigen Frohndienste und Lieferungen, die sie dem Staate streng bedingen, ablösbar constituirt wird. So bleibt dem Staate ein ziemlich sicheres und leicht zu erhebendes Einkommen und den Pflichtigen wird doch die Freiheit gelassen, nach und nach die Abgaben abzuwälzen, die ihnen vorzugsweise vor andern Staatsbürgern aufliegen. Nachdem nun diese Sonderung vorgenommen, sollen die Domainen in solchen Parzellen in Erbpacht gegeben, oder gegen Erbzins verliehen werden, daß ein Wirth jedes Stück durch freie Arbeit auf das vollkommenste bewirthschaften kann. Diese Güter sollen beweglich sein, d. h. es sollen alle Schwierigkeiren bei ihrer Veräußerung wegfallen und die Regierung soll sich höchstens das Recht vorbehalten, die Zulassung eines Käufers zu verweigern, der ihr kein sicherer Zahler zu sein scheint. Die Stücke selbst aber sollen untheilbar sein, um das Geschäft nicht allzu verwickelt zu machen. Der Canon soll in Produkten angesetzt, aber nach dem Durchschnittspreise derselben in Gelde bezahlt werden und als Sicherheit für seine Entrichtung verlangt man von dem Erbpachter, daß er ein größeres Vermögen an liegenden Gründen besitzen müsse, als die Rente, welche als Canon gefordert wird, werth ist, wobei man jedoch als Aequivalent auch ein zu zahlendes Erbstandsgeld oder die Nachweisung solcher Verbesserungen des Gutes, wodurch die Rente wenigstens um die Hälfte so hoch als der Canon gestiegen, zuläßt*).

Durch diese Maaßregel wird auf jeden Fall das in nationalökonomischer Hinsicht höchst wichtige Ergebniß gewährt, daß die Domainen in die Hände von Privatpersonen kommen, die mit alle dem Eifer, den nur das eigne Interesse und die Sorge für das Wohl seiner Familie und seiner Nachkommen einflößen kann, sich der Bestellung des Bodens widmen, und daß theils dadurch, theils durch die Zertrennung jener Güter der Bruttoertrag ungemein erhöht wird. Auch würde sich aus der Zahl dieser Erbpächter eine wohlhabende Mittelklasse von Landleuten bilden, die an sich einen ehrenwerthen und nützlichen Stand ausmachen und den städtischen Gütern eine reiche Absatzquelle eröffnen, den Staatskassen aber einen sichereren und nachhaltigeren Fond bieten dürfte, als der in den Taschen einiger Wenigen zusammengedrängte Reichthum es je vermögen wird. Dabei wird immer dem Staate eine, den bisherigen reinen Ertrag der Domainen vermuthlich erreichende Einnahme gesichert und er behält doch das Eigenthumsrecht an seinen Besitzungen, wodurch alle Gegengründe einer allzu ängstlichen Vorsicht beseitigt werden.

Einiges dürfte sich doch auch gegen diesen Vorschlag erinnern lassen. Ueber eine so bedeutende Anzahl getrennter Güter, wie durch die Annahme der Maaßregel entsteht, muß immer eine gewisse Aufsicht geführt; es müssen Register darüber gehalten, der Canon muß von Zeit zu Zeit berechnet werden; es entstehen Rückstände; bei Veränderungen des Besitzes werden Anzeigen und Verhandlungen nöthig; kurz das ganze Geschäft der Verwaltung bleibt vielleicht eben so kostspielig, als bei den bisherigen Maaßregeln. Ja es wird eine noch kostspieligere und verwickeltere Anordnung nothwendig werden, wenn man die einzige Maaßregel ergreift, durch welche bei dieser Einrichtung der Staat und seine Pächter

*) Dieser Vorschlag ist am Ausführlichsten auseinandergesetzt und vertheidigt in v. Jakob, die Staatsfinanzwissenschaft. Halle, 1821. 2 Th. 8. Th. 1.

vor vielfachen Nachtheilen zu behüten sind. Durch die Ansetzung des Canons in Naturalien folgt man bloß der Vermehrung der Einkünfte eines Gutes, die bei steigender Bevölkerung aus der dadurch hervorgebrachten Erhöhung des Preises sich bildet. Der Staat verliert aber bei der Ansetzung eines festen Canons alle Früchte der steigenden Verbesserungen des Bodens, und diese sind nicht bloß, wie man angiebt, eine Frucht der Capitale und des Fleißes der Erbauer. Es können durch allgemeine nützliche Anstalten ungünstige Verhältnisse aufgehoben werden, die bisher den höchstmöglichen Ertrag jener Grundstücke hinderten und diese höhere Steigerung des Ertrages würde auch eingetreten sein, wären jene Güter noch in den Händen des Staates geblieben. Durch Anwendung des Capitales wird oft nur die Kraft des Bodens geweckt, das Capital wird ersetzt; die Kraft wirkt fort. Auf der andern Seite können natürliche uud unverschuldete Verhältnisse eintreten, die allmälig die frühere Tragbarkeit des Bodens verringern. Angemessen dem wirklichen reinen Ertrage bleibt auf jeden Fall der unveränderlich angesetzte Canon höchstens durch 2 oder 3 Generationen. Bei dem Verkaufe der Staatsgüter kann der Staat um so leichter den Ansprüchen auf einen zu erwartenden höheren Ertrag entsagen, da er aus aller unmittelbaren Verbindung mit denselben tritt und daher auch nicht die Pflicht übernimmt, die Unfälle, welche sie betreffen, mit zu tragen, ihre Verschlechterung mit zu empfinden. Nimmt er aber auch diese Pflicht bei der zu prüfenden Einrichtung nicht vertragsmäßig auf sich, in der That wird sie ihm doch aufgelegt. Diese Mängel ließen sich allerdings durch die Einrichtung eines in stetem Verhältnisse zu dem jedesmaligen Ertrage der Grundstücke stehenden Canons beseitigen. Allein gegen die Veränderlichkeit solcher Grundlasten erhebt man den Einwurf, daß durch sie die Verbesserungen besteuert und folglich erschwert und verhindert würden. Doch auch diese Besorgnisse lassen sich heben, wenn man nach den Vorschriften eines geläuterten Taxirungssystemes, den natürlichen Ertrag eines jeden Grundstückes, den es bei der höchstmöglichen Cultur, aber unabhängig von äußeren Hülfsmitteln, die etwa der Eigenthümer in Capitalien, [oder als Besitzer angrenzender Grundstücke, oder aus anderen Gründen hat, bloß durch die Kraft seiner Lage und seines Bodens liefert, ausmittelt, diesen als Grundsatz annimmt, bis zur Gelangung in diesen Stand die erforderlichen Kosten in Abrechnung bringt, nach diesem Verhältnisse aber den Canon berechnet. Nur dadurch wird ein den wahren Verhältnissen des Gutes entsprechendes Ergebniß erlangt, der Eifer der Besteller angespornt, jeder zu besorgenden Ungleichheit im Voraus vorgebeugt und ein möglichst dauernder Maaßstab gewonnen, der freilich von Zeit zu Zeit Revisionen erfordert. Das Ganze ist aber ein nicht ohne Kosten und Mühe durchzuführendes Beginnen. — Die Forderung einer besondern Sicherheit für die Bezahlung des Canons dürfte in vieler Hinsicht die Concurrenz allzusehr beengen und häufig auch rechtliche Leute veranlassen, um diese Sicherheit bieten zu können, sich in Schulden zu stecken oder Unternehmungen zu wagen, die über ihre Kräfte sind, die zu ihrem Ruine gereichen und eben dadurch auch den Staatskassen vielfachen Schaden bringen. Geregelte Aufsicht, Milde bei der Bestimmung des Canons, Pünktlichkeit bei seiner Erhebung, Umsicht endlich bei der Ordnung des Hypothekenwesens dürfte hinreichende Sicherheit gewähren. Daß aber eine solche Sicherheit nöthig ist, möchte eben kein Vorzug der vorgeschlagenen Einrichtung sein. — Endlich wird durch jenen Vorschlag die Idee des getheilten Eigenthumes auf eine nicht erfreuliche Weise ins Leben gerufen. Und gleichwohl ist diese Idee unsern Zeiten keineswegs mehr angemessen. Gepriesen wurde es als ein Beweis deutscher Milde und Großmuth, daß die Germanen ihre Gefangenen nicht immer in das Joch persönlicher und sclavischer Dienstbarkeit beugten, sondern ihnen Landbesitz gaben, bestimmte Pflichten und Leistungen abmessend. Während der Tage des Feudalismus waren mannigfach die Abstufungen ungleichen Eigenthumes und die Verhältnisse der Ministerialität und der Eigenhörigkeit brachten unendliche Schattirungen in das verworrene

Gemälde. Aber das enge persönliche Verhältniß, in dem doch allemal der Herr zu dem stand, der ihm die Dienste zu leisten, die Gefälle zu bringen hatte, hielt die ursprüngliche Entstehung, wo sie eine edle und rühmliche war, in stetem Gedächtniß, oder bot wenigstens für die erzwungenen Leistungen häufig einen wohlthätigen Ersatz. Mit seinen Untergebenen wuchs der künftige Herr auf, wenig an Sitte und Bildung von ihnen unterschieden; mit ihnen zog er in den Kampf, sie bildeten sein Gesinde und sein Gefolg bei Turnier und Hoflager, in sein Schloß flüchteten sie bei andrängender Kriegsnoth ihre Habe, er sprach ihnen das Recht, er vertrat sie vor dem Fürsten; waren es auch die Früchte ihres Schweißes, die er genoß, doch nahmen sie vielleicht gastlichen Theil daran. Und mag auch dieses Verhältniß häufig durch Härte und Rohheit des Herrn sich trüber gestaltet haben, mag auch die Schilderung, wie ich sie eben entwarf, blos das ideelle Bild sein, das fromme Verehrung der Vorzeit zeichnete, immer war doch die ganze Stellung geeignet, zwischen dem Oberherrn und dem Benutzer des Gutes ein festes, vielfach verschlungenes Band zu erhalten, das Gefühl der Abhängigkeit zu nähren und die Leistungen als etwas in der Natur der Sache Gegründetes erscheinen zu lassen. Anders ist es in unserer Zeit. Ein Jeglicher ringt jetzt, das was er besitzt, möglichst frei und unverkürzt zu erhalten, und wenn auch der Enkel noch der Veranlassung gedenkt, die seinen Vorfahren die Leistung geboten, der spätere Besitzer vergißt den Grund, erfüllt nur mit Unlust was ihm obliegt, und kann nie die Sehnsucht verläugnen, das Gut, das er bestellt, von Lasten frei zu wissen, die ihm nicht als freie Beiträge, sondern als unverstandene Reste einer vergangenen, vielleicht rechtlosen Zeit erscheinen. Die Leistungen, die man im Mittelalter den Untergebenen auflegte, waren häufig nur unbedeutend, mit dem Ertrage des Gutes in keinem Verhältnisse, nur auf Anerkennung des Obereigenthums abzweckend. Und manche Besitzer verdankten wohl freier Schenkung ihre so belasteten Güter. Ganz eine andre Lage wird hier beabsichtigt. Man sollte diese künstlichen Verhältnisse nicht ohne Noth, und am wenigsten in solcher Ausdehnung von Neuem begründen. An eine Ablösbarkeit jenes Canons aber kann hier nicht gedacht werden, da dann eine freie Veräußerung ungleich räthlicher wäre, es müßte denn dazu an Capitalien im Volke mangeln. Immer dürfte dem Staate nur ein Schatten des Eigenthumes bleiben, dieser Schatten würde mit kostspieliger Aufsicht und mit der Versetzung vieler Staatsbürger in eine wenigstens nicht allzugünstige Lage erkauft. Die nationalökonomischen Vortheile aber würden immer nur zum Theile erlangt.

Aus allen bisher vorgetragenen Bemerkungen scheint mir Folgendes sich zu ergeben. Die Domainen werden in Privathänden eine größere Gütermasse schaffen, als unter der Verwaltung der Regierung; ihr Verkauf kann ohne Erhöhung der Abgaben bewerkstelligt werden*) und durch ihre Gelangung in den Privatbesitz werden die Quellen des Nationalwohlstandes, aus deren überfließenden Schätzen allein der Staat seine Bedürfnisse zu decken hat, erweitert und reicher gemacht; ihre Veräußerung in kleinern Stücken wird auf Erhöhung ihres Ertrages, auf Vermehrung des Volkswohlstandes, der Bevölkerung und der Erwerbsquellen noch einen weit wohlthätigeren Einfluß haben und mit Umsicht und Mäßigung geleitet dem Staate einen achtungswerthen Stand fleißiger und gebildeter Landwirthe schaffen. Für größere Staaten, bei deren Einkommen die Domainen nur einen sehr geringen Antheil ausmachen, würde die Maaßregel gar keine Schwierigkeiten haben. Eine langsame und allmälige Durchführung derselben würde auch den Verkehr vor Störungen bewahren, und die Unternehmung so gewinnbringend als möglich machen. Durch Abtrennung aller störenden Gerechtsame davon würde theils die öffentliche Gerechtigkeit gehandhabt, theils dem Staate ein sichres Einkommen auch

---

*) Daß die Veräußerung der Domainen eine sehr glückliche finanzielle Operation ist, beweist Preußens Beispiel. Dort verhält sich der Betrag der veräußerten Nutzungen zu dem erlangten Kaufpretium wie $2\frac{1}{4} : 4$. Indem man an Einkünften 22,500 Rthlr. verlor, erhielt man ein Capital von 1,000 000 Rthlr.

aus ihnen erhalten, dessen Ablösbarkeit dem Staate keinen Eintrag bringen, den Staatsbürgern aber das Gefühl des freien Eigenthumes schon in Voraus gewähren könnte. Politische Nachtheile von der Maaßregel zu besorgen, ist der Majestät unsrer Regenten unwürdig.

Anders dürfte die Frage nur in zwei Fällen zu beantworten sein. Einmal, wo etwa in einem kleinen Staate ein bedeutender Theil des öffentlichen Einkommens aus Domainen bestehet, die Lage der Dinge aber so sein sollte, daß mit dem aus ihrem Verkaufe gemachten Erlöse kein zweckmäßiges Verfahren eingeleitet werden könnte, kurz daß nach dem Verkaufe der Domainen die Erhebung höherer Abgaben unbedingtes Erforderniß wäre, da möchte freilich Unzufriedenheit des Volkes, Stockung der Gewerbe, Bedrückung mancher Art die Folge sein. Dann wo jene doppelte Finanzverwaltung besteht, nach der der Regent in einzelnen Theilen seiner Einkünfte ganz freie Haud hat, in anderen aber, und namentlich in der Verwendung vieler Steuern von den Ständen beschränkt ist, eben deshalb aber auf die Behauptung seiner freien Einkünfte nicht ohne Grund bedacht zu sein sich veranlaßt fühlt, da möchte die Maaßregel keinesweges zu rathen, da möchte sie unausführbar sein, da würde auch ihre Wirksamkeit durch die eigenthümlich gestalteten Verhältnisse beschränkt und vernichtet. Denn für den abgeschloßnen Fonds der Kammer bleibt eine dauernde Einnahme ungleich wichtiger, als eine Masse von Capitalien, die wohl zum Besten des gesammten Staates gereichen könnten, mit denen aber jene Behörden für das von ihnen berathene Interesse nichts zu beginnen wissen. Hier wäre eher eine nutzlose Vergeudung, als ein zweckmäßiger Gebrauch zu erwarten. Aber in beiden Fällen ließe sich durch die Annahme jener weitläufig erörterten Einrichtung der Vererbpachtung das Interesse der Gesellschaft mit dem der öffentlichen Kassen, das nun einmal hier ein anderes ist, vereinigen. Auch sonst würde dieser Weg dann einzuschlagen sein, wenn die spärliche Vertheilung der Capitalien im Volke den wirklichen Verkauf der Domainen erschweren sollte. Die nationalökonomischen Vortheile werden doch zum Theil erreicht; die Mängel, die jenem Plane noch eigen sind, fehlen dem bisherigen Verfahren auch nicht; in finanzieller Hinsicht bleibt das Verhältniß zum wenigsten das Gleiche. In allen Staatshandlungen muß der Staatsmann, dem es Ernst ist mit seinem erhabenen Berufe, der mit ängstlicher Gewissenhaftigkeit, nicht im bequemen Gewohnheitsjoche, seine Pflichten bedenkt, den Grundsatz zu seiner Richtschnur nehmen: können oder wollen wir das Beste nicht erlangen, so wollen wir doch das Bessere nicht verschmähen. —

Ausnahmen möchten endlich bloß die Lustschlösser des Regenten und solche Besitzungen machen, die man, den Prunk des Hofes und den Glanz der Regierung zu erhöhen, behauptet, bei denen man aber auf Einkünfte gar keine Rechnung macht; dann auch Privatbesitzungen desselben, in denen er nicht als Staatsoberhaupt für öffentliche Bedürfnisse Befriedigung sucht, die er vielmehr zu eignem Nutzen, oder zur Befriedigung einer unschuldigen Neigung zur Landwirthschaft erwarb. Diese sind dann ganz als Privatgüter zu betrachten. — Ob endlich Musterwirthschaften vom Staate gehalten werden sollen, ist eine Frage, deren Entscheidung von örtlichen Verhältnissen abhängt. Auf jeden Fall sind diese nicht um der Einkünfte willen errichtet, sondern als Bildungsmittel zu betrachten.

IV.

Gemeinheitstheilung.

Was im Vorgehenden von den Staatsgütern gesagt war, findet vollkommene Anwendung auf diejenigen Besitzungen, die im Eigenthume größerer Communen sind und deren Ertrag bestimmt ist, einen Beitrag zu den Bedürfnissen der Gemeindeverwaltung zu liefern. Ja man muß die Veräußerung derselben fast noch dringender empfehlen, schon weil die Sache weniger ins Große geht, die damit verbundenen Kosten folglich in grellerem Misverhältnisse zu den Nutzungen stehen. Bei der bis zur neuesten Zeit in den meisten Staaten vorherrschenden Städteverfassung, die das Eigenthum der Gemeinde in das Besitzthum obrigkeitlicher Corporationen verwandelt hatte, waren überdem die mit der Verwaltung der Commungüter verbundenen Misbräuche ungleich auffallender und verbreiteter, als bei den Staatsgütern, bei denen das Streben der Verwaltung wenigstens darauf gerichtet war, den möglichst hohen Ertrag zu gewinnen. Dort aber waltete auch in dieser Beziehung Indifferenz, Schlendrian und Leichtsinn; der Nepotismus trieb sein verderbliches Spiel und die Pächter solcher Güter hatten noch sicherere Aussicht, sich zu bereichern, als die der Domainen. Wahrhaft nützliche und durchgreifende Verbesserungen anzubringen, dazu fehlte es an Mitteln; was aber der Pachter verbessert zu haben vorgab, und vom Pachtquantum abzog, dafür konnte er, ohne ängstliche Untersuchung befürchten zu müssen, auf leichtem Wege die Genehmigung erhalten. Hat sich nun auch in vielen Staaten das Verhältniß, durch Umgestaltung der Gemeindeverfassung und Einführung einer strengen Controle von Oben und von Unten vortheilhafter gestaltet, gerade der Einfluß, den Localkenntniß und Eifer für das Gemeinwohl auf die Leitung der Gemeindeangelegenheiten errang, hat sich fast übereinstimmend in Anträgen auf Veräußerung solcher Gemeindegüter bethätigt. Denn man erkannte, daß auch die umsichtigste Gemeindeverwaltung der Stellung des Privatmannes niemals gleichkommen könne. War man auch für die Betrachtung vielleicht nicht empfänglich, daß diese Güter in Privathänden eine für das Ganze vortheilhaftere Benutzung erfahren würden, so übersah man doch nicht, daß aus ihrem Verkaufe ein hinreichender Erlös zu erwarten sei, um einen Theil der Communschulden zu tilgen, dessen Zinsen ihr wahrscheinlicher Durchschnittsertrag niemals erreichen würde. Man hat sich, zur Vertheidigung ihrer Beibehaltung, darauf berufen, daß sie in Zeiten der Bedrängniß, bei Kriegsnoth, Contributionen und dergl. ein sicheres und nützliches Hilfsmittel darböten. Allein einmal dürften gerade solche Zeiten diejenigen sein, in denen der geringste Ertrag von ihnen zu hoffen ist, in denen sie am ersten ein Grund zu mannigfachen Kosten und Besorgnissen zu werden drohen, und wo auch eine Veräußerung derselben sich als völlig unthunlich darstellt. Dann aber hat auch die Erfahrung gelehrt, daß der Besitz solcher Güter gerade in Kriegszeiten den Communen oft höhere Lasten zugezogen hat. Eine Stadt, die Rittergüter besitzt, gilt für reich; der Ruf erhöht den Werth der Güter und malt den Zustand des Stadtvermögens mit glänzenderen Farben, die Zumuthungen werden folglich höher gespannt und die Ausrede des Unvermögens wird nicht beachtet.

Man kann den Communen keinen besseren Rath geben, als: sich aller Feldgüter zu entäußern; das Kaufpretium, wenn sie verschuldet sind, zur Tilgung der Schulden, im glücklichen Gegenfalle aber zur Bildung eines Fonds zu verwenden, aus dem ein sicherer Beitrag zu den Bedürfnissen der Gemeinde zu gewinnen ist. Bei der Veräußerung selbst wird man sich nach den Umständen zu richten haben. Bei

Gütern, die ganz nahe an der Stadt liegen, dürfte eine Zerschlagung und Veräußerung der einzelnen Stücke an die Bürger sich als das vortheilhafteste Verfahren ausweisen. Bei Entfernteren hat man, unter Berücksichtigung der Localverhältnisse zu ermessen, ob durch einen Verkauf im Ganzen, oder durch einen Einzelverkauf ein höheres Kaufpretium zu erwarten sei. Nur dies darf die Richtschnur sein.

Ungleich schwieriger wird aber die Frage bei solchen Besitzungen der Gemeinde, die zur gemeinschaftlichen Benutzung der Gemeindeglieder ausgesetzt sind; schwieriger, weil hier häufiger mehrfache Interessen einer Entäußerung entgegenstehen, und weil der Maaßstab der Vertheilung nicht so leicht aufzufinden ist. Auch gehören hierher zum Theil Besitzthümer, bei denen eine Fortdauer des bisherigen Verhältnisses nützlich und nöthig scheint. Es ist aber diese Art des Gemeindeeigenthums größtentheils noch ein Rest der alten Markenverfassung, dieser engen Vereinigung der germanischen Volksglieder, die, jünger zwar als das Volk, aber älter als der Gau, die unzerstörliche, jeden Zeitwechsel überlebende Grundlage unsrer heutigen Landgemeinden gebildet hat. In der frühesten Zeit des germanischen Volksthums fand kein Sondereigenthum an Grund und Boden Statt. Die Deutschen hatten die Idee, daß die Erde eben so ein Gemeingut der Menschen sei, wie die übrigen Elemente, und daß Jeder nur das Recht habe, sie soweit als seine Bedürfnisse verlangten, zu benutzen. Cäsar*) erzählt uns, daß die Bestellung der Aecker nicht nach dem Willen des Einzelnen, sondern nach dem der Gemeinde geordnet worden wäre, daß das ganze Volk der Sueven gewechselt und einzelne Abtheilungen des Volks nach einem bestimmten Turnus bald diese bald jene Gegenden bebaut hätten. Bei Tacitus**) finden wir dies schon in so fern verändert, als nicht mehr ganze Abtheilungen des Volks ihre Felder und Wohnsitze verlassen, vielmehr die Volksglieder seßhaft geworden sind, und nur in

*) De bello gallico 4, 1; 6, 22.
**) German. 26.

den einzelnen Gemeinden eine gemeinschaftliche, oder nach einer gewissen Reihenfolge wechselnde, Bestellung der Aecker, als eines großen Gemeingutes, statt zu finden scheint. Wir finden alle die Rechtsgrundsätze, die wir uns für ein solches Verhältniß als möglich, ja als nothwendig denken können und müssen, in der späteren Markenverfassung vor. Aber wir finden zugleich, daß sich diese Markenverfassung nur noch auf solche Gegenstände erstreckte, die eine gemeinschaftliche Benutzung, besonders in noch uncultivirten Zeiten, beinahe zu fordern, eine Theilung fast nicht zuzulassen scheinen, z. B. auf Wald, Weide, Torflager, Sand-, Lehmgruben und dergl., dagegen Aecker, Obstgärten, Weinberge sind schon Gegenstand des abgesonderten Eigenthums. Die Mark hat keinen Einfluß darauf. Es scheint aber der Schluß nicht zu gewagt zu sein, daß ursprünglich die Mark auf alle diese Verhältnisse sich bezogen habe, daß sie aber allmälig von dem Wunsche, ein besonderes ausschließliches Eigenthum zu besitzen, zurückgedrängt und auch in dem ihr übrigbleibenden Wirkungskreise beschränkt worden sei. Der Anfang dieser Periode ist sicher der, wo man begann, festere Wohnsitze zu gründen. Da wurde zuerst das Haus ein Gegenstand ausschließlichen Eigenthumes, ein Gärtchen, nach und nach in seine Verzäunung eingeschlossen, ward allmälig erweitert; der durch fleißigen Anbau lieb gewordene Acker hinzugezogen; der Wunsch mochte Vielen gemein sein, und Einer sah dem Andern nach, was er selbst auszuführen gedachte. Endlich ward die Theilung der theilbaren Gegenstände allgemein, wiewohl sich fast in allen Marken noch einzelne Reste der alten ungetheilten Masse als Gemeingut erhielten. Ein Kampf zwischen den Marken und dem abgesonderten Eigenthum ist übrigens noch spät erkennbar, und eifrig wachen die Markrechte gegen ein Verwandeln des Waldes in Ackerland. Der Grund jenes seltsamen früheren Verhältnisses lag aber wohl in dem Hirtenleben der Deutschen. Wenn wir unsern Vorfahren auch keinesweges die Kenntniß des Ackerbaues absprechen können, so stimmen doch alle darin überein, daß sie eben keine eifrigen Ackerbauer, daß vielmehr ihre liebsten und werthesten Schätze die Heerden waren. Aus der Viehzucht und aus dem, was ihnen die Jagd in ihren Wäldern lieferte, mögen sie vorzüglich ihren Lebensunterhalt gezogen, den Feldbau nur soweit betrieben haben, als sie das, was zur höchsten Nothdurft erforderlich war, zu gewinnen suchten. Dieses Vorherrschen des Hirtenlebens ist schon daran erkennbar, daß in den alten Volksrechten, um eine Werthsumme, um den Geldpreis auszudrücken, das Vieh als Maaßstab genommen wird, während in Ländern, wo der Ackerbau blüht, das Getreide diese Stelle ungleich besser und sicherer vertritt. Bei Hirtenvölkern ist aber an ein Absondern des Grundeigenthums viel später zu denken, da der Einzelne das Verlangen nicht fühlt, einen Acker ausschließlich zu besitzen, von dem er vielleicht in Kurzem ganz scheiden muß. Mit der festeren Niederlassung der deutschen Stämme änderte sich das Verhältniß*), und dann kam die Verbesserung des Ackerbaues selbst mit dem Uebergang der Aecker in Privateigenthum in natürliche Wechselwirkung.

Fast in jeder Gemeinde haben sich aber noch alte Ueberreste des ungetheilten Eigenthums erhalten. Diese sind mit den früher besprochnen Besitzthümern der Communen gar nicht in eine Linie zu stellen. Die letzteren waren früher schon Privateigenthum gewesen, von der Gemeinde auf privatrechtlichem Wege erworben worden, und wurden ganz wie Privateigenthum bewirthschaftet. Ihr Uebergang in Privathände, ihre Rückgabe vielmehr in solche unterliegt keinerlei Schwierigkeit. Jene aber sind nie in Sondereigenthum übergegangen, sie haben von jeher der Genossenschaft der Gemeindeglieder angehört, und ihre Benutzung ist eine gemeinschaftliche gewesen. Bei vielen Bestandtheilen derselben nun

*) Daraus, daß die Markverfassung sich früher auch auf die liegende, im Sondereigenthum begriffene Habe bezog, sind manche Bestimmungen der älteren Volksrechte zu erklären. Warum sollten z. B. auch in die Theile der liegenden Habe, die ganz im vollen Eigenthume ihrer Besitzer waren, gleichwohl die Frauen nicht succediren? Warum durften Frauen solche Güter nicht auf eigne Hand besitzen? Warum anders, als weil es Gegenstände waren, die früher zur Mark gehört hatten, die Mark aber Frauen nicht in ihre Genossenschaft aufnahm?

zeugt aber der Umstand, daß sie durch lange Jahrhunderte ungetheilt fortgeführt worden sind, für eine innere Zweckmäßigkeit dieser Maaßregel. Die Sand-, Lehm- und Torfgruben z. B., aus denen die einzelnen Gemeindeglieder ihren Bedarf erholen, werden wohl immer ein Gesammteigenthum bleiben. Denn durch dieses Verhältniß wird den Einzelnen die leichte und unentgeldliche Befriedigung eines Bedürfnisses ermöglicht, und es handelt sich um Gegenstände, die einer Verbesserung, einer einträglicheren Bewirthschaftung unfähig sind. Zu Gunsten der Gemeindewaldungen hat man gleichfalls angeführt, daß diese in Privathänden nicht nur nicht verbessert, sondern vielmehr auf eine für das Ganze nachtheiligere Weise bewirthschaftet werden würden. Es hängt dieß aber mit den hier nicht zu erörternden Ansichten über öffentliche und Privatforstcultur zusammen, und wenn diese begründet sind, so dürfte eine folgerichtige Anwendung derselben auf die erfahrungsmäßig schlechte Forstcultur der Gemeinden allerdings eine Veräußerung der Gemeindehölzer, aber an den Staat, empfehlen. Jedenfalls ist die an vielen Orten gebräuchliche willkürliche Benutzung derselben durch die Gemeindeglieder antinationalökonomisch, und selbst das unentgeldliche, oder billigere Ablassen des Holzes an die einzelnen Theilhaber selbst finanziell für die Letzteren nachtheilig. Werden die Gemeindewälder völlig wie Staats- oder Privatwaldungen, aber nach allen Regeln einer guten Forstwirthschaft behandelt, so muß ihr Ertrag der Gemeinde, und folglich den einzelnen Gliedern derselben, mehr Vortheil gewähren, als jene Selbstbenutzung ihnen verschaffen kann. Sie werden dann zwar ein Lebensbedürfniß etwas höher bezahlen, aber mehr, als dieses kosten wird, an andern Abgaben ersparen.

Außerdem aber besitzen fast alle Gemeinden größere Strecken Landes, die unbebaut liegen und zu kärglichen Viehweiden benutzt werden. Die Unbekanntschaft der früheren Zeit mit dem Nutzen der Stallfütterung machte diese Erscheinung natürlich und nothwendig. Aber daß ihr Vorhandensein sich dieser nützlichen ökonomischen Einrichtung zum

Theil noch entgegensetzt, ist schon ein Nachtheil dieser Weideplätze. Allein auch sonst ist es nicht zu bezweifeln, daß eine Ueberlassung derselben in Privateigenthum eine für Ackerbau und Viehzucht ungleich vortheilhaftere Benutzung vermitteln würde. Eine Ausnahme möchte nur in den Gegenden nöthig sein, wo eine bedeutende Pferdezucht getrieben wird, da allerdings die Erfahrung gelehrt hat, daß für diese der Gebrauch der freien Weiden unentbehrlich ist. Zwar auch bei der Schaafzucht scheint die Stallfütterung wenigstens kostspieliger zu sein. Indeß mit erheblichem Vortheile dürfte die Schaafzucht überhaupt nur im Großen getrieben werden können, und wo es sich nachweisen läßt, daß die bisherigen Schaafweiden, bei einer Vertheilung in Privateigenthum, dem Ganzen und den Einzelnen einen höheren Nutzen abwerfen würden, als der aus der bisherigen Methode, nach welcher die Schaafzucht in der fraglichen Gemeinde getrieben ward, hervorging, da wird man immer sich gegen ihre Beibehaltung aussprechen müssen. Und so wird es in den meisten Fällen als eine wohlthätige Verbesserung erscheinen, wenn die bisherigen Gemeindetriften einer andern, dem freien Ermessen einzelner Privatbesitzer überlassenen Bestimmung anheimgestellt werden. Die Oertlichkeit muß allerdings darüber entscheiden, in wiefern einzelne Theile derselben zu gemeinnützigen Anlagen für öffentliche Zwecke zu benutzen sind. Hier und da mag es sich empfehlen, daß namentlich kleinere und nahgelegene Stücke zur Obstbaumzucht verwendet und dann in gemeinschaftlichem Besitze behalten werden, unter jährlicher Vertheilung des gelösten Pachtquantums. Denn dadurch kann ein fast werthloses Grundstück oft zu hohem Werthe gesteigert werden, und wenn es in Flor gebracht ist, so steht eine vortheilhafte Veräußerung immer noch frei. Der Privatmann hat nicht immer Neigung zu Anlagen, die erst in Jahren einträglich werden. Die Gemeinde aber stirbt nicht. Allein auch außerdem hat man in jedem einzelnen Falle, sobald man entschlossen ist, die bisherige gemeinschaftliche Benutzung aufzugeben, sorglich zu erwägen, ob es gerathener sei, die Grundstücke an die bisherigen Theilnehmer zu vertheilen, oder sie zu veräußern*). Diese Frage wird danach zu beantworten sein, ob die Veräußerung einen größeren Gewinn verspreche, als die Vertheilung, und ob auch das Kaufpretium auf eine Weise benutzt werden könne, wo den bisherigen Theilhabern ein größerer Vortheil daraus ersprießen würde, als den sie aus dem Eigenthume der ihnen überlassenen Antheile ziehen könnten. Namentlich wird man in den Fällen vorzüglich zu einer Veräußerung schreiten müssen, wo das Grundstück im Verhältniß zur Zahl der zur Benutzung Berechtigten zu klein ist, als daß nicht die Antheile unter das eine vortheilhafte Bewirthschaftung zulassende Minimum fallen sollten. Die Regel wird immer, besonders in den ländlichen Communen, die Vertheilung an die Einzelnen bleiben. Hier aber kommen in dreierlei Beziehung verschieden beantwortete Fragen in Betracht, die eine diesen Gegenstand betreffende Gesetzgebung mit Umsicht zu lösen hat: in Rücksicht nehmlich auf den Antrag zur Theilung, auf den Maaßstab und auf die Bedingungen derselben.

Die erste Frage ist demnach: wem ist das Recht zuzuschreiben, durch seinen Antrag auf die Theilung die Verwirklichung derselben zu erzwingen. Die Gemeinheit ist entweder zur Zeit ganz unbenutzt gewesen, oder sie war der Benutzung der Gemeinde oder Einzelner Preis gegeben. Im ersteren Falle wird die Behörde, die im Allgemeinen das Vermögen der Gemeinde zu verwalten hat, berechtigt und verpflichtet sein, die Maaßregeln zu ergreifen, durch welche ein bisher nutzlos liegendes Grundstück einem für den Staat und die Gemeinde vortheilhafteren Gebrauche gewidmet werden kann. Sie wird es unter den gesetzlichen Formalitäten, die mit einer Veräußerung des Gemeindeeigenthums verbunden zu sein pflegen, an Einzelne vertheilen, oder in Parzellen, oder im Ganzen veräußern können, den Erlös

*) Man könnte freilich auch die bisherigen Benutzungsrechte der Einzelnen ablösen und dann das Ganze als freies Eigenthum verwenden. Indeß dieser Modus dürfte nur in dem Falle dem einfacheren Verfahren vorgezogen werden, wo man beabsichtigte, das frei gewordene Grundstück zu einem öffentlichen Zwecke zu benutzen.

natürlich im Interesse der Gemeinde verwendend. In dem Falle aber, wo bereits eine Benutzung des Grundstückes statt fand, und es sich nur darum handelt, eine zweckmäßigere Benutzung zu vermitteln, wird allerdings die Frage schwieriger. Soll auch hier der Behörde das Recht zustehen, im Interesse der Gesammtheit und im eignen, aber vielleicht verkannten Vortheile der Theilhaber, die Aufhebung der Gemeinheit, auch wider den Willen der Nutznießer zu erzwingen? Die Gemeinheit ist Eigenthum der Gemeinde, wenn auch im privatrechtlichen Wege benutzt. Der Nachtheil der unzweckmäßigen Benutzung trifft die Gesammtheit, die Gemeinde, den Staat. Oder soll wenigstens der Antrag eines Einzelnen unter den Interessenten, oder einer gesetzlich bestimmten Minderzahl, oder der Mehrzahl hinreichen, die Aufhebung des bisherigen Verhältnisses zu bewirken? Oder kann nur bei vollkommener Uebereinstimmung Aller das bisherige Rechtsverhältniß aufgelöst werden, da es sich hier um erworbene Rechte handelt, und da die Vortheile, die Einzelne aus der bisherigen Benutzung gezogen, zum Theil darauf begründet sind, daß die ganze Gemeinheit im ungetheilten Besitze bleibt? Soll endlich, wenn man dem Antrage eines Einzelnen oder Mehrerer eine höhere Kraft beilegen will, diese soweit sich erstrecken, daß eine Gesammttheilung erfolgen müßte, oder soll sie bloß eine Ausscheidung der Antheile der auf Trennung Antragenden erwirken können? Allerdings geht aus einer besseren Benutzung des Grund und Bodens für die Gesammtheit des Volks ein unläugbarer Nutzen hervor; es ist folglich bei einer Aufhebung schädlicher Gemeinheiten die allgemeine Wohlfahrt interessirt. Indeß muß der Staat, wenn er nicht zu einer verderblichen Bevormundung des Volks verschreiten will, in allen Beziehungen der Güterwelt den allgemeinen Vortheil nur aus der Einsicht der Einzelnen von ihrem eignen Vortheil hervorgehen lassen. Die Nutzungen der Gemeinheiten sind Privateigenthum und dem Staate steht das Recht nicht zu, einen Privatmann zur möglichst guten Verwaltung seines Eigenthums zu zwingen. Die Gemeinde als solche, als Corporation, ist bei der bestmöglichsten Verwaltung eines Grundstückes, dessen Nutzungen zeither nicht für öffentliche Bedürfnisse verwendet wurden und auch nach der Theilung den Privaten zu Gute gehen sollen, nicht interessirt. Vielmehr berührt die Sache nur das Interesse der einzelnen — wenn auch vielleicht aller — Gemeindeglieder, und ihnen ist folglich die Entscheidung zu überlassen. Aber auch hier wird der Grundsatz gelten: daß Niemand zu seinem Vortheile zu zwingen ist, folglich weder der Antrag Eines oder Mehrerer, oder der Meisten die Dissentirenden zur Aufgebung ihrer bisherigen Benutzungsweise nöthigen dürfen. Allein diesem Grundsatze steht ein anderer entgegen: daß auch Niemand verhindert werden kann, das für ihn vortheilhafteste Verfahren zu befolgen, so lange er nicht Andre dadurch in ihren Rechten und vernünftigen Zwecken beeinträchtigt. Wenn daher auch nur ein Theilhaber einer Gemeinheit die Ueberzeugung hat, daß, bei einer Theilung derselben, er aus dem auf ihn fallenden Antheile einen höheren Nutzen ziehen werde, als aus der bisherigen gemeinschaftlichen Benutzung, und daher auf Theilung anträgt, so dürfen ihn weder Einzelne, noch Mehrere, noch alle Uebrigen hindern können, sich seinen Antheil ausscheiden zu lassen. Er zwingt dadurch die Uebrigen, die ihren Vortheil verkennen, keinesweges, wider ihren Willen die bessere Benutzungsweise zu ergreifen, denn es steht ihnen frei, das Uebrige in ungetheiltem Besitze zu behalten. Er beeinträchtigt aber auch Niemanden in seinen Rechten und Interessen, denn er fordert nur seinen Antheil und verzichtet natürlich auf alle fernere Theilnahme an der Gemeinheit. Aber er fordert sein Recht, diesen Antheil an der Gemeinheit auf die zweckmäßigste Weise benutzen zu dürfen. Es ist eine inconsequente, halbe Maaßregel, wenn einer geringen Anzahl Mehrerer ein Recht eingeräumt wird, was man dem Einzelnen versagt. Denn hier kommt allerdings das an sich sophistische Gleichniß des Sophisten vom Linsenhaufen in Anwendung. Wenn man einem Viertheil der Interessenten das Befugniß zugesteht, warum nicht auch einen Achttheil, einen Sechszehntheil und so fort? Selbst der Mehrheit kann hier kein höheres Recht eingeräumt werden, als dem Einzelnen. Denn die Stimme der Mehrheit muß allerdings dann, als letzte Ausflucht, für entscheidend angenommen werden, wo es sich um ein Urtheil über die Zweckmäßigkeit oder Unzweckmäßigkeit einer Sache handelt und man, in Ermangelung eines untrüglichen Richters, annimmt, wofür die meisten Stimmen sich erklärten, das müsse das Wahre sein. Wo aber Rechte oder Interessen collidiren, wollte man da dem Vortheile der Mehrheit den Sieg über den Vortheil der Minderzahl zusprechen, so hieße dies weiter nichts, als das Recht des Stärkeren sanctioniren, und dies wäre da um so unbilliger, wo diese Rechte und Interessen trennbar sind und die Mehrzahl ihren Vortheil auch erreichen kann, wenn gleich die Minderzahl ein abweichendes Verfahren beobachtet. Folglich werden nur dann jene beiden Grundsätze versöhnt, wenn jedem Einzelnen das Recht zusteht, auf Theilung der Gemeinheit anzutragen, und ein solcher Antrag, ob auch die Uebrigen ihm nicht beipflichten, gleichwohl die Wirkung hat, daß der Antheil des Antragenden ausgeschieden wird; wenn aber auch der Antrag der Mehrheit nicht für die Minderzahl insoweit verbindlich werden kann, daß diese dadurch gezwungen würde, in die Gesammttheilung zu willigen, sondern nur die rechtliche Folge hat, daß die Antheile der Mehrheit ausgeschieden und unter diese vertheilt werden, während es der widersprechenden Minderzahl freisteht, ihre Antheile im ungetheilten Besitze zu lassen. Freilich wird der Entschluß der Mehrheit, eine Ausscheidung und Theilung vorzunehmen, häufig einen indirecten Zwang für die Minderzahl enthalten, dasselbe zu thun. Denn allerdings setzt die gemeinschaftliche Benutzung in vielen Fällen einen größeren Umfang des Grundstückes voraus. Aber die der Theilung abgeneigten Mitglieder haben kein Recht, die Uebrigen zu verhindern, ihr Eigenthum auf eine vortheilhaftere Weise zu benutzen. Jener indirecte Zwang ist am Ende kein Anderer, als der in jedem Felde der Güterwelt, durch die Umsicht einzelner Concurrenten gegen die Uebrigen ausgeübt wird. End=

lich wird kein Recht dadurch gekränkt, da die Gegner der Maaßregel immer den Antheil des Genusses behalten, zu dem sie bisher berechtigt waren. Brachte ihnen die bisherige Benutzungsweise einen höheren Vortheil, als sie von der künftigen hoffen dürfen, so konnte dies nur darin seinen Grund finden, daß sie, ohne dazu berechtigt zu sein, die Gemeinheit mehr benutzt hatten, als ihre Mittheilhaber. Aber auf diesen Mehrgenuß haben sie kein Recht. Durch die Selbstsucht oder die Verblendung Einzelner darf Niemand verhindert werden, sein Recht auf die ihm vortheilhafteste rechtmäßige Weise auszuüben. — Es ist endlich auch der Fall nicht ungewöhnlich, wo zwar das Eigenthum einer Gemeinheit unstreitig der Gemeinde zusteht, aber einzelne Mitglieder derselben das Recht zur ausschließlichen Benutzung erworben haben. Hier steht nun allerdings das Eigenthumsrecht der Gemeinde dem Benutzungsrechte der Einzelnen entgegen, und es muß auch der Ersteren erlaubt sein, auf eine für ihren Vortheil vortheilhaftere Verwendung des Grundstücks anzutragen. Nicht aber hat sie sich in die Art und Weise der Benutzung zu mischen, und etwa eine für die Einzelnen vortheilhaftere Methode zu erzwingen. Und die Rechte der Einzelnen müssen sorglich gewahrt werden. Daraus ergiebt sich denn, daß die Gemeinde zwar nicht berechtigt ist, wider den Willen der Berechtigten eine Vertheilung des Grundstücks unter diese vorzunehmen, daß es ihr aber wohl freisteht*), die Rechte dieser Einzelnen, unter Zubilligung einer Entschädigung, abzulösen, und das nun frei gewordene Grundstück zu vertheilen, zu veräußern, oder sonst im Vortheile der Gesammtheit zu verwenden. Und zu einer solchen Ablösung müssen auch die Einzelnen die Gemeinde provociren können. Anders stellt sich die Frage, wenn die bisherigen Benutzer den Uebergang des Grundstücks in ihr freies Eigenthum wünschen. Dies kann nicht ohne eine ent-

*) Es versteht sich von selbst, daß hier nur von allgemeinen Rechtsgrundsätzen, nicht von positiven Gesetzbestimmungen gesprochen wird. Die Gesetzgebung sollte so sein, ist es aber nicht überall.

sprechende Entschädigung der Gemeinde erfolgen, die immer das Eigenthumsrecht besaß, und davon durch Ablösung der Servituten Gebrauch machen konnte, auf deren Kosten also die Berechtigten sich im Gegenfalle bereichern würden, da die bloße Nutznießung nicht soviel werth ist, wie das völlige Eigenthum, und da nach der Theilung die in Sondereigenthum übergegangenen Antheile höher genutzt werden können, als die bisherige Gemeinheit. Eine solche Entschädigung kann nun freilich leicht geschehen, indem die Interessenten der Gemeinde ihre Rechte abkaufen, oder ihr einen Theil des Grundstücks, frei von allen Servituten, belassen und nun das Uebrige vertheilen können. Immer aber setzt dies eine Leistung von Seiten der Interessenten voraus. Auch hier wird also das oben besprochene Verfahren das einzig richtige sein, daß nehmlich die Einzelnen, wenn sie nicht einig sind, nur auf Ausscheidung ihrer Antheile antragen können, wobei sie dann noch mit der Gemeinde über die Bedingungen zu unterhandeln haben, unter denen diese in den Uebergang in ihr freies Eigenthum willigen will.

Ist es entschieden, daß eine Vertheilung der Gemeinheit stattfinden soll, so handelt es sich um die zweite Frage: nach welchem Maaßstabe die einzelnen Antheile unter die zeither Berechtigten zu vertheilen seien? Eine Frage, deren Lösung sehr leicht und einfach scheint, die aber doch viele Schwierigkeiten gemacht hat, sehr verschieden beantwortet und zu deren Entscheidung viel — zum Theil nutzloser — Scharfsinn aufgewendet worden ist. Wenn und daß das bisherige Benutzungsrecht der Gemeinheit nicht ein gleichvertheiltes war, vielmehr einzelne Gemeindeglieder das Recht zu einer höheren Benutzung hatten, das dürfte eigentlich keine Schwierigkeit machen. Denn es versteht sich von selbst, daß durch die Vertheilung Niemand in seinem Rechte verkürzt werden darf, daß folglich der Antheil eines Jeden nach dem Verhältnisse bemessen werden muß, in welchem er bis jetzt zur Benutzung berechtigt war. Aber die Schwierigkeit ist daher geleitet worden, daß die Benutzung factisch eine ungleiche gewesen ist, ohne daß diese ungleiche Benutzung sich auf erworbene Rechte der Einzelnen gestützt hätte. Auch wo es Allen freistand, die Gemeinheit ganz auf gleiche Weise zu benutzen, haben dennoch Einzelne von diesem Rechte einen freieren Gebrauch gemacht als Andere. Es handelt sich hier namentlich um die Viehweiden. Stand nun auch Jedem frei, sein Vieh auf die Gemeindetrift zu treiben, so machten doch in der Regel die Besitzer der größeren Güter davon einen stärkeren Gebrauch, da ihre sonstigen Verhältnisse es ihnen möglich machten, eine größere Stückzahl zu halten. So kam es, daß nicht bloß Einzelne die Gemeinheit mehr benutzten, als Andere, sondern daß dies auf gewissen Gütern und bei gewissen Klassen der Gemeindeglieder sich seit längerer Zeit so fortpflanzte. Dadurch kam man auf die Idee: die Vertheilung müsse sich nach der bisherigen Benutzung richten. Diesen Maaßstab selbst aber ausfindig zu machen, mußte wieder manche Schwierigkeiten herbeiführen. Man wollte sich zwar kurz helfen, indem man vorschlug, der bisherige Viehstand der einzelnen Güter solle den Ausschlag geben. Dieser komme der gegenwärtigen Nutzung der Gemeinheit gleich. Aber dieser Viehstand war keinesweges gleich gewesen; der Eine hatte mehr, der Andere stärkeres Vieh gehalten, Jener fortwährend die Trift betrieben, Dieser in neuerer Zeit die Stallfütterung vorgezogen; die kleinen Leute hatten zuweilen Vieh gehalten, zuweilen nicht. Alle hätten welches halten können und soviel sie wollten und brauchen konnten. Welcher Zeitraum sollte als der Normalpunkt angenommen werden? Und mit welchem Rechte könnten diejenigen, die bisher nur einen mäßigen Gebrauch von ihrem Befugnisse gemacht hatten, auf einmal der Möglichkeit, dieses Befugniß in weiterer Maaße auszuüben, beraubt und dabei denen nachgesetzt werden, die es vielleicht bis aufs Aeußerste ausgedehnt hatten? Man ging daher zu einem, allerdings richtigeren Gesichtspunkte über und meinte: nicht das dürfe entscheiden, wieviel Vieh Jeder wirklich gehalten und auf die Weide geschickt habe, sondern wieviel er vernünftigerweise halten konnte. Dadurch allein werde der wahre Umfang seines Rechts bezeichnet. Aber wie dies ergründen? Hier schlug man zunächst vor*), man solle berechnen, wieviel Vieh ein jeder Grundbesitzer von dem Futterertrage seiner Wiesen und Aecker durchwintern könne; mehr sei er nicht berechtigt gewesen, auszutreiben; darnach sei also sein Antheil zu berechnen. Aber es dürfte unmöglich sein, die Rechtmäßigkeit dieses Maaßstabes zu beweisen. Gerade die, die selbst in Besitz größerer Wiesen sind, erlangten dann noch das Recht, einen höheren Antheil an der Allen zustehenden Weide zu bekommen! Die, deren Aecker zufällig zum Anbau von Futterkräutern nicht geeignet sind, würden von der Viehzucht ganz ausgeschlossen! In vielen Gegenden giebt es Gemeindeglieder, die bloß oder fast bloß Viehzucht betreiben und an den Aeckern wenig Antheil, gleichwohl aber immer ihr Vieh auf die Gemeindetrift getrieben und es im Winter mit erkauftem Futter durchgefüttert haben. Die Art der Fütterung, die Folge der Früchte sind überall verschieden, und die Berechnung des möglichen Futterertrags würde nicht ohne große Kosten, nicht ohne vorherige Vermessung und Bonitirung auch der Privatgrundstücke erfolgen können. — Andre haben gemeint, man solle die inneren Haushaltungsbedürfnisse aller Interessenten ausmitteln, berechnen, inwiefern diese im Verhältnisse zu dem ihnen zuständigen Ackerlande sich höher oder niedriger stellten, und inwiefern sie durch die Jedem eigenthümlich zustehenden Wiesen gedeckt wären, einen das Fehlende liefernden Antheil aber aus dem Gemeindelande verwilligen**). Obgleich die Ausführung dieses etwas künstlichen Vorschlages viele Schwierigkeiten haben dürfte, so athmet er doch einen gewissen Geist der Billigkeit. Allein gerecht würde er nur dann sein, wenn es sich um die Vertheilung eines ganz neu erworbenen, eines der Gemeinde vielleicht geschenkten Landes han-

*) Die bairische Landespolizeiordnung von 1616 verfügte, daß jeder nicht mehr Vieh auf die Gemeindeweide bringen dürfe, als er den Winter durch vom Futter von seinem eignen Gute ernähren könne. Auch in der Schweiz hängt das Weiderecht auf den Alpen von der Anzahl von Wiesen ab, die man zur Bestreitung der Winterfütterung besitzt.

**) Dieß ist einer von den verschiedenen Maaßstäben der lüneburger Gemeindegrundvertheilungsordnung.

delte, wenn es nicht der Ausgleichung von Rechtsansprüchen, sondern der Austheilung einer Wohlthat, eines nützlichen Hülfsmittels gälte. Zu dem bisherigen Verhältnisse steht er außer aller Beziehung. — Viele wollen die Größe des Grundbesitzes als Maaßstab betrachtet wissen. Nun kann aber der bloße Umfang der Güter zunächst gar nicht entscheiden, er ist ein rein zufälliger Umstand; es müßte vielmehr auf den Ertrag der Güter und ihren, durch die Güte der Aecker bedingten Werth gesehen werden. Die Maaßregel würde die Folge haben, daß die Besitzer der bedeutenderen Güter große Strecken, die der Kleinen nur kleine Antheile bekämen, während sie jetzt zu einer gleichen Benutzung berechtigt waren. Auch haben sie davon an vielen Orten Gebrauch gemacht und oft eben ihren Mangel an Grundbesitz durch Haltung eines größeren Viehstandes zu ersetzen gesucht. Keinesweges hat der Viehstand zu der Größe oder dem Werthe der Güter in gleichem Verhältnisse gestanden. Der kleine Grundbesitzer, der durch großen Fleiß, durch sorgfältigen Anbau von Futterkräutern, durch Sparsamkeit und Umsicht in den Stand gesetzt worden, einen beträchtlichen und ausgezeichnet guten Viehstand zu unterhalten, dabei aber allerdings in der Benutzung der Gemeindetrift eine kräftige Unterstützung fand, würde offenbar gegen den Großen benachtheiligt, der vielleicht alles dies vernachlässigte, der schlechtes und wenig Vieh hielt, deshalb in der Cultur seiner ausgedehnten Felder zurückblieb und nun diese auf einmal noch bedeutend vermehrt sähe! — Von einem ganz anderem Gesichtspunkte geht die Ansicht aus, wonach die den Einzelnen obliegenden Gemeindelasten bei der Vertheilung des Gemeindegrundes entscheiden sollen, so daß diejenigen, die einen höheren Antheil zu ersteren beitragen, auch mehr von letzterem in Anspruch nehmen könnten. Wenn nur zuvörderst der Fuß, nach dem die Gemeindelasten vertheilt werden, selbst ein gleicher wäre, wenn er nur einen sichern Anhalt zur Beurtheilung des Antheils gäbe, den Jeder an den Gemeinderechten hat! Und wenn nur nicht bei dessen Berechnung gerade die hier einschlagenden Momente, der

Viehstand, die Hutungsrechte, Gärten und dergl. in der Regel am Wenigsten beachtet wären! Nun sagt man freilich, eben weil jener Beitragsfuß so ungleich ist, so wäre es eine Handlung der Billigkeit, diese Ungleichheit bei der Vertheilung der Gemeinheit einigermaaßen wieder gut zu machen. Aber theils ist sie in mancher Hinsicht, soviel wenigstens die Reallasten anlangt, durch den Kaufpreis der Güter im Voraus ausgeglichen; was aber die Beiträge von Gewerben betrifft, so stehen diese außer aller Beziehung zu dem hier verhandelten Gegenstande, und endlich würde die Gerechtigkeit immer eher fordern, zuvor einen gleichen Modus auszumitteln und danach auch dieses Verhältniß zu reguliren. Die Einbuße, die bei dieser Vertheilungsart Mancher erleiden würde, dürfte ganz außer Verhältniß zu dem Minderbetrag seines Antheils an den Gemeindelasten stehen.

Ueberhaupt aber kann bei der ganzen Frage, sobald wir den Standpunkt des Rechtes ins Auge fassen und festhalten, kein anderer Grundsatz die Entscheidung beherrschen, als: daß Jeder den Antheil an der Gemeinheit bekomme, der ihm jetzt und von jeher an dem Benutzungsrechte zustand. Dieser Antheil an dem Rechte zur Benutzung aber war, wo nicht örtliche Satzungen etwas Anderes | festgestellt hatten, für alle Gemeideglieder gleich. Es ist eine grundfalsche Ansicht, wenn man glaubt, der Antheil des Einzelnen an dem Gemeindegrunde stehe in einem gleichen Verhältnisse mit dem Umfange seines eigenen Grundeigenthums. Ja wenn man die Entstehung und die Geschichte der Gemeinheiten befragt, so könnte man eher auf die entgegengesetzte Ansicht kommen. Man könnte sagen, gerade Diejenigen, die einen vorzüglichen Antheil an der Mark hatten, hätten die Erwerbung von Sondereigenthum ebendeshalb vernachlässigt. Und soviel ist gewiß und in vielen Gegenden nachzuweisen, daß in der früheren Zeit Viehzucht und Ackerbau ungleich geschiedener waren, als jetzt, wo sie beide bedingend auf einander einwirken. Wer nun, der Sitte der Altvordern treu, sich vorzüglich der Viehzucht befleißigte, der benutzte die Gemeindetrift in höherem Maaße

Andere dagegen, die in dem Ackerbau ein sichereres und lohnenderes Gewerbe erkannt hatten, suchten einzelne Theile der Weide — nicht ohne Widerspruch der Markgenossen — in Aecker zu verwandeln, und betrieben die Viehzucht nur in so weit, als sie bei dem damaligen niedern Zustande der Agricultur und der ausgedehnten Brache nöthig war, also nur spärlich. Haben sich nun auch später die Verhältnisse geändert, ist auch die Viehzucht mehr mit dem Ackerbau in Verbindung gesetzt worden, hat sich auch die Sache so gestellt, daß durchschnittlich der Viehstand nach dem Grundeigenthum des Einzelnen sich einigermaaßen richtet, doch ist dies weder allgemein, noch für Alle entscheidend, noch in einem gleich richtigen Verhältnisse, noch gleichbleibend. Es kann folglich auch keinen Maaßstab, keinen Anhalt abgeben.

Das Resultat wird also kein anderes sein können, als: daß in der Regel die Gemeindegüter unter sämmtliche stimmfähige Gemeindeglieder nach Viriltheilen zu vertheilen sind. Dadurch wird Niemand beeinträchtigt, da Jeder, der jetzt vielleicht mehr als Andre die Trift benutzte, sich gefallen lassen mußte, daß die Uebrigen sein Beispiel nachahmten, und ihn dadurch in seiner bisherigen Benutzung zurückdrängten. Es sind nicht die besten Wirthe gewesen, die die Gemeindetrift zeither am Meisten in Anspruch genommen haben. Und da die Einzelnen den Antheil zu freiem Eigenthum erhalten, so dürften diejenigen, die bisher das Meiste gezogen, immer nichts verlieren. Eine Ausnahme würde nur da zu machen sein, wo örtliche Satzungen, erwiesenes Herkommen, rechtskräftige Entscheidungen, Vorgänge*) aus früherer Zeit Einzelnen ein höheres Benutzungsrecht vor den Uebrigen zugesprochen haben. Hier ist der erworbene Rechtstitel zu achten. Denn hier konnten die Berechtigten, bei der Fortdauer des bisherigen Verhältnisses, erwarten und fordern, daß sie durch Nie-

*) Also, wo früher eine Gemeinheitstheilung nach andern Grundsätzen stattgefunden hatte, da muß dieser auch ferner nachgegangen werden.

mand in ihrem Antheile an der Benutzung geschmälert würden. In seinem Rechte aber soll Niemand durch die Aufhebung der Gemeinheit verkürzt werden. Die von einigen Gesetzgebungen *) befolgte Maaßregel, die Vertheilung zur Hälfte nach Viriltheilen, zur Hälfte nach der bisherigen Benutzung vorzunehmen, hat die Grundfehler der Inconsequenz und Halbheit. Uebrigens bleibt es jederzeit den Gemeindegliedern unbenommen, über einen andern Maaßstab auf gütlichem Wege übereinzukommen. Haben endlich Personen, die nicht volle Gemeindeglieder sind, bisher gleichwohl ein gewisses Benutzungsrecht des Gemeindegrundes gehabt, so ist dieses, vor Vollzug der Theilung, abzulösen, sowie das Gleiche bei jeder dritten Personen in der Gemeinheit zustehenden Servitut wenigstens insoweit nöthig ist, als diese nicht auch nachher fortdauern kann.

Die dritte Frage: unter welchen Bedingungen die Antheile den Einzelnen überlassen werden sollen, ist ganz einfach dahin zu beantworten, daß sie in völlig freies Eigenthum zu geben sind. In einer Zeit, die von einer Emancipation des Grund und Bodens die Rettung wesentlich hofft, würde es widersinnig sein, dieselben Lasten, die man anderwärts mit Mühe zu entfernen strebt, von Neuem zu schaffen, und auch der Staat darf die Entstehung neuer Grundlasten nicht dulden. Selbst eine Besteuerung ist nur bei Einführung eines neuen, rationellen Grundsteuersystems zulässig. Denn entweder sind die bisherigen Nutzungen schon bei der Besteuerung berücksichtigt, oder nicht. Im ersteren Falle würde eine nochmalige Besteuerung unrecht, im letzteren würde sie wenigstens nur bis zu dem Mehrbetrage des künftigen Ertrags über die zeitherige Nutzung nicht unbillig sein. Dieser letztere aber möchte kaum zu berechnen, und überdem in den ersten Jahren nicht zu erwarten sein. — Die einzige Beschränkung, die zulässig und nöthig scheint, besteht darin, daß die Eigenthümer sich diejenigen Servituten gefallen lassen müssen, durch welche den

*) Z. B. von der östreichischen.

Uebrigen die Benutzung möglich gemacht wird, z. B. Wege u. dergl., oder diejenigen, die schon vorher dritten Personen zustanden, so lange sie nicht abgelöst sind, und soweit sie ihren Antheil betreffen. Die Antheile selbst sind natürlich gleich und zusammenhängend zu bestimmen; der Mangel an der Güte muß durch Vergrößerung der Fläche ausgeglichen werden; jeder hat einen Antheil in Anspruch zu nehmen, der denen der Uebrigen am Werthe gleich ist.

V.

Die Kirche, der Adel und das Lehnwesen in ihrem Einflusse auf den Landbau.

Bei Entfernung der bisher erörterten Hindernisse einer besseren Bodenbenutzung hat man nicht eben mit widerstreitenden Rechten und Interessen zu kämpfen. Vorurtheile mögen zu beseitigen sein, aber der Staat bewegt sich im Gebiete des öffentlichen Rechts, und seine Gesetzgebung wird weniger durch die Schranken des Privatrechts beengt. Aber es giebt noch andere Verhältnisse, die schon mit zarterer, vorsichtigerer Hand berührt sein wollen, damit nicht der Eifer für das Volkswohl die Gerechtigkeit, als dessen sicherste Grundlage, verletze.

Leider kann gerade bei der Art von Besitzungen, bei welcher die nationalökonomischen Nachtheile ihres bisherigen Zustandes am Grellsten hervortreten, eine bloße Zulassung, eine Herstellung der natürlichen Freiheit nicht ausreichen, da in den Eigenthümern derselben sowohl der Wille, sie in dem bisherigen Umfange unverändert zu erhalten, als auch die Kraft lebt, diesen Vorsatz zu behaupten. Dies trifft alle Besitzthümer, die in den Händen von ewigen Stiftungen, von Corporationen, von sogenannten moralischen Personen sind. Sie alle, ihren Ursprung meist aus den Zeiten herleitend, wo nur im Grundbesitz Vermögen und Sicherheit lag, waren bei ihrer Gründung meist nur mit Grundbesitz ausgestattet worden, der die Grundlage ihres Einkommens bildete, und dessen Erhaltung ihnen häufig durch innere Statute zur Pflicht gemacht ward. Nun haben sich freilich die

Verhältnisse zum Theil so geändert, daß diese Eigenthümer recht wohl berechnen können, eine Veräußerung ihrer liegenden Gründe werde ihnen ein Capital liefern, dessen Zinsen vielleicht selbst den möglichen Ertrag derselben, jedenfalls aber den Ertrag ungleich übersteigen würden, den sie daraus ziehen können. Denn die Besitzthümer, von denen ich hier spreche, sind durchgängig die am Schlechtesten Bewirthschafteten. Sie sind meist verpachtet, dann aber weder zu den vortheilhaftesten Bedingungen für den Eigenthümer, noch unter einigermaaßen strenger Controlle. Und auch die Selbstbewirthschaftung muß hier noch schlechtere Resultate bieten, als irgendwo. Denn auch sie kann nur durch Agenten, durch Fremde geschehen. Die Eigenthümer haben weder Einsicht in das Geschäft, noch haben sie das lebendige Interesse des Privatmanns. Sind sie doch nur vorübergehende Nutznießer und brauchen sie doch, wenn sie wissen, daß während ihrer Lebenszeit ein Mangel nicht zu besorgen ist, nicht ängstlich für die Zukunft und für das Schicksal ihrer Nachfolger zu sorgen, an die sie nicht die Bande der Familienliebe ketten. Wenn nun solche Eigenthümer gleichwohl abgeneigt sind, ihre schlecht benutzten Grundstücke gegen vortheilhaftere Werthsummen zu vertauschen, so liegt der Grund theils in derselben Indifferenz, die zum Theil den schlechten Ertrag der Güter bedingte, theils in dem jeder Corporation eigenthümlichen zähen, allen Reformen, allen durchgreifenden Maaßregeln abgeneigten Geiste, theils in der Ueberzeugung von der größeren Sicherheit des Grundbesitzes. Letztere Rücksicht muß um so mehr den Sieg über die Aussicht eines größeren Gewinnes davon tragen, je weniger in der Regel die Glieder der Corporation ein eignes Interesse an diesem Gewinne haben, der ja meist nicht ihnen, sondern dritten Personen, denen, die vielleicht noch in die Gemeinschaft aufgenommen werden könnten, oder gar erst ihren Nachfolgern zu Gute kommt. Bei Capitalien ist allerdings die Gefahr des Unterschleifes, der Beraubung, des offenbaren Verlustes ungleich größer, als bei Grundbesitzungen, bei denen, besonders wenn sie verpachtet sind, sich in der Regel nur ein entgehender Gewinn berechnen läßt, der selten beachtet wird. Kommt dazu, daß viele dieser Corporationen ein leicht erklärliches und nicht selten gerechtfertigtes Mistrauen in sich selbst setzen, daß sie fürchten, die Zeit werde nicht immer geneigt sein, die Nothwendigkeit und Nützlichkeit ihrer Zwecke und noch weniger der ihnen zur Befriedigung dieser Zwecke zustehenden Mittel anzuerkennen, man werde vielmehr versucht sein, die in ihren Händen befindlichen Mittel im Falle der Noth andern Zwecken, die als dringender erscheinen, zu opfern, und diese Versuchung werde doppelt locken, wenn ihre Besitzthümer nicht in Grundeigenthume, sondern in Capitalien, Renten, baaren Einkünften beständen.

Unter diesen moralischen Personen nimmt, schon wegen der Ausgedehntheit ihrer Besitzungen, die Kirche den ersten Rang ein. In der Zeit, wo die Kirche nicht die unsichtbare Gemeinschaft der Gläubigen, die innere Kette der Stillen und Frommen, nicht das Werkzeug des Staats zur Erhaltung der Frömmigkeit und Sittlichkeit im Volke, sondern eine herrschende, selbstständige Gewalt war, die große, auf alle Zukunft und auf alle Beziehungen des Lebens ausgedehnte Pläne verfolgte, und nicht bloß im Reiche der Geister zu herrschen, sondern auch ein weltliches Reich zu gründen strebte, war, wie schon früher gezeigt ward, Grundbesitz die Quelle der Macht. Auf Erwerbung von Grundbesitz mußte daher das erste Streben einer Gewalt gerichtet sein, die eine rastlose Erweiterung ihrer Macht im Sinne hatte. Da sie nun aber aus zahllosen Theilen bestand, die alle durch das große Gewebe der Hierarchie zu einem unzertrennlichen Bunde vereinigt waren, da ihre Agenten über die ganze christliche Erde sich verbreiteten und gleichzeitig in allen Ländern ihre Pläne verfolgten, so konnte das Grundeigenthum der Kirche zwar nicht auf einen Punkt sich zusammendrängen, aber es müßte überall verstreut sich rastlos erweitern. Wo eine Kirche, ein Kloster, eine Kapelle bestand, da wirkten auch geschäftige Priester auf die frommen Seelen, um, gegen das Versprechen der Fürbitten und Seelmessen, die schönsten Felder,

Wiesen und Waldungen als freies Geschenk für die Mutter Kirche zu erwirken. Kein Reicher kam in Bedrängniß, der nicht den Schutz, die Hülfe, die Vergebung der Kirche durch Abtretungen von Grund und Boden erkaufte. Kein Mächtiger mochte auf Dauer seines Glückes, auf Erweiterung seiner Größe rechnen, der nicht die Kirche durch gleiche Mittel zur Freundin gewonnen, oder wenigstens zur Neutralität vermocht hatte. Wie ein unermeßlicher Polyp streckte die Kirche ihre tausend und aber tausend Glieder aus, jedes Einzelne sammelte sich seine Kräfte, genoß sie, wuchs und gedieh, und mit ihm zugleich die Größe und das Gewicht der Gesammtheit. Der Geist, der dieses Riesengebild beseelte, hatte weit hinaus gegriffen über die engen Schranken des Menschenlebens. Die Jahrhunderte bauten an dem Werke. Was einmal in die Hände der Kirche gelangt war, das sah man für immer dem Verkehre entrückt, das war ihr verfallen, dem Staat und den Privaten entzogen. Darum nannte man die Kirche als Grundbesitzerin die todte Hand; eine Hand, die nur nimmt, aber unkundig zu geben ist, die sich schließt, aber niemals öffnet, die empfängt, aber nie erstattet. Darum setzten die Staaten aber auch, sobald sie zum Bewußtsein ihres Seins und ihrer Bestimmung gelangt waren, dem Abgrunde, der alles Grundeigenthum in seinen unersättlichen Schlund zu begraben drohte, einen Damm entgegen, indem sie die weitere Erwerbung von Grundeigenthum durch die Kirche und die ihr angehörigen Anstalten verboten. Dies konnte das noch weitere Umsichgreifen des Uebels verhindern, das schon vorhandene Unheil aber ward dadurch nicht gemildert. Eine bessere Gelegenheit, den Uebelstand zu entfernen, hatten diejenigen Staaten, die sich der Kirchenverbesserung anschlossen. Denn eine Folge, hier und da sogar eine mitwirkende Ursache, dieser großen moralischen Umwälzung war eine allgemeine Säcularisation der solchen kirchlichen Anstalten angehörigen Güter, die mit der Verdrängung des Katholicismus ihren Zweck und Grund verloren hatten. Doch damals ging man theils von politischen, theils von finanziellen Gründen aus; staatswirthschaftliche Rücksichten lagen den damaligen Regierungen nicht nahe. Die Macht der Kirche zu brechen, der Hierarchie den Grundbesitz zu entziehen, dann auch für sich einen Gewinn zu machen, aus diesem Gesichtspunkte handelten die reformirenden Fürsten. Kam dazu, daß auch der sie umringende Adel Anspruch auf Fortdauer der Vortheile machte, die ihm bisher einzelne reich dotirte kirchliche Anstalten gebracht hatten. Folglich beschränkte sich die Maaßregel größtentheils auf Einziehung des den Klöstern, als künftig ganz unbrauchbaren Instituten, gehörigen Vermögens, und dieses ward theils zur Unterstützung von Schulen und Universitäten verwendet, dann aber, nach damaliger Zeitsitte, unter geistlicher Verwaltung gelassen, theils zu dem fürstlichen Vermögen gezogen, also in Domainen verwandelt, hier und da auch, namentlich an Stadträthe, veräußert, folglich den Commungütern zugeeignet. In den Privatverkehr ist das Wenigste gekommen; die Fessel ward etwas gelöst, die Verwaltung etwas gebessert, etwas Durchgreifendes war nicht geschehen. Die großen Stifter für Domherrn oder Edelfräulein, ihrer kirchlichen Bestimmung ohnehin schon so ziemlich entfremdet, blieben als Versorgungsanstalten des protestantischen Adels, und bewahrten eine wenigstens formelle politische Bedeutung. Die Unterhaltungskosten des Kirchendienstes ließ man, in einer Zeit, die den öffentlichen Bedarf noch immer aus eignen Mitteln der Staatsverwaltung zu bestreiten liebte, auf Grundeigenthum begründet. Freie Wohnung in eignen Pfarrhäusern, Holzdeputate, Naturallieferungen und der Ertrag der Pfarräcker blieben, neben den Stolgebühren, die Quellen der geistlichen Einkünfte.

Immer hat das Verhältniß in katholischen und protestantischen Ländern seine verschiedene Seite, und löst sich in verschiedene Fragen auf. Das Uebel ist in jenen größer, und man hat zuvor zu bedenken, wie man wirkliche Gefahr beseitigen wolle, ehe man auf Rücksichten der bloßen Nützlichkeit achten kann. Denn dort ist noch immer das in den Händen der Kirche befindliche Grundeigenthum so beträcht lich, daß in einigen Ländern eine Hauptquelle der Noth in der Thatsache zu suchen ist, die einen umfangreichen Theil des Grund und Bodens dem Verkehre entzogen, unter eine schlechte Verwaltung und in das Eigenthum einer Corporation gebracht hat, deren vernünftige Zwecke durch viel geringere Mittel zu erreichen wären. Denn das ist allerdings das Schlimmste, daß in jenen Staaten die Kirche eine Menge Anstalten in ihrem Schooße hat, deren Bestehen weder nützlich noch nöthig ist, die aber einen beträchtlichen Theil des Nationaleinkommens verzehren. Der Staat mag und muß es sich gefallen lassen, daß Einzelne seiner Angehörigen von ihrem erworbenen oder ererbten Vermögen einen Gebrauch machen, den die strenge Vernunft verwirft. Sie thun es auf ihre Gefahr, sie schalten mit ihrem Eigenthume; es sind vorübergehende Erscheinungen, und zum Ersatz für einen Verschwender findet sich immer auch wieder ein Uebersparsamer. Aber daß ewige Anstalten in seiner Mitte bestehen, die einen beträchtlichen Theil des Grundcapitals der Nation dem Verkehre entziehen, und seine Früchte nutzlos vergeuden, das zu dulden ist er nicht verpflichtet. Darum ist er allerdings durch das Gebot des öffentlichen Wohls berechtigt, Anstalten dieser Art aufzuheben*) und ihr Eigenthum zu einem gemeinnützigen Zwecke zu verwenden. Wo jedoch die Glaubensansichten der Regenten oder der Regierten eine solche Maaßregel vor der Hand unthunlich erscheinen lassen, da gebietet doch die Rücksicht auf das materielle Wohl des Volks auf das Dringendste, das Uebel wenigstens soweit als möglich zu mildern. Will man auch den Zwecken jener Anstalten noch ferner Befriedigung gönnen, so kann man doch soviel annehmen, daß dazu überreichliche Gelegenheit geboten sei, kann folglich die Bildung neuer ähnlicher Anstalten auf das Strengste verbieten und hindern. Und wenn man auch die Heiligkeit jener Zwecke anerkennt, so braucht man damit noch nicht einzuräumen, daß auch die Mittel zu ihrer Befriedigung ebenso heilig seien. Selbst ohne das Einkommen

*) Auf einmal, oder milder durch Aussterbenlassen der Mitglieder, unter Verbot der Aufnahme Neuer.

der Anstalten im Geringsten zu schmälern, mag man doch dieses Einkommen auf andere Quellen anweisen, als auf Grundeigenthum. Kein Institut hat das Recht, seine Zwecke auf gemeinschädliche Weise zu befriedigen. Der Staat wird also zunächst unbedingt verpflichtet sein, die fernere Erwerbung von Grundeigenthum durch solche Anstalten zu verbieten und dieses Verbot mit aller Strenge aufrecht zu erhalten. Er wird ferner nicht nur diesen Instituten die allgemeine Erlaubniß zur Veräußerung des Grundeigenthums zu ertheilen, sondern auch alle Schwierigkeiten, die mit diesem Geschäfte verbunden sein könnten, möglichst zu entfernen haben. Eine Nachweisung über die Anwendung des Kaufpretiums wird er nur dann verlangen, wenn die Bestimmung des Institutes auch ihm wichtig ist, während im Gegenfalle die Controlle der Theilnehmer genügen kann und er diesen nur da zu Hülfe zu kommen hat, wo sie seine Gesetze zum Schutze gegen betrügerisches Verfahren ihrer Vorsteher anrufen. Er wird endlich berechtigt sein, und in vielen Fällen sollte er sich für verpflichtet halten, auf die Veräußerung des Grundeigenthumes zu dringen. Letztere Maaßregel kann sich auf den ganzen Umfang desselben, oder auf einzelne Theile, auf den bloßen Ueberfluß erstrecken, wiewohl es am besten ist, ihr die möglichste Ausdehnung zu geben, muß aber natürlich mit Umsicht und allmälig geleitet werden. Den Plan dazu hat der Staat vorzuzeichnen. Ueber die Aufhebung der Institute selbst zu entscheiden, das ist die Sache eines anderen Theiles der Politik.

In den protestantischen Staaten findet das hier Gesagte auf die Stifter eine um so vollständigere Anwendung, je weniger diese nachweisen können, daß sie die von der Vorzeit überlieferten Mittel zur Befriedigung derselben Zwecke verwenden, zu denen ihre Gründer jene Güter bestimmt hatten. Sie sind der stiftungsmäßigen Bestimmung nicht treu geblieben; sie haben unter Connivenz des Staats eine andre erkoren; nun so müssen sie es sich auch gefallen lassen, daß ihnen der Staat eine neue und höhere anweist. — Beiden Confessionen eigenthümlich ist das System, das auch die vernünftigen Mittel zur Befriedigung der wahrhaften kirchlichen Zwecke: die Unterhaltung der Geistlichen, in vielen Beziehungen auf Grundeigenthum anweist. In katholischen Ländern häufiger als in protestantischen kommt es noch vor, daß die einzelnen Kirchen oder Kapellen selbst im Besitz von Grundeigenthum sind, dessen Ertrag weniger der Besoldung der Geistlichen, als der immer reicheren Dotirung der Kirche, der Ansammlung und Erhaltung eines Kirchenschatzes, der Verzierung der Heiligenbilder, dem Prunke kirchlicher Feierlichkeiten gewidmet ist. Von diesem Grundbesitze gilt das Obenerwähnte. Hier pflegt überdem die Controlle noch nachlässiger zu sein, da das Interesse geringer ist als bei Gütern, die zur Unterhaltung einer Corporation bestimmt sind. — Aber schwieriger und bestrittener ist die Frage in Bezug auf die Grundstücke, deren Ertrag in den Nutzen der Geistlichen verwendet wird und die vielleicht von ihnen selbst bewirthschaftet werden. Hier handelt es sich um einen ungemein wichtigen und heiligen Zweck, dessen Gefährdung allerdings die Quelle des größten Unheils sein würde; es werden vielfache und achtungswerthe Interessen berührt; die Vertheidiger des bisherigen Zustandes behaupten, nicht bloß die Rücksicht auf die Sicherheit der Einkünfte spreche für die Beibehaltung des Grundbesitzes, sondern auch andre Gründe der Zweckmäßigkeit. Man meint, es sei wichtig für den Geistlichen, ein möglichst unabhängiges Einkommen zu haben; sein Ansehen, die Würde seines Standes werde verlieren, wenn er nur von Beiträgen der Gemeinde lebe; er werde zu verderblicher Nachsicht und Nachgiebigkeit versucht werden; er werde in Bedingungen willigen, die der Kirche, ihm und seinen Nachfolgern schadeten; bei der ohnehin sichtbaren Lauigkeit gegen das religiöse Princip sei es zu besorgen, daß die Gemeinden in der Zeit der Noth dem Geistlichen jedes Einkommen abschnitten, was nicht auf so fester Basis beruhe, wie das Grundeigenthum; hinge er bloß von Beiträgen der Gemeinde ab, so wäre er im Kriege, bei Theurung und ähnlichen Unfällen aller Hülfe beraubt, während die Pfarräcker eine nicht zu verwüstende Hülfsquelle darböten; bei baarer Besoldung seien die Geistlichen der Plusmacherei ausgesetzt. Gemeinden, und selbst der Staat, könnten Bankerott machen; die bisherige Besoldungsweise sei den Landleuten lieber, die nichts so sehr scheuten, als baare Geldentrichtungen; die Hausbedürfnisse des Geistlichen könne er nicht wohlfeiler erwerben, als wenn er sie selbst erbaue; viele Geistliche müßten Pferde halten, was ihnen viel theurer kommen würde, wenn sie keine Wirthschaft hätten; die Pfarräcker würden überdem nicht schlechter bestellt, als andre, und ein kenntnißvoller Geistlicher könne durch sein Beispiel, durch gemachte Erfahrungen auch in ökonomischer Hinsicht vortheilhaft auf seine Umgebungen wirken. — Dieser Argumentation setzt man aber nicht unerhebliche Gründe entgegen. Man meint, bei der Bewirthschaftung der geistlichen Güter bleibe nur die Wahl zwischen einem antinationalökonomischen und einem der Würde des geistlichen Standes unangemessenen Verfahren. Denn entweder sei der Geistliche seinem Berufe treu ergeben; dann müsse er die Güter verpachten oder nachlässig bewirthschaften. Oder er sei mehr Landwirth als Religionslehrer; dann verfehle er nicht nur seine Bestimmung, sondern thue auch dem Ansehen seines Standes fühlbaren Eintrag. Eine Vereinigung beider Eigenschaften sei eine so seltene Ausnahme, daß eine allgemeine Einrichtung unmöglich darauf berechnet werden könne. Der Geistliche sei berufen, das Vorbild und der Lehrer seiner Gemeinde in Sittlichkeit, Tugend und geläuterter Frömmigkeit, nicht aber in theoretischer und praktischer Landwirthschaft zu werden. Man könne es vielleicht nützlich finden, wenn die Geistlichen befähigt wären, gewisse Kenntnisse unter dem Landvolke zu verbreiten, von denen sie zur Zeit auf den Dörfern die alleinigen Inhaber wären, wie z. B. in politischer, juristischer, medicinischer Hinsicht. Aber um als Vorbild in ökonomischer Beziehung zu dienen, dazu brauche man auf dem Lande die Geistlichen am Wenigsten aufzufordern. Uebrigens habe aber die bisherige Besoldungsweise vielfache Nachtheile für die Geistlichen selbst. Wären die Pfarräcker verpachtet, dann müßten die Geistlichen ebendeshalb auf einen Theil des ihnen angewiesenen Nutzens verzichten; sie würden, wären die Grundstücke veräußert worden, eine höhere Einnahme aus den Zinsen des Kaufpretiums ziehen, als das bisherige Pachtquantum beträgt; sie sähen sich überdem der Nothwendigkeit, Pachterlasse zu bewilligen, den Betrügereien der Pächter, der Theilnahme an Kriegsschäden und sonstigen Unglücksfällen und der Gefahr ausgesetzt, in Prozesse und Streitigkeiten verwickelt zu werden. Eine Verschlechterung der verpachteten Güter sei um so mehr zu besorgen, je weniger der Geistliche persönliches Interesse daran habe, ihr entgegen zu wirken. Die Selbstbewirthschaftung aber lasse ein noch weit ungünstigeres Resultat befürchten, sei mit der Stellung und den sonstigen Pflichten des Geistlichen nur in sehr seltenen Fällen vereinbar, bewirke, daß seine Einnahme von guten oder schlechten Erndten, von reichem Ertrage oder Miswachs abhängig werde, bedrohe ihn in Kriegen, bei Feuersgefahr und dergl. mit gänzlichem Ruin, und führe bei jedem Amtswechsel eine reiche Fülle von Unannehmlichkeiten für den Vorgänger oder dessen Erben und den Nachfolger herbei, da letzterer zur Auszahlung einer bedeutenden Summe für das nothwendige Wirthschaftsinventarium veranlaßt werde, die er in der Regel aus eignen Mitteln beizuschaffen außer Stande sei. Weit gefehlt, daß die Einnahme aus Grundeigenthum den Vorzug der Sicherheit habe, sei sie im Gegentheil ungleich weniger sicher, als eine regelmäßige Besoldung; denn es gehen ihr die beiden Haupteigenschaften der Gleichmäßigkeit und Bestimmtheit ab. Die baare Besoldung sei auf Gesetz und Recht gegründet, mithin unerschütterlich wie diese. Das Einkommen aus Grundstücken aber hänge von Verhältnisstn ab, für die kein Staat und keine Einrichtung Bürgschaft leisten könne. Der Ertrag der Aecker, die Umstände, die auf Produktion und Consumtion wirken, der Preis des Getreides, der Gang des Verkehrs, dies Alles trage dazu bei, jene Einnahmen bald hoch, bald niedrig zu gestalten. Wahrhaft lächerlich sei die Abneigung der Geistlichen, ihre Einnahme auf baare Entrichtungen aus Gemeinde- oder Staatskassen begründet zu sehen. Denn dadurch wurden sie ja nur auf eine und dieselbe Stufe mit allen übrigen Gemeinde- und Staatsbeamten gesetzt, deren Zwecke nicht minder wichtig wären und die ihren Vortheil ebensogut verständen, wie sie. Würde man aber nicht denjenigen für wahnsinnig erklären, der den Vorschlag machte, zur Besoldung sämmtlicher Beamten Grundeigenthum auszuwerfen? Man erblicke immer einen allgemeinen Staatsbankerott im Hintergrunde. Ein solches Ereigniß in dem Sinne, wo die Zahlung aller Gehalte aufhörte, wäre nur in Folge einer Alles umstürzenden Revolution auf kurze Zeit denkbar. Bei einer solchen würden aber auch die Pfarräcker nicht gesichert sein, und die Erfahrung habe gelehrt, daß eine allgemeine Einziehung der geistlichen Güter gerade ein Haupttheil der revolutionären Maaßregeln gewesen sei. Dagegen könnten die Geistlichen sicher sein, daß, so lange man das Predigeramt noch für ein nöthiges und nützliches halte, und so lange sich nicht Personen in Menge fänden, die es auf gleich würdige Weise umsonst versähen, der Staat und die Gemeinden sich nicht entbrechen würden, die erforderlichen Mittel zum standesmäßigen Unterhalt der Männer zu verwilligen, die einem so heiligen und wohlthätigen Berufe sich widmeten. Freilich dürfe das geistliche Einkommen nicht von der beschränkten Einsicht einzelner Gemeinden abhängig gemacht werden; die vielleicht nach Gunst oder Ungunst bei dessen Festsetzung verführen, bei jedem Amtswechsel auf entwürdigende Weise mit dem Nachfolger über eine Verringerung der Einnahme handelten, bei Selbstbesetzung die Stelle dem Wohlfeilsten gäben, und da wo der Geistliche am Meisten zu thun hat, bei einer verwilderten Gemeinde nehmlich, am Wenigsten geneigt wären, ihm einen hinlänglichen Lohn für seine saure Arbeit zu bieten. Vielmehr sei dies eine Sache, die unter Einfluß und Controle des Staats zu leiten sei und Sache der obern geistlichen Behörden wäre es, darauf zu halten, daß das mit dem Seelsorgeramte verbundene Einkommen ein dem Wirkungskreise entsprechendes bleibe. Diese würden auch ihrer Pflicht genügen, so lange in den Behörden des Staats noch die Ueberzeugung lebe, wie Gottesfurcht und Sittlichkeit die wahren Grundfesten des öffentlichen Wohls seien. Wäre diese Ueberzeugung in den Herzen des Volks und der Lenker des Staats verschwunden, dann würden auch die Pfarräcker keine Sicherheit mehr darbieten. Daß die Landleute baaren Abgaben abhold wären, das könne hier gar nicht in Betracht kommen. Denn es handele sich nicht um Einführung einer neuen Abgabe, sondern um Veräußerung der Pfarrgüter und Besoldung der Geistlichen aus den Nutzungen des gewonnenen Kaufpretiums. Die übrigen angeführten Nebenvortheile des bisherigen Systems wären wenigstens nicht erheblich genug, um seinen großen Gebrechen die Wage zu halten. Das Halten eigner Pferde sei nicht selten, unter nicht unbedeutendem, wenn auch nicht immer gehörig berechnetem Aufwande, erst durch die Wirthschaft unnöthigerweise veranlaßt worden. Der Geistliche habe Pferde gehalten, weil er einmal die Wirthschaft gehabt und deshalb die Kosten nicht so gemerkt habe. Wo es aber wahrhaft nöthig sei, da ließe sich leicht ein Abkommen treffen, wonach die Geistlichen sich mit Gemeindegliedern darüber verständigten, daß diese ihnen zu jeder Zeit ihre Pferde bereit hielten. So hätten es ja ohnehin schon viele Geistliche gehalten, die ihre Felder nicht selbst bewirthschaftet oder keine gehabt hätten. — Uebrigens sei es allerdings passend, daß auf dem Lande*) den Pfarrern eine freie Wohnung in eignen Pfarrhäusern verbleibe, da hier die Gelegenheit zur Ermiethung geeigneter Locale nicht vorhanden und von dem Verkauf der bisherigen Wohnungen kein bedeutender Erlös zu erwarten sei. Und so möge es auch zweckmäßig scheinen, bei diesen Pfarrwohnungen einen größeren Garten zu lassen, damit der Geistliche durch Gemüsebau und Obstzucht eine Erleichterung bei Anschaffung seiner

*) In den Städten dagegen erkennt man die Veräußerung der geistlichen Wohnungen als nützlich. Hier kann man davon schon einigen Ertrag erwarten. Die Geistlichen haben Gelegenheit, gegen ein angemessenes Miethsquantum, sich eine bequemere und annehmlichere Wohnung zu verschaffen. Die Stadt aber erspart die Kosten der Instandhaltung, die den Grund zur Verarmung des städtischen Kirchenvermögens gelegt haben.

häuslichen Bedürfnisse und überhaupt im Gartenbau eine angenehme und der Gesundheit zuträgliche, seinen Geschäften aber in keiner Weise hinderliche Beschäftigung finde. Der Feldbau aber sei Sache des Landwirths und nicht des Pfarrers.

Hat man, in Anerkennung des Gewichtes dieser Gründe, sich für die Veräußerung der Pfarrgüter, oder wenigstens für deren Uebernahme gegen Auswerfung einer ständigen Besoldung für die Geistlichen, entschieden, so entsteht nun freilich die Frage, ob die einzelnen Gemeinden, oder der Staat, das Risiko dieses Geschäfts und dessen Vertretung zu übernehmen haben. In den meisten Fällen sind diese Güter, als ursprüngliches Gemeindeeigenthum, oder wenigstens als mit Rücksicht auf die Unterhaltung des Seelsorgers der Gemeinde abgetretenes Privateigenthum zu betrachten; nur in seltenen Fällen dürfte ein öffentlicher Ursprung derselben nachzuweisen sein; die geschichtliche Entwickelung unsers Volkslebens hat überdem die Unterhaltung der einzelnen Pfarrstellen mehr zur Sache der Gemeinden, als zu der des Staats gemacht. Der Staat wird sich kein Eigenthumsrecht an diesen Grundstücken zuschreiben können. Nun käme zwar auch darauf weiter nichts an, sobald der Staat die Gesammtmasse jener Güter übernähme und sich dafür anheischig machte, für die Besoldung der Geistlichen zu sorgen. Die Geistlichen würden dann sicherer gestellt, und die Gemeinden hätten sich über keine Beeinträchtigung zu beschweren. Es würde dies auch jedenfalls eine größere Einheit und Gleichmäßigkeit in der allgemeinen Anordnung vermitteln. Doch steht eine Bedenklichkeit entgegen. Es dürfte nehmlich bei einer solchen Einrichtung nur zu leicht die ursprüngliche Dotation der einzelnen Stellen in Vergessenheit kommen. Nun hat aber doch jede Gemeinde das Recht, zu verlangen, daß der Ertrag der bisher ihrer Pfarre zugehörig gewesenen Grundstücke auch künftig dieser vollständig, und nur ihr allein zu Gute komme. Würden auch die übrigen geistlichen Gefälle, Stolgebühren und dergl allmälig in eine stehende Abgabe verwandelt, würde das Einkommen der Geistlichen gleicher vertheilt, so behielte immer die Gemeinde, mit deren Pfründe ein bedeutendes Pfarrgut verbunden war, den Anspruch, in geringerer Maaße zu dieser Abgabe beigezogen zu werden. Die Besorgniß aber, dieser Maaßstab könne sich allmälig verwischen, dürfte gegen die ganze Maaßregel Mißtrauen und Abneigung einflößen. Entweder müssen also hier sehr starke Garantieen geboten, oder die Operation muß den einzelnen Gemeinden überlassen werden, so daß diese ermächtigt sind, gegen sichre Auswerfung einer dem bisherigen bei landüblicher Bewirthschaftung natürlichen*) Einkommen entsprechenden baaren Entrichtung, die Pfarräcker zu reclamiren und mit ihnen nach eigenem Ermessen zu verfahren. In diesem Falle müßte aber der Staat die Oberaufsicht über das Geschäft insofern übernehmen, als er verpflichtet ist, sowohl den einzelnen betreffenden Geistlichen gegen jede Rechtsverletzung, jede Schmälerung seines ihm zugesicherten Einkommens, als auch die geistlichen Stellen an sich gegen eine ungebührliche Verringerung ihrer Dotirung zu schützen und dafür zu sorgen, daß diese immer mit einer angemessenen**) Besoldung versehen und daß den einzelnen Geistlichen die zugesicherten Besoldungen unverkürzt gewährt werden.

Standen auch diese Verhältnisse dem Privatrechte näher, als die früher erörterten, so war dennoch dem Staate ein Einschreiten in ihre Anordnung durch die bevormundende Stellung, in welche er in neuerer Zeit über die Kirche gekommen ist, erleichtert. Kirche und Schule bedürfen seines Schutzes und seiner Hilfe; beide mag er ihnen nur unter Bedingungen gewähren. Auch springt das Nachtheilige des bisherigen Verhältnisses sichtbar in die Augen,

---

*) Nicht dem bisher durchschnittlich wirklich bezogenen. Denn die Geistlichen, und nicht die Gemeinden sollen bei der Operation gewinnen, letztere wenigstens nicht unmittelbar.

**) Die unter den Geistlichen sehr gewöhnliche Ansicht, daß ein bestimmtes Pfarramt fortwährend mit einem für alle Zukunft unveränderlichen Einkommen versehen sein müsse, ist allerdings widersinnig. Denn aller Lohn muß sich nach der Arbeit bestimmen. Aber sie war bei der bisherigen Besoldungsweise, wo alles von zufälligen, auf Herkommen und Privatrechtstiteln beruhenden Gefallen abhing, sehr erklärlich.

und die Rücksicht auf das Gemeinwohl giebt ihm einen unwidersprechlichen Rechstitel. — Schwieriger werden die Hindernisse zu beseitigen sein, die, aus den Adelsverhältnissen des Mittelalters herstammend, durch aristokratische Tendenzen der Gegenwart aufrecht erhalten werden.

Es war ein charakteristisches Merkmal des germanischen Adels, daß ihm das Streben inwohnte, die Macht der edlen Geschlechter auf jede Weise zu erhöhen und zu befestigen, geschehe dies auch auf Kosten der einzelnen Glieder derselben. Nicht das Glück der zu einem Geschlechte gehörigen Individuen, sondern der Glanz der Familie selbst ward gefördert. Nun hatte man frühzeitig Gelegenheit gehabt, zu bemerken, daß ursprünglich reiche und mächtige Geschlechter, die durch fortwährende Erbtheilungen ihre Kräfte zersplittert hatten, allmälig von ihrer früheren Höhe herabsanken, an Bedeutung verloren, endlich eine willkommene Beute der Klügeren und Stärkeren wurden. Dagegen schwangen diejenigen Dynasten sich frühzeitig zu fürstlicher Gewalt empor, die zuerst den Grundsatz der Untheilbarkeit ihrer Besitzungen aussprachen und bewahrten. Was in den höheren Kreisen des Lebens sich so wirksam bewährte, das ahmte auch der mittlere und niedere Adel mit Eifer nach, und der Grundherr, der ein umfangreiches Besitzthum in seinen Händen vereinigt und zu seiner freien Verfügung gestellt sah, glaubte am Besten für das Gedeihen seines Hauses gesorgt zu haben, wenn er durch testamentarische Erklärung für ewige Zeiten hinaus die Untheilbarkeit und Unveräußerlichkeit desselben aussprach und so die Erreichung des damals so hoch gehaltenen Zweckes verbürgte, daß das Gut nicht aus der Familie komme. Es geschah dies gewöhnlich durch Stiftung von Familienfideicommissen, wodurch der Grundsatz der Unveräußerlichkeit garantirt wird, und unter der Form der Majorate, wodurch eine jede Theilung des Guts verwehrt, vielmehr das Eigenthum desselben allemal nur Einem aus der Familie, und zwar dem mit dem letzten Besitzer dem Grade nach am nächsten verwandten und unter gleich nahen Verwandten dem früher geborenen Agnaten übertragen wird; mit Ausschluß also der Nachgebornen. Dieses Streben nun war in der früheren Zeit natürlicher und zugleich unbedenklicher als jetzt. Natürlicher aus der schon oft erwähnten Thatsache, daß damals Grundbesitz die Bedingung der Macht, daß die Vereinigung umfangreicher Besitzungen in einer Hand das sicherste Mittel war, sich auf eine höhere Stufe zu schwingen, und daß allen angeseheneren Geschlechtern die lockende Aussicht winkte, durch kluges Zusammenhalten ihrer Kräfte zu derselben Unabhängigkeit und Machtfülle zu gelangen, auf der sich einzelne Geschlechter behaupteten, die vorher auch nur ihres Gleichen gewesen waren. Unbedenklicher, weil die damalige Zeit in ihren Klöstern, Stiftern und Ritterorden zahlreiche Gelegenheiten bot, die Nachgebornen auf eine ehrenvolle und annehmliche Weise zu versorgen. Mit Stiftsstellen, Priesterwürden und geistlichen Ritterorden war das Gelübde der Ehelosigkeit verbunden. Folglich breiteten sich die Geschlechter nicht so aus, und die in den geistlichen Stand getretenen Söhne gründeten keine Familie und erweckten keine Nachkommenschaft, für die gleichfalls zu sorgen gewesen wäre. Jene Verhältnisse haben sich verändert. Das ausschließliche Uebergewicht des Grundbesitzes ist rettungslos verschwunden, und vergebens bemüht sich eine vorurtheilsvolle Politik, ihm in Einrichtungen eine künstliche Basis zu leihen, die es nicht mehr in der Natur der Dinge findet. Der Geldreichthum, das durch Glück begünstigte Talent, der Staatsdienst, stellen sich neben den Grundherrn und kämpfen mit ihm um dem Vorrang. Auch jene Erleichterung des Verhältnisses bietet sich nur noch hier und da und in geringerem Umfange dar. Die Familienbande sind lockerer geworden und der Nachgeborne tröstet sich nicht mit dem Glanze des Hauses, wenn er im Elend darbt, während sein Bruder dem Zufall früherer Geburt das Glück verdankt, im Ueberflusse zu schwelgen. Die Versorgung der nachgebornen Söhne erfolgt nicht mehr wie früher, bloß auf Kosten des Volks, sie geschieht zum offenbaren Nachtheil desselben. Da der Pfründen und Sinecuren nur noch wenig sind, so müssen die enterbten Söhne großer Familien in

Staatsämter eingeschoben werden, die mit Geschäften, mit Rechten und Pflichten verbunden sind und deren Besetzung ein Unheil ist, sobald sie von einem andern Gesichtspunkte ausgeht, als von dem des Verdienstes.

Die Nachtheile dieser Einrichtungen sind nun doppelter Art. Einmal — und streng genommen gehören nur diese hierher — wenn die Zahl solcher geschlossenen Besitzungen so groß und ihr Umfang so beträchtlich ist, daß sie als ein wesentliches Hinderniß einer besseren Bodenbenutzung erscheinen. Theils legt vielleicht die Ausgedehntheit der Güter ihrer zweckmäßigen Bewirthschaftung unübersteigliche Hindernisse in den Weg. Theils bewirkt die Unveräußerlichkeit derselben, daß es dem Nutznießer schwer, in vielen Fällen unmöglich wird, die Capitalien zu entlehnen, die er zur entsprechenden Benutzung braucht. Ist einmal das baare Vermögen des Majoratsherrn erschöpft, so sieht er sich oft, unter dem Scheine des größten Reichthums, in die bedenklichste Lage versetzt, der Mittel sich zu helfen beraubt und außer Stande, sein Gut vor gänzlicher Deterioritung zu bewahren. Ist nun diese Erscheinung in einem Staate in einem bedenklichen Grade vorhanden, so wird es Pflicht der Gesetzgebung sein, zunächst dem weiteren Umsichgreifen des Uebels einen Damm durch Verbot der ferneren Errichtung neuer Fideicommisse und Majorate entgegenzustellen. Sie wird aber auch das vorhandene Unheil zu entfernen streben. Geradezu die Aufhebung der stiftungsmäßigen Normen auszusprechen, würde jedoch eine Kränkung erworbener Rechte enthalten; in den Fällen wenigstens, wo schon Berechtigte vorhanden sind, die auf die ungetheilte Uebernahme eines Gutes Anspruch haben. Die Gesetzgebung wird aber die Unveräußerlichkeit aufheben können; unter der Bedingung, daß das Kaufpretium wenigstens der nächsten Generation der zur Nachfolge in dem Majorate Berechtigten gesichert werde. Dabei wird aber dem derzeitigen Majoratsherrn ein gesetzlich zu bestimmender Abzug vorzubehalten sein. Denn da seine Nachfolger nur auf ein mit fideicommissarischer Eigenschaft belastetes Gut einen Anspruch haben; ein solches aber niemals den Werth hat, der einem freien, oder dem Aequivalente eines solchen, zukommt, so können sie keinesweges die ganze, für das nunmehr frei gewordene Gut erhaltene Summe fordern. Durch diese Operation wird jedenfalls das gewonnen, daß die Majoratsherrn zur Veräußerung angelockt werden, einmal, weil ihnen die Nutznießung einer dem Gutswerthe entsprechenden Summe in vielen Fällen werthvoller sein muß, als der Besitz eines nur mit Kraft- und Geldaufwande mit Vortheil zu benutzenden Gutes; dann wegen des ihnen zu freier Verfügung zu überlassenden Abzugs. Der Staat aber sieht dabei wenigstens das Gut dem freien Verkehre zurückgestellt. Selbst wenn das Kaufpretium nur als ewiges Fideicommiß behandelt werden sollte, würde der Vortheil auf Seiten des Staats sein, da diese Eigenschaft bei einem Capitale, das immer nur benutzt werden kann, wenn es im Verkehr ist, nicht eben für das Volksvermögen nachtheilige Wirkungen entfaltet. Die Gesetzgebung wird ferner, für die zweite Generation, vom Tage des Gesetzes an es in den Willen der Besitzer stellen können, ob sie die bisherige Vererbungsweise aufheben und zum gemeinen Erbrechte zurückgehen wollen. Dadurch werden keine Rechte gekränkt, da ja die Ansprüche der künftig des ausschließlichen Besitzes Beraubten noch nicht aufgelebt waren und zur Zeit ihrer Geburt das Gesetz schon wirkte, sie folglich nur einen beschränkten Anspruch insoweit hatten, als der Besitzer von seinem ihm durch das Gesetz verliehenen Rechte keinen Gebrauch machte. Wohl aber läßt sich hoffen, daß in einzelnen Fällen die Noth, in mehreren die elterliche Liebe, die die Natur für alle Kinder auf gleiche Weise in die Brust der Eltern gesenkt hat, die Majoratsherrn zur Aufhebung jener lästigen Eigenschaft um so eher bewegen werde, je mehr in unserer Zeit der Familienstolz seine Bedeutung verloren hat. Die einzige Abweichung vom gemeinen Rechte möchte von der Gerechtigkeit auch ferner insoweit gefordert werden, als es dem Majoratsherrn, der das Verhältniß auflöst, nicht zu verstatten sein dürfte, testamentarisch über das Gut oder dessen Kaufpretium zu verfügen, und es dadurch vielleicht aus der Familie zu bringen. Denn es ist allerdings nicht zu läugnen, daß er seinen ungetheilten Besitz dem früheren Familienrechte verdankte. Diese Intestaterbfolge aber würde beizubehalten sein, so lange noch Nebenzweige der Familie beständen, die, von früher durch die fideicommissarische Eigenschaft Ausgeschlossenen abstammend, schon längst im Besitze einzelner Theile des Guts gewesen sein würden, wenn diese Eigenschaft nicht bestanden hätte. Allein auch von dieser Beschränkung könnte sich der Majoratsherr durch Auszahlung einer, nach der Wahrscheinlichkeit des dereinstigen Anfalles des Majorats an Seitenlinien berechneten, Entschädigungssumme befreien. — Die Zweckmäßigkeit der Aufhebung dieses Verhältnisses leuchtet aber auch daraus hervor, daß durch dessen Entfernung eine gefährliche Versuchung zu dem so höchst verderblichen Nepotismus erstickt wird. Das englische Adelssystem mag trefflich geeignet sein, eine reiche und mächtige Aristokratie zu erhalten. Aber gewiß wird deren Bestehen, in unsrer Zeit vorzüglich, dem Staate nicht soviel nützen, wie der dadurch hervorgerufene Nepotismus ihm geschadet hat. Die Versorgung der jüngeren Söhne ist das wirksamste Bestechungsmittel in England, und um es fortwährend anwenden zu können, sind die Sinecuren ein nothwendiges Glied in der Verfassung Britanniens! — Wo endlich die Majorate nur eine einzelne, isolirte Erscheinung sind, da werden freilich unmittelbare Nachtheile für den Staat nicht eben fühlbar hervortreten, und die Gesetzgebung wird nicht so dringend aufgefordert sein, dem Uebel abzuhelfen, vielmehr versucht bleiben, diese wenigen Güter, als Grundlagen eines geringen und ebendeshalb wohlthätigen aristokratischen Elementes, als Musterwirthschaften, als Stützen der Intelligenz auf dem Lande, fortbestehen zu lassen. Indeß bleibt doch auch hier das Unnatürliche des Verhältnisses, das Unbillige, was in der Beraubung der nachgebornen Kinder zu Gunsten des Frühergebornen liegt. Und da die Ergreifung der oben erörterten Maaßregeln ohne Kränkung erworbener Rechte erfolgen kann, so dürfte ihre Anwendung in jedem Staate schon durch die Betrachtung gerechtfertigt werden, daß dadurch ein ursprüngliches und natürliches Recht wiederhergestellt wird: das Recht nehmlich, nicht zu eignem Nachtheile von dem Gesetze eximirt zu sein. Die zufälligen Vortheile, die man mit dem Bestehen solcher Güter vereint glaubt, werden auch ohne die fideicommissarische Eigenschaft derselben erlangt werden. Denn ebensowenig wie die Möglichkeit der Gutstheilung die wirkliche Theilung zur nothwendigen Folge hat, ebensowenig wird die Möglichkeit, ein Gut zu gleichen Theilen zu vererben, oder ganz aus der Familie zu bringen, in allen Fällen bewirken, daß wirklich das Gut aufhöre, einen einzigen Besitzer zu haben, oder daß es in rastlosem Wechsel aus einer Hand in die andre übergehe. Die Erfahrung lehrt ja, daß viele Güter, die jene Eigenschaft durchaus nicht haben, dennoch jahrhundertelang in den Händen derselben Familie geblieben sind, oder, wenn sie in andern Besitz kamen, doch nur von Familien übernommen wurden, die in dem Geiste der frühern Besitzer handelten. Das Verbot der neuen Errichtung solcher zeit- und naturwidrigen Institute wird endlich in jedem Staate Pflicht der Gesetzgebung sein, und tadelnswerth bleibt es, daß einzelne Verfassungen gerade im Gegentheil zur Errichtung derselben aufmuntern und sie in die politischen Institute des Staats verflechten. Verkehrt und eitel ist das Streben, eine Zeit zurückzurufen, die auf ewig verschwunden ist.

Ungleich weiter ausgedehnt ist der Einfluß eines andern Instituts, das zwar gleichfalls vielfache privatrechtliche Beziehungen hervorruft, bei dem aber der Staat zugleich als Betheiligter dasteht. Das Lehnssystem, einst die Grundlage des christlich-germanischen Staatslebens, ist seit dem Erwachen der landesherrlichen Gewalt zu Grunde gegangen. Aber Reste des Lehnswesens haben sich mit dieser zu versöhnen gewußt und treten erst jetzt, wo die Territorien zu Staaten, die Landesherrn zu Regenten, die Unterthanen zu Staatsbürgern geworden sind, in ihrer Unverträglichkeit mit den Ideen eines geläuterten Staatsrechtes hervor. Ihre nachtheiligen Wirkungen auf das Nationalvermögen haben von jeher bestanden. Nur noch um Reste handelt es sich, ohne Zusammenhang mit der Gegenwart, und ebendeshalb in staatsrechtlicher Hinsicht ohne Anspruch auf fernere Schonung. Was vor sechs Jahrhunderten nicht ohne die furchtbarste Umwälzung aller Verhältnisse hätte erfolgen können, die Aufhebung des Lehnwesens, das ist jetzt, nachdem die Jahrhunderte siegreich an dem allmäligen Sturze des Systems gearbeitet haben, eine so leicht zu lösende Aufgabe, daß wenige Reformen mit so geringem Geräusche und mit so ungetheiltem Beifalle vorgenommen werden dürften. Ohne in eine Untersuchung über Ursprung und anfängliche Tendenz des Lehnsystems einzugehen, läßt sich doch soviel erkennen, daß in der Zeit, von der wir sichere Kunde über den Geist des Volks- und Staatslebens besitzen, dieses System das wesentliche Band war, das die Glieder des Volks in den Beziehungen verknüpfte, die über den engen Kreis der Gemeinden hinausgingen. Die Besitzer umfangreichen Grundeigenthums, die ebendeshalb zugleich eine hohe politische Rolle spielten, gaben einzelne Bestandtheile desselben, gegen das Gelübde persönlicher Treue und gegen bestimmt bezeichnete Dienste, zugleich aber unter dem Versprechen ihres mächtigen Schutzes, zu Lehn; anfangs nur auf Zeit und persönlich, bald auch erblich; immer unter rechtlichen Bestimmungen, die eine Verwirkung des Lehns und einen Rückfall desselben in gewissen Fällen möglich machten. Diese Lehne wurden von ihren Nutznießern, den Vasallen, zum Theil weiter vertheilt, sodaß diese in Beziehung auf Andre wieder selbst Lehnsherren wurden. Auf der andern Seite bewirkte das Bedürfniß eines kräftigen Schutzes, daß auch Besitzer freien Grundeigenthumes (der Allode) ihre Güter andern Grundbesitzern zu Lehn auftrugen, also ihnen Treue und Dienst versprachen. Diese Lehnsverträge nun, im Einzelnen von der mannigfachsten Natur, bildeten die Kette, welche allmälig alle Besitzer freien*) Grundeigenthums

*) Die Frohnen stammen durchschnittlich nicht aus dem Lehnssysteme, sondern aus der Unfreiheit, in welche die niedersten Volksklassen

umschlang. Die Dienste selbst aber waren ursprünglich politischer Natur. Es waren Kriegsdienste, indem der Vasall dem Lehnsherrn in Kriegszeiten mit einer bestimmten Mannschaft zuziehen mußte. Hofdienste, soweit die Vasallen den Prunk des Hofes durch ihre Gegenwart am Hoflager, auf Reisen des Lehnsherrn, bei Turnieren und dergl. verherrlichen sollten. Es waren aber auch Staatsdienste. Denn die stehende Besoldung der Beamten ward eben in Grundeigenthum ausgeworfen, dessen Nutznießung man ihnen überließ und das man ihnen zu Lehn auftrug. Da theils die Inhaber solcher Posten dieses Amtsgut mit ihrem Eigenthume zu vermischen gewußt hatten, theils diese Aemter häufig den Kindern und Verwandten der Vorgänger aufgetragen wurden, so gelang es in einer politisch unklaren Zeit, das Amt zugleich mit dem als Besoldung verliehenen Lehne erblich zu machen. Ueber alle Verhältnisse des öffentlichen Lebens entschied nun der Lehnsvertrag, und nur dazu war der Vasall verpflichtet, was ihm in Gemäßheit desselben zu verrichten oblag. Allmälig aber wurden die politischen Befugnisse der oberen Lehnsherren bedeutender. Die Beamten, die mit erblichem Eigenthume der erhaltenen Lehne, einen bestimmten Theil des Gebiets verwalteten, erhoben sich zu Herren desselben, und trugen die Verwaltung der Geschäfte Beamten auf, die auf andre Weise besoldet und nur auf Zeit gewählt waren. Diese verdrängten nach und nach die kleineren Vasallen von der eigentlichen Verwaltung. Die stehenden Heere, die in den größeren Monarchieen gebildet wurden, ließen die Kriegsdienste der Vasallen als nutzlos und beschwerlich erscheinen. Das Band des Staats war nicht mehr die persönliche Treue der Vasallen gegen den Lehnsherrn, sondern die Unterwerfung der gesammten Bewohner des Staats unter den Willen der Landesherren und seiner Diener. So blieben zuletzt nur noch einzelne Reste der früheren Verfassung. Formalitäten und Kosten beim

---

gewaltsam gedrängt worden waren; in einzelnen Ländern aus dem Rechte der Eroberung.

Wechsel in der Person des Lehnsherrn oder Vasallen, bestimmt das Verhältniß in Erinnerung zu erhalten; die Möglichkeit einer Einziehung oder eines Rückfalles des Lehns, durch milde Praxis ungemein verringert; endlich baare Geldentrichtungen als Ersatz für die eigentlich schuldigen Kriegsdienste. Dies Alles würde nun weder besonders nachtheilige Wirkungen entfalten, noch mit besonderer Schwierigkeit zu entfernen sein. Allein in Beziehung auf den in diesen Abhandlungen besonders ins Auge gefaßten Gegenstand, den freien Verkehr, das ungebundene Gebahren mit Grund und Boden, erwachsen gleichwohl fühlbare Nachtheile daraus. Denn ein vollkommenes freies Verfügungsrecht kann dem Vasallen nicht zustehen, da er nicht als voller Eigenthümer betrachtet wird. Bei einigermaaßen erheblichen Veränderungen mit dem Gute bedarf er daher der vorherigen Einwilligung des Oberlehnsherrn, und diese ward in Gemäßheit zu der früheren Regierungspolitik, nicht leicht zu Gunsten einer Verkleinerung der Güter ertheilt. Dazu kam, daß selbst das Interesse des Oberlehnsherrn, der mit dem Regenten identisch war, gegen jede Maaßregel stritt, in Folge deren die ursprüngliche Lehnseigenschaft sich verlieren konnte. Theils waren die Entrichtungen der Vasallen in der Regel ganz zur freien Disposition des Lehnsherrn gestellt, während er sich bei andern Einnahmen durch politische Institute gehemmt sah; theils blieb doch immer die Aussicht auf Einziehung oder Rückfall des Lehnguts offen, das dann ein Mittel zur Belohnung treuer Ergebener, oder zur Vermehrung des eignen Vermögens darbot. Indeß diese Rücksichten haben in neuerer Zeit keinen erheblichen Einfluß mehr, da ohnehin die Stellung der Fürsten in vielen Staaten sich so geändert hat, daß ihr persönliches Interesse nirgends mehr in feindliche Collision mit dem Gemeinwohle kommen kann. Deshalb hat man denn immer öfterer zu Allodificationen, unter Vorbehalt eines bestimmten Canons, die Hand geboten. Wenn aber diese Maaßregel nicht größere und allgemeinere Wirkung hatte, so liegt der Grund, außer daß hier und da vielleicht die Kosten des Geschäfts und der zu übernehmende

Canon zu hoch gestellt waren, in einem andern Verhältnisse, das gleichfalls auf das freie Verfügungsrecht über Lehngüter lähmenden Einfluß äußert, in den Rechten und Interessen nehmlich der Lehnsfolger und Mitbelehnten. Es war ein charakteristisches Merkmal des Lehnseigenthums und eine Folge seiner früheren Bestimmung, daß bei den Lehnen eine andere Erbfolgeordnung stattfand, als die nach gemeinem Rechte galt, daß von der Erwerbung der Lehne Personen ausgeschlossen wurden, die bei andern Gütern erbfähig waren, und daß das testamentarische Verfügungsrecht in Bezug auf die Lehne zu Gunsten der Familie geschmälert war und der Intestatlehnsfolge weichen mußte. Das Lehnsverhältniß beruhte auf einer innigen Verbindung zwischen Vasallen und Lehnsherren; dem letzteren war es von Wichtigkeit, wer als der jedesmalige Besitzer des Lehns sein Vasall war; Personen, die unfähig waren, die Lehnsdienste in früherer Bedeutung zu leisten, konnten auch auf Erlangung des Lehns keinen Anspruch machen; den Lehnsherren waren die Familien oft wichtiger als die Individuen, und es lag ihnen daran, ein ganzes Geschlecht durch die Aussicht auf allmälige Nachfolge in das von ihnen zu vergebende Lehn an ihr Interesse zu ketten. Aus diesen und andern Gründen erhielten die Lehne die Eigenschaft eines Familienfideicommisses. Obwohl nun alle jene veranlassenden Verhältnisse längst verschwunden sind, so haben die Lehne dennoch diese Natur behalten. In der Regel sind weibliche Descendenten ausgeschlossen, und oft hat der Besitzer des Lehns die Aussicht, daß nach seinem Ableben sein Gut nicht etwa in die Hände seiner nächsten Blutsverwandten übergehen; sondern an einen entfernten Ast der Familie fallen werde, der sich vielleicht vor Jahrhunderten schon von dem Hauptstamme abgezweigt hat. Eigenthümliche Institute des Lehnwesens bewirken aber noch, daß die aus dieser Einrichtung erwachsenden Beschränkungen nicht einmal bloß von der Dauer einer Familie abhängen, daß vielmehr auch Fremde als Betheiligte beigezogen werden. Einmal steht es dem Lehnsherren frei, für den Fall einer Apertur des Lehns, irgend Jemand eventualiter zu belehnen. Dies kann zwar dem Vasallen gleichgültig sein, da es nur die Wirkung hat, daß das Lehn in jenem Falle nicht an den Lehnsherrn, sondern an einen Privatmann gelangt. Es bringt aber doch eine neue Person ins Feld, die an der unveränderten Erhaltung des Lehns ein Interesse hat. In den Ländern des sächsischen Lehnrechts aber ist es, so lange die Aussicht auf einen Rückfall des Lehns an den Lehnsherrn nicht allzunahe ist, den Vasallen verstattet, bei jeder neuen Erwerbung eines Lehns dritte Personen als Mitbelehnte zu präsentiren, die dadurch einen Anspruch auf die dereinstige Succession in das Lehn erhalten. Dieses Institut, zunächst zu Gunsten der Vasallen gegründet, da es die Möglichkeit des Rückfalles der Lehne entfernte, und von den Lehnsherren begünstigt, weil es ihnen Gelegenheit gab, ohne Aufopferung eines sichern und nahen Vortheils, immer Mehrere ihrem Interesse zu verbinden, ist gegenwärtig eine neue Verstärkung aller Beschränkungen der freien Verfügung über die Lehngüter. Es haben aber alle diese Einrichtungen vielfache nachtheilige Wirkungen. Einmal führen sie häufig den Fall herbei, wo die Vererbung nicht nach einem, auf natürliche menschliche Gefühle begründeten Erbrechte erfolgt, der Besitzer vielmehr das Gut in die Hände fremder, ihm gleichgültiger Personen überliefern muß. Der Vasall, der dies voraussieht, wird sich natürlich nicht veranlaßt fühlen, auf die Verbesserung oder auch nur auf die gute Instandhaltung des Lehns besonderen Eifer, noch weniger aber Capitalien zu verwenden, die er zuletzt als seinen natürlichen Erben entzogen betrachten muß. Es fällt also häufig ein mächtiger Antrieb der Bodencultur gänzlich hinweg. Dann, kommt es zur Lehnsfolge, so hat die Trennung der Bestandtheile des von den Vasallen hinterlassenen Vermögens, die als sein freies Eigenthum, als Erbe, zu betrachten sind, von dem eigentlichen Lehne und dessen Zubehör, vielfache Schwierigkeiten, führt zahlreiche Verwickelungen herbei und wird oft die Quelle zu kostspieligen Rechtsstreitigkeiten. Nicht minder nachtheilig ist es aber, daß unter diesen Verhältnissen keine bedeutende Veränderung mit dem Lehne vorgenommen werden kann, ohne daß nicht die Einwilligung der Lehnsfolger und Mitbelehnten beigebracht werden müßte. Oft ist diese in der erforderlichen Maaße gar nicht zu erlangen. Oft muß sie wenigstens erst durch große Opfer erkauft werden. Da ferner, um das Lehnsverhältniß, das sich nicht mehr wie früher im Leben einflußreich ankündigt, in steter Erinnerung zu erhalten, mehrfache Formalitäten angeordnet sind, deren Unterlassung, wollte man die Strenge des Lehnrechts anwenden, oft den ganzen Verlust des Gutes nach sich ziehen würde, nach neuerer Praxis wenigstens Geldkosten veranlaßt, so sind die Vasallen und Mitbelehnten nicht selten mit erheblichen Verlusten an ihrem Vermögen bedroht. Der Inconvenienzen, die das Fortbestehen eines veralteten Instituts für Verfassung und Verwaltung herbeigeführt, der geld- und zeitraubenden Weiterungen, die es für Behörden und Betheiligte mit sich bringt, soll hier nicht einmal gedacht werden.

Da nun das Lehnswesen weder eine politische Bedeutung, noch, bei gänzlich veränderter Richtung des Volkslebens, einen Nutzen für die Familien bewahrt hat, vielmehr in beiden Beziehungen, vor Allem aber rücksichtlich der Bodencultur, gar fühlbare Nachtheile entfaltet, so dürfte eine gänzliche Aufhebung desselben allerdings wünschenswerth sein. Aber wie sie bewerkstelligen? Zwar würde nichts den Staat verhindern können, seinerseits allen oberlehnsherrlichen Rechten zu entsagen und dadurch wenigstens den Wegfall der Beschränkungen zu bewirken, die ihre Quelle in diesen finden. Die Vasallen erfreuen sich jetzt eines wirksameren Schutzes, als den sie einst durch den Lehnsverband erhielten. Und wenn man auch Niemanden Wohlthaten aufdringen darf, so kann doch auch der Verpflichtete den Berechtigten nicht zwingen, seine Rechte fortwährend gegen ihn auszuüben. Aber einmal würden dabei immer die ungleich bedenklicheren Beschränkungen in Kraft bleiben, welche die Lehnsfolge und das Institut der Mitbelehnten herbeiführen. Dann hieße dies auch, einer einzelnen Klasse von Staatsbürgern auf Kosten der Uebrigen ein Geschenk machen. Dies aber würde hier um so weniger am Orte sein, je mehr diese Klasse eben nicht zu den Gedrücktesten im Volke gehört. Wollte der Staat aber seine lehnsherrlichen Rechte ablösen lassen, so fragt es sich wieder, ob er das Recht hätte, die Vasallen zur Ablösung zu provociren. Dies hat man geläugnet. Indeß gewiß mit Ungrund. Denn gesteht man nicht ein, daß bei der Ablösung, z. B. der Frohnen, das Provocationsrecht auch dem Berechtigten zu vergönnen ist, weil dieser offenbaren Nachtheil haben würde, wenn er das Verhältniß bloß gegen die Einzelnen aufheben dürfte, die selbst darauf antrügen; weil vielmehr der Nutzen des Geschäfts in der allgemeinen Ablösung aller einem Einzelnen zustehenden Frohnrechte besteht? Ebenso aber ist hier der Nutzen für den Staat erst dann in voller Höhe, wenn er das ganze Lehnsverhältniß aufheben kann und seine Behörden nicht zu Gunsten Weniger mit Geschäften zu belasten braucht. Sind daher die Entschädigungssummen so mäßig gestellt, daß die Vasallen offenbar dabei gewinnen, so dürfte in dem Provocationsrechte der Lehnsherren eben so wenig und weniger Unbilligkeit liegen, als in dem des Grundherren gegen die Fröhner. Allein auch hier stoßen wir auf die Rechte der Lehnsfolger und Mitbelehnten. Diese geradezu aufzuheben, wäre eine Entziehung erworbener Rechte, eine wahre Beraubung derselben. Wollte man aber ihre Rechte, auch bei der Allodification der Lehne, in Kraft erhalten, so wäre die Maaßregel nur eine halbe, und der Staat würde mit weniger Rechte den Vasallen zur Ablösung provociren können, da dieser dadurch immer nicht von den wesentlichsten Inconvenienzen des Lehnsverbandes befreit würde. Den Vasallen zur Ablösung der Rechte der Agnaten und Mitbelehnten zu zwingen, dazu dürfte dem Staate ebensowenig ein Recht zustehen, wie er den Grundherrn oder Fröhner nicht zur Ablösung zwingen darf, sobald beide Theile über die Fortdauer der Frohnen einig sind. Die Ablösung aber selbst auf Staatskosten zu übernehmen, würde eine Beeinträchtigung der übrigen Staatsbürger sein, für welche die Vortheile der Aufhebung des Lehnsverbandes doch nicht so überwiegend sind, um den bedeutenden, mit einer solchen Maaßregel verbundenen Aufwand übersehen zu machen. — Folgendes Verfahren dürfte vielleicht geeignet sein, ein nützliches Resultat zu erzielen. Zunächst hat der Staat das eine Haupthinderniß, das aus dem Institute der Mitbelehntschaft und der Eventualbelehnung erwächst, möglichst zu beschränken. Es dürfte kein Grund vorhanden sein, die fernere Beibehaltung dieser Institute zu empfehlen. Vielmehr dürfte der Staat ebenso recht- als zweckmäßig handeln, wenn er weder selbst für die Zukunft Eventualbelehnungen vornimmt, noch die fernere Präsentation von Mitbelehnten verstattet. Dadurch wird die weitere Vermehrung derselben gehindert, und zugleich das Interesse des Vasallen an der Aufhebung des Lehnsnexus erhöht. Denn es wird dadurch die Möglichkeit, den Rückfall des Guts an den Lehnsherren zu eludiren, verringert. Dieses Interesse der Vasallen an der Allodification wird der Staat ferner verstärken, wenn er seine unleugbaren Rechte mit größerer Strenge ausübt als bisher. Die Milde der jetzigen Praxis ist nur den ohnehin begünstigten Vasallen zu Gute gegangen, hat aber für das Volk und den Staat keinen Vortheil. Wenn auf diese Weise der Staat das Streben, sich dem Lehnsnexus zu entwinden, das ohnehin in den Vasallen leben muß, noch lebendiger angefacht hat, so muß er ihnen die Möglichkeit, es zu befriedigen, erleichtern. Er muß unter Berechnung seiner zeitherigen Einnahmen aus dem Obereigenthum eine möglichst niedrige Ablösungssumme festsetzen. Auf die Möglichkeit eines Rückfalls des Lehns hat er dabei, bei der Seltenheit dieses Ereignisses, gar keine Rücksicht zu nehmen. Er muß ferner die Allodification nicht an die Einwilligung der Agnaten und Mitbelehnten knüpfen, sondern dem freien Ermessen des Vasallen überlassen, dafür aber die Rechte der Ersteren, folglich die fideicommissarische Eigenschaft des Gutes, in Kraft behalten. Unter diesen Bedingungen kann er die baldige Ablösung des ganzen Obereigenthums erwarten, oder, wenn diese nach einer bestimmten Zeitfrist nicht erfolgen sollte, ohne Beschwerung der Vasallen, sie sämmtlich zur Ablösung provo ciren. Bleibt der Betrag der Ablösungssumme als Canon auf dem Gute haften, so ist kein weiteres Verfahren nöthig. Erfolgt sie aber durch Capital, so haben die Seitenverwandten und Mitbelehnten, wenn sie nicht gleich Anfangs einen Beitrag dazu gegeben, beim dereinstigen Anfalle des Gutes einen, nach der Zeit, die zwischen der Ablösung und diesem Anfalle verstrichen ist, zu berechnenden Antheil an das Erbe des letzten Besitzers zu erstatten. Denn sie erhalten ja nun ein auf Kosten desselben oder seiner Adscendenten befreites, folglich ein werthvolleres Gut, als das war, worauf sie Anspruch hatten. Nun bleiben nur noch die Verhältnisse zwischen dem Grundbesitzer und den Agnaten und ältern Mitbelehnten übrig, die nun rein privatrechtlich geworden und nach Analogie ähnlicher privatrechtlicher Institute zu beurtheilen sind. Die Entfernung derselben muß man Unterhandlungen unter den Betheiligten überlassen, für diese aber von Staatswegen eine subsidiarische Norm, in einer tüchtigen Ablöseordnung, vorzeichnen. Hier ist nun aus einer Reihe von Fällen zu berechnen, in wie viel Jahren im Durchschnitte ein Lehn an Seitenlinien einer Familie, in wie viel an Mitbelehnte, in wie viel an Eventualbelehnte fällt. Mit der Jahresdurchschnittszahl wird dann der Geldwerth des Lehns getheilt und das Facit in verhältnißmäßigem Betrage zum Capital erhoben. Dieses Capital erhält fideicommissarische Eigenschaft und die einzelnen Berechtigten treten, nach der größeren oder geringeren Nähe ihres Anspruchs, nach und nach in die Nutznießung desselben ein, wenn sie es nicht vorziehen, sich, unter Berechnung ihrer Antheile, in dasselbe zu theilen*). Natürlich ist dies als das Maximum zu betrachten, mit dem sie sich im Nothfalle begnügen müssen, während es dem Besitzer des Guts freiste-

---

*) Fände sich z. B., daß ein Lehn in der Regel alle 100 Jahre an Seitenlinien und alle 400 Jahre an Mitbelehnte oder Eventuellbelehnte fällt, so würden bei einem Gute von 100,000 Rthlr, an Werth die Seitenverwandten mit einer Jahresrente von 1000 Rthlr oder einem Capital von 16,000 bis 20,000 Rthlr., die Mitbelehnten mit 250 Rthlr. oder einem Capital von 4—5000 Rthlr. für alle Ansprüche abzufinden seyn.

hen muß, zu versuchen, ob sie sich, in Folge von Privatunterhandlungen, mit einer geringeren Entschädigung begnügen. Daß übrigens die Provocation zur Aufhebung des Verhältnisses in diesen Fällen nur von dem Besitzer des Guts, nicht von den zur künftigen Succession Berechtigten, ausgehen kann, bedarf keines Beweises. Das Interesse der Letzteren an der Ablösung ist nicht so stark und überwiegend, daß es einen Zwang gegen den Besitzer rechtfertigen konnte, zu dieser in einer Zeit zu schreiten, wo er vielleicht gar kein unmittelbares Interesse an der Maaßregel hat. Nur die Stipulation würde die Gerechtigkeit fordern, daß die Ablösung nicht erst dann freistehe, wenn die Wahrscheinlichkeit des Anfalles des Guts an die Berechtigten allzunahe ist. — Die Aufhebung der Privatlehnsherrlichkeit wird ganz nach den Grundsätzen der allgemeinen Ablösung von Frohnen und Diensten vorzunehmen sein. Der Staat hat kein Interesse daran, sie auf einmal zu erzwingen, wohl aber hat er die Möglichkeit, sie zu jeder Zeit zu erwirken, wenigstens den Vasallen zu lassen. Auch hier müssen aber nicht nur die regelmäßigen und durchschnittlichen Einkünfte der Lehnsherrlichkeit berechnet, sondern es muß auch nach der Analogie des oben erörterten Verfahrens für die Möglichkeit eines Rückfalles des Lehns eine Entschädigungssumme ausgeworfen werden. Die Errichtung neuer Lehne hat der Staat jedenfalls zu verbieten.

VI.

Die Zehnten.

In den früheren Abhandlungen verbreitete ich mich über die Hindernisse, welche dem freien Verkehre mit Grund und Boden entgegenstehen, und deren mit Kraft und Umsicht geleitete Wegräumung sich als ungemein wünschenswerth darstellt. Aber nicht minder dringend ist die Befreiung des Bodens von den auf ihm ruhenden Grundlasten, die Herstellung eines Zustandes, in dem der Landmann nicht länger genöthigt ist, einen Theil der Früchte seines Eigenthums, seiner Arbeit und seines Capitals abzutreten, ohne eine Gegenleistung empfangen zu haben, und wo er nicht länger seine Zeit und seine Kräfte für fremde, ihm gleichgültige Zwecke verwenden muß.

Die Geschichte des Zehnten giebt einen der zahlreichen Beweise, in wie verschiedenem Lichte eine Einrichtung in verschiedenen Zeitperioden erscheint, wie das ursprünglich Unschädliche und Natürliche bei veränderten Verhältnissen zum Verderblichen und Widersinnigen wird, und wie deshalb der Mensch sich hüten soll, der Zukunft Gesetze vorschreiben und auf Ewigkeiten bauen zu wollen, so er lange nicht sicher ist, nur mit gleichbleibenden Verhältnissen zu schalten. In Zeiten, wo das Grundeigenthum der Hände entbehrt, die es bebauen sollten, in schlecht bevölkerten Ländern, wo die Erde dem trägen, nachlässigen Bebauer willig ihre Schätze zollt, genug und übergenug seine Bedürfnisse zu bestreiten, da scheint es die einfachste Weise, auf welche der Landmann die Ansprüche derer befriedigen kann, die für ein abgetretenes

Recht, für einen geleisteten Dienst, für einen noch zu gewährenden Beistand eine Entschädigung von ihm fordern, daß er ihnen einen bestimmten Antheil seiner gewonnenen Früchte zuspreche, ohne ängstlich nachzurechnen, wieviel von seinem Schweiß und seinem Gelde daran hafte und wieviel reines Geschenk der Naturkraft sei. Dieser Weg der Naturalleistung empfahl sich für den Pflichtigen, da er immer in einem gewissen, scheinbar gleichbleibenden Verhältnisse zu den Zahlungsmitteln steht, ungleich besser als eine bestimmte, ständige Abgabe. Hatte der Landmann eine überaus reiche Erndte gemacht, so belief sich der Betrag des Abzugebenden höher; aber der gewonnene Ueberschuß genügte auch überreichlich zur Deckung seines sonstigen Bedarfs und der Preis des Gewonnenen pflegte in solchen Fällen so gering zu sein, daß er die Einbuße auch in dieser Hinsicht leichter verschmerzen konnte. War die Erndte gering, so gab er weniger ab. Traf ihn völliger Miswachs, Hagelschlag, Wasserschaden und dergl., so war er auch der Abgabe quitt. Für den Berechtigten aber empfahl sich die Maaßregel durch die Einfachheit der Beziehungsweise. Es bedurfte keiner künstlichen Berechnung, den Ertrag des zu fordernden zu ergründen und das Object, an das er sich zu halten hatte, konnte ihm nicht entzogen werden. Darum war es eine sehr allgemeine Sitte in der Anfangsperiode der europäischen Zustände, daß Grundherren, indem sie ihr Eigenthum an Colonen zur erblichen Nutznießung abtraten, sich einen bestimmten, in der Regel den zehnten*), Theil des Ertrages als ewige Abgabe, als auf dem Boden selbst haftende Grundlast ausbedungen; daß Eroberer, die, nach damaliger Kriegssitte, auch das Grundeigenthum der Besiegten in Besitz nahmen, es ihnen, gegen eine gleiche Entrichtung, ließen; daß Anbauer, die ihre Kräfte der Urbarmachung wüster Strecken widmen wollten, von dem Besitzer derselben das Eigenthum gegen Verspre-

*) Zuweilen unter gleichem Namen einen geringern, oft auch einen höhern Betrag. Die ostindische Compagnie erhebt noch heute in dem unermeßlichen Umfange ihres Besitzthums den dritten Theil, ja auf vielen Punkten die Hälfte des Rohertrags als Grundsteuer!

chung jener Leistungen erwarben; daß die Frömmigkeit, die Kirchen, Klöster, frommen Stiftungen ein Geschenk machen wollte, statt einen bestimmten Theil des Grundbesitzes abzutreten, lieber vom ganzen Umfange des Gutes einen Theil der gewonnenen Früchte auswarf; oder daß sie öfterer noch das ihr an den Feldern ihrer Eigenhörigen, Zinspflichtigen zustehende Zehntrecht der Kirche abtrat; und daß diese — die in die Zukunft hinausblickte — eifrig diese Sitte beförderte und darauf hinwirkte, daß auch die stehenden Beiträge, die zu ihrer und der Geistlichen Unterhaltung erforderlich waren, lieber in dieser Form, als in der Gestalt einer ständigen Abgabe festgesetzt wurden. Hatte doch diese Einrichtung den Schein einer leichten und selbst den äußeren Anstrich einer gleichen Abgabe. Und soweit sie die Kirche berührte, fanden sich selbst biblische Autoritäten zur Heiligung ihrer Einführung. So war es denn natürlich, daß theils zwischen einzelnen Grundeigenthümern das Verhältniß der Zehntpflichtigkeit des Einen gegen den Andern entstand, theils das hauptsächlichste Eigenthum der Kirche, namentlich aber die Mittel zur Unterhaltung der Geistlichen, bis zum Ende des vorigen Jahrhunderts fast in allen europäischen Ländern auf der Verbindlichkeit der steuerbaren Landleute beruhten, den zehnten Theil der erbauten Früchte dem Geistlichen, dem sie zehntpflichtig sind, überlassen zu müssen.

Bei der vorgeschrittenen Cultur des Bodens hat sich diese Grundlast zu einer unermeßlichen Höhe gesteigert, zugleich aber auch die Unzweckmäßigkeit und Verderblichkeit ihrer Natur im bedenklichsten Grade herausgestellt. Mannigfach sind die Grundfehler derselben; der erste und hauptsächlichste aber bleibt immer ihre Principwidrigkeit. Sie verstößt gegen die unläugbare Wahrheit, daß jede Abgabe, die nicht auf den reinen, sondern auf den rohen Ertrag des Einzelnen berechnet ist, das Grundcapital der Nation auf eine ungleiche und verderbliche Weise anzugreifen droht. Der Zehnte trifft den rohen Ertrag des Ackers, ohne also Rücksicht zu nehmen, wieviel davon dem Boden, wieviel der darauf gewendeten Arbeit und dem zu dessen Verbesserung benutzten

Capitals zu verdanken sei. Da nun der gegenwärtig ungleich höhere Bodenertrag weit weniger der allerdings geweckten Naturkraft, als der gesteigerten Thätigkeit und dem vermehrten Aufwande zuzuschreiben ist, so lastet ein größerer Theil des Zehnten auf Arbeit und Capital, als auf dem Boden. Je weniger eine fernere Steigerung der Bodenkraft sich erwarten läßt, desto bedenklicher werden die Folgen dieser Erscheinung. Der Zehnte nimmt in der That in der Regel den fünften, oft den dritten und vierten Theil, ja zuweilen das Ganze des Reinertrags in Anspruch, und es ist keine seltene Erscheinung, daß der Zehnte von einem Acker höher verpachtet wird, als der Acker selbst. Wird doch jener Zehnte ohne Kosten, Verlag und Arbeit gewonnen! Bemühen wir uns, ein deutliches Bild von dem eigentlichen Wesen des Zehnten zu gewinnen, so erkennen wir, daß eigentlich das Eigenthum des zehnten Theiles des Grundstückes dem Zehntherrn zugesprochen, aber nicht als Bodenstück ausgeschieden, sondern in dem zehnten Theile der Früchte des Ganzen gewährt ist. Wäre eine wirkliche Ausscheidung erfolgt, so müßte der Zehntherr die Bestellungskosten übernehmen; so aber überträgt diese der Pflichtige auch für den Zehntherrn. Die nächste Folge dieser Eigenschaften des Zehnten ist es, daß er das Interesse des Landmanns an der Verbesserung seines Bodens schmälert und, wie Thaer sehr richtig gesagt hat, dem vernünftigen Zehntpflichtigen nur die Aufgabe stellt: „mit dem möglichst mindesten Aufwand einigen Ertrag aus dem Acker zu ziehen." In den meisten Fällen wird der zehntpflichtige Landmann besser thun, sein Capital auszuleihen, als es auf Verbesserung seiner Aecker zu verwenden. Konnte er z. B. durch eine Unternehmung, die ihm 600 Rthlr. kostete, den Ertrag seiner Felder um 30 Rthlr. steigern, so hätte er sein Capital nicht schlecht genutzt. Wenn ihm aber der Zehntherr drei Thaler wegnimmt, so hätte der Pflichtige besser gethan, sein Geld zu 5 proC. auszuborgen und Arbeit und Risiko zu ersparen. Und doch hatte der Zehntherr auf jene 30 Rthlr. gar keinen Anspruch, da sie nicht Product des Bodens, sondern Zinsen eines ihm fremden Capitals waren. Man rühmt nicht selten das bessere Wirthschaftssystem auf großen Gütern und ihren verbesserten Zustand. Aber vergesse man ja nicht, daß diese großen Güter in der Regel auch frei waren von jeder Grundlast, der vernünftigen und der vernunftwidrigen. Mache man nur den Versuch, auf ein großes, nach einem künstlichen Wirthschaftssysteme, nicht ohne kostspieligen Aufwand zu benutzendes Gut die Abgabe des Zehnten anzuwenden, und bald wird man einsehen, daß das bisherige zweckmäßige Verfahren sich nicht fortführen ließe, ohne Reinertrag, Capital und Alles vom Zehnten verschlungen zu sehen. Der kleine Landmann, dem es um die Producte selbst zu thun ist, der nicht auf den Verkauf, sondern auf den Verbrauch baut, macht wohl auch Verbesserungen, bei denen nur ein geringer, oder gar kein reiner Ertrag sich erwarten läßt, wohl aber die Masse der gewonnenen Producte, der Rohertrag sich auf eine für ihn und die Gesammtheit vortheilhafte Weise steigert. Der Zehnten aber macht ihm solche Verbesserungen unmöglich, da er augenblicklich sich an das gewonnene Plus hängt, das dem Besitzer Uebrigbleibende unter das Niveau eines Reinertrags hinabdrängt, und dadurch ein Verhältniß herstellt, in welchem der Pflichtige nicht nur ohne Nutzen, sondern selbst mit Schaden arbeiten würde. Verbesserungen also, die nicht, nach Abzug des Zehnten, wenigstens ihre Kosten ersetzen, werden durch den Zehnten geradezu unmöglich gemacht*). Der Neubruchszehnten (Novalzehnten), ursprünglich eine mild scheinende Abgabe, als fruchtbarer Boden noch in Masse vorhanden war, tritt jetzt, wo nur solches Land noch urbar zu machen sein dürfte, dessen Verwandlung in Ackerboden nicht ohne großen Kosten- und Kraftaufwand sich bewerkstelligen läßt, jeder Verbesserung schlecht benutzten Bodens feindlich entgegen, indem er mehr als den in den ersten Jahren zu hoffenden Reinertrag in Anspruch nimmt und den Bebauer nöthigt, nicht für

*) Zum Glück oder Unglück rechnet der kleine Landmann nicht so genau.

eignen, sondern für den Nutzen des Zehntherrn zu arbeiten. — Der Zehnte enthält aber auch die schreiendste Ungleichheit, da er den gleichen Betrag des Rohertrags aller Zehntpflichtigen hinwegnimmt, ohne darauf Rücksicht zu nehmen, daß dieser nicht in gleichem Verhältnisse zum Reinertrage steht, daß er nicht unter gleichem Aufwande an Kraft und Kosten gewonnen ist. Ein Besitzer mittelmäßigen Bodens kann z. B. vielleicht nur unter Aufwendung von 400 Rthlr. einen Rohertrag zu 600 Rthlr. an Werthe gewinnen, hat folglich ein reines Einkommen von 200 Rthlr.; sein Nachbar, der sich besserer Felder erfreut, die durch örtliche Umstände begünstigt nur geringer Culturkosten bedürfen, erlangt den gleichen Rohertrag schon unter einem Aufwande von nur 300 Rthlr., es bleibt ihm also ein Nettoeinkommen von 300 Rthlr. übrig. Nun fordert der Zehntherr freilich von jedem nur einen Körnerbetrag an Werthe zu 60 Rthlr. und das scheint billig, da die Felder vielleicht von gleichem Umfange sind und Einer nicht mehr geerndtet hat als der Andere. Gleichwohl aber hat der Letztere nur ⅕, der Erstere fast ⅓ seines reinen Einkommens gegeben; die Abgabe hat also beide im verschiedensten Verhältnisse getroffen. Könnte nun Jener, indem er vielleicht einen Theil seiner Felder unbenutzt liegen ließe, es dahin bringen, daß er zwar nur 500 Rthlr. Rohertrag, diesen aber nur unter einem Aufwande von 300 Rthlr. gewönne, folglich in seinem Einkommen von 200 Rthlr. nicht geschmälert würde, so würde der Zehntherr nur noch den vierten Theil dieses Einkommens wegnehmen. Folglich hat der Zehntpflichtige ein Interesse an der Verminderung des Rohertrags, wenn diese unter einer solchen Verminderung des Aufwandes erfolgen kann, daß der Reinertrag gleich bleibt, oder nicht um den 10ten Theil der Differenz zwischen dem früheren und dem jetzigen Rohertrag abnimmt. Der Zehnten wirkt also direct auf die Verminderung des Bruttoeinkommens der Einzelnen und des Volkes. — Da ferner der Zehntherr in der Regel auf gewisse altübliche Getreidearten und Culturweisen angewiesen ist, und eine Veränderung darin allerdings seine Interessen gefährden könnte, so ist der Landwirth, wenn er den Anforderungen der vorgeschrittenen Zeit genügen und eine verbesserte Benutzungsweise einführen will, in den meisten Fällen genöthigt, vor jeder wesentlichen Veränderung die Genehmigung des Zehntherrn zu erwirken, was immer weitläuftig und lästig, ja nicht selten ein unübersteigliches Hinderniß der Veränderung ist. — Der Zehnten bewirkt aber nicht nur, daß dem Volksvermögen ein beträchtlicher Zuwachs entgeht, auf den es ohne ihn rechnen könnte; er erzeugt auch einen directen Verlust für dasselbe. Es bedarf keines Beweises, daß von allen den Kosten, die mit dem Abtheilen, Einsammeln, Fortschaffen und Aufbewahren des Zehnten verbunden sind, der größte Theil wegfallen würde, wenn der Besitzer der Erndte ihren ganzen Betrag in seine Scheunen schaffen und den Zehntherrn durch eine Geldrente entschädigen dürfte. Dieser Mehraufwand ist ein direkter Verlust für das Volksvermögen, und da er zum großen Theile dem Zehntherrn zur Last fällt, so verkürzt er diesem den Genuß des Zehnten und stellt sich sonach als ein völlig nutzloser Aufwand, als ein Aufwand dar, der Niemand zu Gute kommt. Auch geht bei dem Einsammeln der Zehntgarben*), da diese gewöhnlich länger auf dem Felde liegen bleiben, und, bis der Zehntwagen seine Fracht hat, von einem Acker zum andern zusammengetragen werden, unvermeidlich ein Theil der reifsten Körner verloren; ein Schaden, den man auf den achten Theil des ganzen Zehnten angeschlagen hat, und der diese Einrichtung als einen Anlaß zur wahren Verschleuderung und Verschwendung der Landeserzeugnisse darstellt. Wo endlich mit dem Zehnten zugleich das Zehntstroh den Pflichtigen entzogen wird, da werden diese eines wichtigen Düngemittels beraubt, ohne daß dieses in den Händen der Zehntherren gleich nützlich angewendet würde, als in den ihren. Dazu kommt noch, daß zuweilen die zur Controlirung der

*) Wenigstens wo dieses gleich auf dem Felde geschieht.

Zehntpflicht getroffenen Anstalten so hemmend und streng sind, daß sie den Landmann bei dem Einbringen der Erndte vielfach beengen und wohl gar dieses selbst durch Verzögerung gefährden. Aber auch der Berechtigte, besonders wenn er nicht selbst Landwirth ist, bleibt allen den Verlusten und dem Risiko ausgesetzt, die mit Naturalbesoldungen verbunden sind, muß sich manchem nutzlosen Aufwand, mancher Mühe und Streitigkeit unterwerfen und hat immer nur eine unsichere und wechselnde Einnahme. Wo er überdem nicht das Recht hat, sich gleich auf dem Felde die zehnte Garbe zu erlesen, sondern den Zehnten vom Pflichtigen geliefert bekommt, da muß sich besonders der Geistliche gefallen lassen, schlechtes, verdorbenes Getreide zu erhalten und überhaupt vielfachen Betrug und Unterschleif zu erfahren. Auch ist die unangenehme Stellung, in welche der Geistliche durch diese den jetzigen Zeitverhältnissen einmal nicht mehr anpassende Besoldungsweise der Gemeinde gegenüber gebracht wird und die nicht eben dazu beiträgt, das Ansehen des geistlichen Standes zu erhöhen, gar wohl zu beachten. Ueberhaupt aber ist es von hoher Wichtigkeit, das Grundeigenthum von allen auf ihm ruhenden Lasten zu befreien, die ihren Ursprung nicht in Verhältnissen der Gegenwart, sondern in den dunklen Wirren der Vorzeit finden, aber jetzt noch jeder Verbesserung und jedem Aufschwung des Landbaues und des Standes, der ihn betreibt, feindlich entgegentreten. Daß überdem bei uns der Zehnten größtentheils an die Kirche entrichtet wird, das entfernt zugleich die Möglichkeit, die Nachtheile des Verhältnisses auf einer andern Seite wieder einigermaaßen ausgeglichen zu sehen. Denn wo der Zehnte eine an den Staat zu entrichtende Grundsteuer*) ist, da giebt er doch dem letzteren einen Antrieb, für die Hebung der Agricultur, die Vermehrung des Bodenertrags, in der eine Vermehrung seiner Einkünfte liegt, etwas Gründliches zu thun. Hier aber sind die Empfänger die einzelnen Kirchen, die es nur mit einem kleinen

*) Wie in China und andern Reichen des Orients.

Bezirke zu thun und weder Lust noch Kraft noch Gelegenheit haben, fördernd auf den Landbau zu wirken.

Gründe genug, die Abschaffung der besprochenen Einrichtung auf das Dringendste zu empfehlen. Wenn aber die allgemeine Verbreitung derselben die erstaunliche Höhe dieser Last, ihre große Verderblichkeit für den Wohlstand des Volks bewirkt und ebendeshalb ihre Entfernung oder doch Erleichterung ungemein wünschenswerth macht, so ist eben jener Umfang und diese Höhe das bedeutendste Hinderniß einer gründlichen Abhülfe. Denn diese Hülfe soll nicht mit Beraubung des Rechts und des Eigenthums, sie soll nicht auf Kosten der Berechtigten erfolgen. Es ist auch den eifrigsten Stimmen der Parteisucht nicht gelungen, nachzuweisen, daß der Ursprung dieser und ähnlicher Lasten im Allgemeinen, ja nur im Durchschnitt, ein unrechtlicher gewesen sei, daß nur Betrug und Gewalt sie geschaffen. Aber wäre es auch, die jetzigen Besitzer und ihre Vorgänger seit Menschengedenken haben das Befugniß auf ehrliche Weise erworben; sie hatten ein Recht, auf dessen Fortdauer zu rechnen und ihre Existenz darauf zu gründen. Noch weniger aber möchten die Pflichtigen beweisen können, daß sie auf den Zehnten einen Anspruch hätten, da sie sämmtlich oder ihre Vorgänger, von denen sie das Gut ererbten, es nur belastet mit der Zehntpflicht erhielten. Wäre es auch wahr, daß vor langen Jahrhunderten einem Besitzer des Guts der Zehnten gewaltsam abgedrängt worden wäre, sind denn die jetzigen Besitzer seine Erben? Sie sind es ebensowenig, wie die Berechtigten die Erben der gewaltthätigen Bedrücker sind. Das Verhältniß beruht jetzt auf der unerschütterlichen Basis des Eigenthums und Kauf und Verkauf, Erbe und Erbtheilung, überhaupt der Gang des Verkehrs hat es ausgeglichen. Würde mit einem Male der Zehnten aufgehoben, so wäre dies ein freies und unermeßliches Geschenk an die Pflichtigen, deren Vermögen auf einmal um ein Zehntheil vermehrt würde, ohne daß sie den geringsten Anspruch darauf hätten, und dieses Geschenk würde ihnen aus dem Beutel der Zehntherren gemacht, die durch dieselbe Handlung um ein Zehntheil ihres wohlerworbenen, ererbten oder verdienten Vermögens gebracht würden. Der größte, alle Bande der geselligen Ordnung, alles Eigenthum und alles Vertrauen auflösende Gewaltstreich, der nur gewagt werden könnte! — Oder sollen die Berechtigten auf Kosten der Gesammtheit der Staatsbürger entschädigt werden? Dieß ist der zweite Ausweg, den man betreten könnte. Revolutionäre Gewaltthätigkeit hat den ersten beschritten. Reformers, die Rechtsgefühl und Einsicht in die Grundlagen der Gesellschaft hatten, hüteten sich, ihn zu empfehlen; aber sie suchten den Betrag der Entschädigung unter die Berechtigten, den Staat und die Pflichtigen zu theilen, so daß erstere etwas einbüßen, der zweite etwas zuschießen, die Letzteren das Uebrige tragen sollten. Gegen diesen Antrag hat man erinnert, daß auch dieß nichts anders als ein Geschenk an die Pflichtigen, eine Armensteuer sei, zu Gunsten von Personen, die noch nicht in der Lage wären, Almosen erbitten zu dürfen; erhoben von Staatsbürgern, die an dem Gelingen des Unternehmens kein Interesse hätten, von dessen Vortheilen nicht betroffen würden. Sollte aus Staatskassen ein Zuschuß gegeben werden, so könne dieser doch nur aus dem Ertrage von Abgaben fließen; zu diesen trügen z. B. die Städter bei, denen durch die Ablösung des Zehnten in nichts geholfen würde; es steuerten die Pflichtigen selbst dazu, und, was das Unbilligste wäre, die Berechtigten würden hier noch einmal beigezogen, nachdem sie, nach jenem Vorschlage, schon an der Entschädigungssumme eingebüßt hätten; sie würden doppelt gestraft. In neuerer Zeit hat man die Gerechtigkeit der Maaßregel auf eine andere Weise zu begründen gesucht. Man hat gesagt: der Zehnten, wenigstens soweit er an den Staat und die Kirche entrichtet werde, habe die Natur einer öffentlichen Abgabe; die Zehntpflichtigen wären bisher wider Gebühr genöthigt worden, ein allgemeines Bedürfniß allein zu decken; es sei daher billig, daß dieses Verhältniß aufgehoben und sie künftig, wie alle Staatsbürger, nur im Verhältnisse zu ihrem Einkommen beigezogen würden; dies geschehe nun unter der Form, daß der Staat den Berechtigten für den Zehnten ein Aequivalent gewähre, zu dem sämmtliche Staatsbürger, Berechtigte, Gleichgültige und Pflichtige, nach dem allgemeinen Steuerfuße beitrügen. Allein einmal ist diese öffentliche Natur des Zehnten durchaus nicht zu erweisen. An den Staat wird er nur an einzelnen Orten und zwar in dessen Eigenschaft als Grundherrn, als Gutsbesitzer bezahlt. Der Kirchenzehnten aber ist nicht durch allgemeine Gesetze, sondern größtentheils durch freiwillige Abtretung, Schenkung, Ankauf und dergl. entstanden. Der Ursprung des Zehnten ist privatrechtlich. Dann — auch die öffentliche Natur desselben angenommen — würde sich das Verhältniß nicht so, wie angeführt worden, darstellen, daß die Pflichtigen die Abgabe aus ihrem Einkommen gäben, da sie ja das Eigenthum des Zehnten niemals gehabt oder erworben haben; vielmehr würde dann anzunehmen sein, daß der Kirche der zehnte Theil des gesammten Bodenertrags angewiesen worden sei. Wollte nun der Staat in Beziehung auf dieses Verhältniß in der Art eine Veränderung treffen, daß er das Eigenthum dieses zehnten Theils den Besitzern der übrigen neun Zehntheile zuschriebe, so könnte dies nur gegen volle Bezahlung von deren Seite geschehen. Den übrigen Staatsbürgern kann aber nicht zugemuthet werden, zur Deckung eines Bedürfnisses eine Abgabe zu entrichten, das schon durch das in alten Zeiten ausgeworfene Eigenthum reichlich gedeckt ist. Die Gerechtigkeit kann dem Pflichtigen, der sich von einer, auf seinem Gute haftenden, ihm bekannten, bei der Erwerbung des Guts von ihm berechneten Last befreien will, nicht weniger auflegen, als daß er dem, zu dessen Gunsten die Last dient, soviel gebe, wie sie diesem werth ist. Ich werde in einer folgenden Abhandlung von den Frohnen zu zeigen suchen, daß gleichwohl unter gewissen Voraussetzungen eine Beihülfe des Staats zur Befreiung des Landes von einzelnen Grundlasten ebenso gerecht als zweckmäßig sein könne. Bei dem Zehnten scheint mir eine solche Maaßregel nicht gerechtfertigt, da ich die Ueberzeugung habe, eine Entfernung der mit ihm verbundenen Nachtheile werde auch ohne Beiziehung der Staatshilfe erfolgen können. Noch entschiedener aber muß ich mich gegen die Ansicht erklären, als könnten die Berechtigten mit Recht genöthigt werden, auch nur um einen Heller weniger an Entschädigung zu nehmen, als ihnen ihr Befugniß werth ist. Man geht hier immer von der Vorstellung aus, als schwelgten die Berechtigten im Ueberflusse, während die Pflichtigen in Elend darbten. Aber denke man doch auch an die höheren Bedürfnisse, welche Standesverhältnisse, die Größe des Guts, Erziehung und Lebensgewohnheiten hervorrufen! Und wäre es auch, wer giebt euch denn das Recht, eine Gütervertheilung anzuordnen, eine einzelne Klasse von Staatsbürgern zu berauben, um einer andern ein Geschenk zu machen? Handelte es sich um eine Armensteuer, nun so sind doch die Zehntherren nicht die einzigen Reichen und es müssen alle wohlhabende Staatsbürger in gleichem Verhältnisse beigezogen werden. „Aber die Aufhebung des Zehntenverhältnisses hat auch für die Berechtigten Vortheile!" Dann müssen gewisse Nachtheile mit ihrem Zehntrechte verbunden gewesen sein, die man zu berechnen und von der Entschädigung in Abzug zu bringen hat. Man mag bei der Berechnung der Leistung mit Strenge verfahren, sich sorglich hüten, sie nicht zu hoch abzuschätzen und Alles in Anschlag bringen, wodurch sie für den Berechtigten an Werth verliert. Der Betrag aber, der sich unläugbar, als bisheriger rechtmäßiger und reiner Genuß des Berechtigten herausstellt, muß ihm unverkürzt zugesprochen werden und nur der Pflichtige ist ihn zu leisten schuldig.

Es handelt sich aber bei dem Zehnten nicht um eine völlige Aufhebung jeder Entrichtung von Seiten der Pflichtigen, um eine Abkaufung der gesammten Grundlast. Das ist für den Staat nicht von so erheblichem Nachtheil und für den Landbau nicht so verderblich, daß einzelne Güter an dritte Personen etwas zinsen müssen. Ein solches Verhältniß soll nicht ewig und eisern sein, und der Staat muß die Möglichkeit und die rechtlichen Bedingungen seiner Auflösung aussprechen. Aber ein unmittelbares Interesse an letzterer hat er nicht. Der Pflichtige aber berechnet diese Last bei der Schätzung des Guts und vermag sich zu helfen. Es handelt sich vielmehr hier um den großen Uebelstand des Zehntens, daß er eine von dem Bruttoertrage erhobene Abgabe ist, und mit dem steigenden und sinkenden Bruttoertrage gleichmäßig steigt und fällt. Diese Natur desselben zu entfernen also ist die Aufgabe und zu deren Lösung sind die Pflichtigen befähigt. Denn der Hauptzweck, der in Bezug auf den Zehnten von der Agriculturpolitik verfolgt werden kann, ist erreicht, wenn der Zehnte in eine ständige, gleichbleibende, wenn auch dem Werthe, den er für den Berechtigten hat, völlig entsprechende Rente verwandelt wird; und mit dessen Erreichung ist nicht nur für den Staat, nicht nur für den Landbau, sondern auch für den Pflichtigen ein bedeutender Gewinn verbunden. Es ist hier nehmlich, nach einer Durchschnittsberechnung der letzten 12—15 Jahre, zu berechnen, wieviel dem Zehntherren der Zehnte jedes einzelnen Pflichtigen durchschnittlich jährlich werth sei. Folglich sind von dem Rohwerthe des Zehnten die Kosten der Abtheilung, des Transports und des Ausdruschs — wird gegen Geldrente oder Capital und von sämmtlichen Pflichtigen abgelöst, auch die der Aufbewahrung und der Betrag des wahrscheinlichen Abgangs — abzuziehen. Denn dem Zehntherrn soll nur gewährt werden, was er wirklich genoß. Durch diese Operation gewinnt der Pflichtige einmal, daß er eine geringere Quantität abzuliefern braucht, als bisher, daß diese eine bestimmte und gleichbleibende ist, daß die lästigen und oft ungemein schädlichen Formen der Controle und Erhebung wegfallen, und daß er jeden Mehrertrag seines Gutes, jede Frucht einer zeitlichen und bleibenden Verbesserung desselben, ganz und ohne Abzug genießt; folglich nur dann bei der Operation verliert, wenn er durch unwirthschaftliches Verfahren sein Gut sich verschlechtern läßt. Den Zehntherrn entgeht nun freilich jener zu hoffende Mehrertrag des Gutes. Aber sie haben zu bedenken, daß sie jetzt schon durch die höher gestiegene Cultur des Bodens gegen ihre Vorgänger bedeutend gewonnen und daß sie auf eine Vermehrung ihres Einkommens um so weniger ein Recht haben, je wahrscheinlicher die Verbesserung des Guts ohne die Ablösung des Zehnten nicht stattgefunden haben würde. Hätte der Zehnte wirklich die Natur einer öffentlichen Steuer, die auf dem Grundsatze beruhte, daß z. B. der Kirche der zehnte Theil des gesammten Bodenertrags gebühre, dann würde man vielleicht beweisen können, daß in unsern Zeiten dies nur von dem natürlichen Ertrage*) zu verstehen sei. Als privatrechtliche Last kann er nur nach dem jedesmaligen gegenwärtigen Genusse geschätzt werden. Denn nur auf diesen ist er angewiesen.

So hat denn der Staat zunächst den Grundsatz auszusprechen: daß die Verwandlung des Zehnten in eine ständige und ablösbare Rente jederzeit freistehe. Ja, da für diese Verwandlung ein überwiegendes Staatsinteresse spricht, da ferner bei ihr weder dem Berechtigten etwas entzogen, noch dem Pflichtigen eine höhere neue Last aufgebürdet wird, so scheint es unbedenklich zu sein, diese Verwandlung als Zwangspflicht auszusprechen. Auf jeden Fall muß das Recht, auf Verwandlung des Zehnten in Rente anzutragen, den Zehntherren um so mehr so gut wie den Pflichtigen zustehen, je gewisser durch eine allgemeine Ablösung die Entschädigungssumme für die Pflichtigen, durch Verminderung des Kostenbetrags, verringert wird. Soweit sich die Interessenten selbst über die Auseinandersetzung zu verstehen vermögen, hat der Staat diese ihrer eignen gütlichen Vereinigung zu überlassen, und nur, mehr zur Belehrung und Nachricht, eine allgemeine Anweisung über die zweckmäßigsten Normen der Abschätzung zu ertheilen. Kommt es nicht zu einem Privatabkommen, so müssen vom Staate bestellte Vermittelungs- und Recursbehörden vorhanden sein, deren Kosten aber der Staat zu tragen hat, soweit sie nicht von den Parteien durch unnöthige, vielleicht durch frivole Weiterungen erhöht werden. Denn das Interesse, was er selbst an dem schnellen und wohlthätigen Gelingen der Operation hat, ist jedenfalls die

*) Den der Boden, nach Abzug des Werthes aller darauf verwendeten Arbeit und Capitalkraft, bringt, sobald er seiner natürlichen Beschaffenheit gemäß bearbeitet wird.

Kosten der Unterhaltung dieser Behörden werth. Würden sie bloß den Interessenten zugewälzt, so würde für diese die Maaßregel um so mehr vertheuert, je gewisser sich der Betrag der Kosten nicht wenig erhöhen dürfte, sobald sie nicht mehr dem Staate zur Last fielen. Die Interessenten sollen aber gar keinen Schaden von dem Geschäfte haben, auch keinen vorübergehenden.

Die Entschädigung ist zunächst in einer Rente, zahlbar an einem kurz auf die vollendete Erndte folgenden Termine, auszuwerfen und diese Rente in einem gangbaren Getreidemaaße auszusprechen, aber, sobald sich nicht beide Theile über Naturalleistung, oder über Festsetzung eines durchschnittlichen Marktpreises vereinigen, nach dem Marktpreise, wie dieser an dem Tage sich stellt, wo sie gefällig wird, in Geld zu zahlen. Dadurch werdeu für alle diejenigen, welche nicht selbst Landwirthe sind, sondern nur als Zehntherren Getreide aufbewahren und verkaufen, die Zehntscheuern nutzlos; es wird an den Kosten dieser Gebäude, der Aufbewahrung, dem unvermeidlichen Abgang u. s. w. ein Bedeutendes erspart, was den Pflichtigen zu Gute kommt. Dieser Vortheil würde ihnen entzogen, wenn den Berechtigten die Wahl zwischen Natural- und Geldleistung freistünde. Diese Wahl den Pflichtigen zu lassen, ist aber bedenklich, da es den meisten Zehntherren lieber sein wird, die Rente in Geld als in einem Körnerbetrage von gleichem Werthe zu erhalten, den Pflichtigen aber dies gleichgiltig sein kann. Denn da der Marktpreis am Tage der Ablieferung als Maaßstab genommen wird, so stehen sich Geld und Korn vollkommen gleich, und ersteres hat nur den Vorzug der Bequemlichkeit, der beiden Theilen zu Gute kommt. Sagt man, es entginge dadurch dem Zehntherren die Möglichkeit, durch Aufspeicherung des Getreides, bei künftigen höheren Preisen, einen Gewinn zu machen, so bedenkt man nicht, daß es ihm ja freisteht, noch am Tage des Empfangs, für die bezogene Rente einen gleichen Körnerbetrag zu erkaufen. Meint man, der Landmann zahle lieber in Korn, als in Geld, so vergißt man, daß er für sein zu lieferndes Getreide zu jeder Stunde den Marktpreis erhalten kann. Den Marktpreis nach einem einzelnen früheren oder späteren Termine zu berechnen, würde dem Zustande, als dessen Surrogat die neue Einrichtung dienen soll, nicht mehr entsprechen, folglich gegen den einen oder den andern Theil ungerecht sein. Eine feststehende Geldrente aber anzunehmen, ist keinesweges räthlich. Vielmehr wäre es zu wünschen, daß alle Leistungen, die als Surrogate von Naturallieferungen dienen, in Körnern ausgesprochen würden, um den Fluctuationen des Geldpreises auszuweichen. Glaube ich auch nicht an eine bedeutende Verminderung des Geldpreises für die Zukunft, und setze ich eher eine Erhöhung desselben voraus*), so wird doch die hier vorgeschlagene Einrichtung vor der Hand zur Beruhigung der Zehntherren, künftig, wie ich glaube, zur Erleichterung der Pflichtigen dienen, überall aber und zu jeder Zeit gerecht sein. Als Regel konnte hier nur der Marktpreis des Tages aufgestellt werden. Ist beiden Theilen Naturallieferung lieber, so können sie sich darüber vereinigen. In Folge gleichen Abkommens mögen sie festsetzen, daß nicht der Marktpreis des Tages, auf den so viele wechselnde Umstände Einfluß haben, sondern der aus einem Durchschnitte von zehn Jahren gefundene natürliche Marktpreis als Maaßstab anzunehmen sei. Dadurch wird die Entrichtung für den Empfänger gleichbleibend und bestimmt. Und auch der Pflichtige wird einsehen, daß er nichts dabei verlieren kann**). Als Regel konnte aber dieser Maaßstab nicht angenommen werden, da er von dem bisherigen Verhältnisse, wenigstens scheinbar, zu sehr abweicht.

Die sonach festgestellte Rente muß jederzeit ablöslich sein, und zwar muß das Gesetz das Verhältniß bestimmen, in welchem sie gegen Capital zu jeder Zeit, und ohne daß der Berechtigte sich weigern könnte, abgelöst werden darf.

---

*) Es wird kein zweites Amerika entdeckt werden, und der wachsende Verkehr, die sich weiter verbreitende Cultur wird die vorhandenen Tauschmittel in immer höherem Maaße in Anspruch nehmen.

**) Auch alle Grundsteuer sollte in Körnern ausgeworfen und nach dem durchschnittlichen Marktpreise in Geld verwandelt werden.

Wo ausnahmsweise eine einzelne Ablösung durch Abtretung von Land vorgenommen werden soll, da kann dies nur in Folge gütlicher Vereinigung geschehen. Das Recht, auf Ablösung dieser Rente anzutragen, kann nur dem Pflichtigen zugesprochen werden. Denn während kein Grund vorhanden ist, anzunehmen, es sei den Pflichtigen beschwerlicher, statt des wechselnden Naturalzehnten eine geringere ständige Geldrente zu entrichten, läßt sich nicht verkennen, daß sie zum großen Theile nicht im Stande sind, eine größere Capitalsumme auf einmal und zu jeder Zeit aufzubringen. Könnte nun der Staat auch dem durch Kreditanstalten abhelfen, da es gleich ist, ob der Pflichtige die gleiche Summe als Rente an den Zehntherren, oder als Zins an die Landesbank giebt, so hat doch auch der Zehntherr kein überwiegendes Interesse, eine Ablösung zu verlangen, da ihn die Aufhebung des Zehnten nicht zur Aenderung seines Wirthschaftssystems nöthigt. Vielmehr, da die Kirche die Eigenthümerin der meisten Zehnten ist, diese aber mit Capitalien weniger vortheilhaft umgehen dürfte und in einer gleichbleibenden Rente ein viel sichereres Einkommen hat, so scheint das Interesse des Zehntherren mehr gegen die Ablösung zu sein. Dieses abweichende Interesse ist zu versöhnen. Es ist ferner eine Einrichtung zu begründen, wodurch es dem Pflichtigen möglich gemacht wird, nach und nach durch seine Ersparnisse, durch kleine Abzahlungen, in ihm gelegenen beliebigen Quoten und Terminen, die Rente zu verringern und endlich ganz zu entfernen. Dies ist aber bei dem Kirchenzehnten, der ein Einkommen nicht einzelner Privatpersonen, sondern bleibender Stellen ist, nicht durch Zahlungen an den Zehntherren durchzuführen, da kleine Abzahlungen nicht immer anzulegen sind, und die Gefahr des Unterschleifs zu bedenken bleibt. Selbst bei Privatzehnten mag eine solche theilweise Ablösung zuweilen unthunlich scheinen, da sie die Rechte der Fideicommißerben, Gläubiger u. s. w. gefährden kann. Endlich ist es überhaupt wünschenswerth, es den Pflichtigen und den Berechtigten wenigstens möglich zu machen, sich außer persönliche Berührung zu einander zu setzen, da dieses Verhältniß immer die Quelle von Streitigkeiten und Feindschaft werden kann, einen Schein der Abhängigkeit auf den Pflichtigen wirft, der Stellung des Geistlichen in seiner Gemeinde schadet und das Zinsen am Erträglichlichsten wird, wenn es mehr in das Licht einer öffentlichen Leistung gestellt wird. Beiden Theilen muß es möglich gemacht werden, da Beide Vortheile von der Auflösung des Verhältnisses haben können, diese selbst aber so geordnet sein muß, daß keiner Nachtheile davon hat. Nur möglich gemacht soll es ihnen werden, nicht als Zwangspflicht festgestellt, da dazu das Interesse des Staats daran nicht hoch genug ist, und da in vielen einzelnen Fällen die Betheiligten sich z. B. über Naturallieferung, kurz über Modificationen vereinigen werden, die ihren individuellen Verhältnissen entsprechend, aber nur unter persönlicher Berührung auszuführen sind. Erfolgen soll aber diese Erleichterung von Seiten des Staats durch Errichtung einer Anstalt, die zwischen die Interessenten tritt und die Renten von den Pflichtigen in Empfang nimmt, an die Berechtigten auszahlt. Sie wird Gläubiger des Pflichtigen und Schuldner des Zehntherrn. Von ihr kann der Pflichtige zu jeder Zeit die Rente ganz oder theilweise ablösen, ohne daß diese sich für den Berechtigten verminderte. Mit den empfangenen Capitalsummen operirt sie, theils, wo es thunlich ist, zur Abkaufung des Zehntrechts, theils in andern sichre Zinsen tragenden und für die Gesammtheit wohlthätigen Unternehmungen. Ist zuletzt z. B. der gesammte Kirchenzehnte von Seiten der Pflichtigen abgelöst, so steht das Verhältniß in dem ganz andern Lichte da: daß die Kirche eine jährliche sichre Rente vom Staate empfängt, die aus dem Capitalertrage der von den Pflichtigen gezahlten Abkaufssummen gebildet ist. Und vielleicht daß es das zweckmäßigste wäre, gleich mit diesem Verhältnisse anzufangen und den gesammten Kirchenzehnten, gegen Zusicherung einer ihm entsprechenden Rente, von Staatswegen zu übernehmen. Der Ablösung selbst aber, da es sich hier in den meisten Fällen um eine wechselnde Rente handelt, muß eine, nach dem durchschnittlichen

Werthe der Leistung berechnete Schätzung vorangehen. Muß hier auch die Bank an die Zehntherren eine wechselnde Summe zahlen, während sie von den Pflichtigen, wenigstens sobald diese abzukaufen anfangen, eine ständige fordern muß, so wagt sie doch nichts, da letztere eine durchschnittliche ist.

Endlich muß die Gesetzgebung für die Zukunft alle Einführung neuer Zehnten, als eine gemeinschädliche Belastung des Grundeigenthums, folglich auch die Noval- oder Neubruchzehnten ausdrücklich verbieten. Es ist nicht denkbar, daß jemals unsre Staaten wieder in einen Zustand kommen, wo das System der Zehnten natürlich und unschädlich erscheinen könnte.

VII.

Frohnen und Dienstbarkeiten.

Durch ganz Deutschland zieht sich seit den frühesten Jahrhunderten des Mittelalters das Verhältniß einer gewissen Unterthänigkeit der kleineren Grundbesitzer gegen die Größeren; der Bewohner des Dorfs gegen den Bewohner des Rittersitzes. Es mag dieses Verhältniß an vielen Orten auf Eroberung, an andern auf freiwillige Unterwerfung gegründet gewesen sein, aber so allgemein war seine Verbreitung, daß es allmälig den Charakter eines öffentlichen Instituts annahm und das Vorhandensein der aus ihm sich ergebenden Rechte und Pflichten in allen Orten vorausgesetzt wurde, die Befreiung, nicht das Recht, zu erweisen war. Nur an einigen wenigen Punkten des deutschen Vaterlandes hatte sich dieses Verhältniß in einer so schroffen Steigerung erhalten, daß es dem Begriff der Leibeigenschaft, der Knechtschaft, gleichkam, der Eigenhörige an die Scholle gefesselt war, nicht nach freiem Ermessen mit dem von ihm bearbeiteten Boden schalten, ihn nicht als sein zu freier Verfügung stehendes Eigenthum betrachten konnte, mit dem Gute verkauft, vertauscht und vererbt ward, und so ganz ein Eigenthum des Herrn war, daß dieser über seine Kräfte nach Gutdünken zu beliebigen Zwecken gebieten, ihn zu ungemessenen Diensten verwenden konnte und für das Alles nur die Pflicht übernahm, ihm nicht alle Früchte seines Fleißes zu rauben, und ihn im Alter und Unglück — nicht verhungern zu lassen. Auch wo dieses grauenvolle Verhältniß noch bestand, hatte die Gesetzgebung, hatte die Sitte, ja die Klugheit der

Berechtigten selbst es gemildert. Wo der Begriff der Leibeigenschaft aber verdrängt oder niemals aufgekommen war, da waren die allgemeinen, aus dem gutsherrlichen Verhältnisse rechtlich fließenden Befugnisse nur gering und hatten zum großen Theil einen öffentlichen, auf den früheren Zustand des Staatslebens gegründeten Charakter. Der Gutsherr war ehedem die Obrigkeit seiner Gutsangehörigen. Die Fürsten boten nur die Bewohner ihrer Domainen unmittelbar auf. Selbst wo sie die Unterthanen im Interesse des Staats zu einer Handlung aufforderten, riefen ihre Vögte nur die Bewohner der unmittelbaren Ortschaften auf; die Unterthanen der Vasallen wurden durch diese selbst aufgeboten. Zu den Kosten der Gerichtsbarkeit mußten die Hintersassen beitragen, weil ja der Gutsherr ihr Richter war; sie mußten Verbrechern nachsetzen und sie bewachen. In Zeiten unruhiger Gährung hatten sie die Bewachung der Rittersitze zu übernehmen. Ward das Schloß, in das sie in Kriegsnoth ihre Habe flüchteten, zerstört, so lag ihnen die Beihülfe beim Aufbau durch ihre Hände und ihre Gespanne ob. Der einzige Rest eines wahren Leibeigenschaftsverhältnisses, der sich in vielen Ländern als allgemeine Verpflichtung der Grundholden erhalten hat, ist die dem Gutsherrn zu verstattende Vormiethe der Unterthanenkinder.

Hatten diese Verhältnisse einen unbestimmten öffentlichen Charakter angenommen, so behielten dagegen die von den kleineren Grundbesitzern zu leistenden Frohnen und Dienste eine privatrechtliche Natur*). — Wir machen unsre Geschäfte mit Geld, diesem Symbole der gesammten Güterwelt ab. Wer etwas zu entrichten hat, giebt eine Geldsumme, die er für irgend ein ihm überflüssiges Gut erhielt; der Empfänger verschafft sich mit dem Gelde was er gerade braucht. Ein unermeßlicher Vortheil, daß unsre Leistungen und Gebühren nicht auf specielle Arten von Gütern

*) Selbst wo die Leibeigenschaft fortbestand, drängte sich der privatrechtliche Standpunkt wohlthätig ein und bewirkte eine Verschiedenheit der Verpflichtung nach der Verschiedenheit der Güter.

gebannt sind, die in dem Augenblicke der Leistung dem Verpflichteten vielleicht werthvoll, dem Berechtigten nutzlos sind. Im Mittelalter aber war das Geld eine seltne Waare; die Bedürfnisse waren nicht zahlreich und nicht vielfach; Arbeit und Lebensmittel brauchte der Herr und beide konnte der Pflichtige schaffen; folglich wurden sie der Maaßstab der Leistungen. Der Eroberer nahm eine bezwungene Provinz in Besitz und betrachtete sich als den Eigenthümer des Bodens, aber er ließ ihn seinen Besitzern und bedung sich Naturallieferungen aus. Der Besitzer ausgedehnten Grundeigenthums, dem es an freien Händen zu dessen Bestellung gebrach, trat einen größeren Theil desselben an heimathslose Anbauer ab, und diese machten sich anheischig, neben ihren Feldern auch die seinigen zu gemessenen Zeiten zu bestellen. Der kleine Grundeigenthümer, in einer verworrenen, gewaltthätigen Zeit des Schutzes bedürftig, erkaufte den Schutz eines mächtigen Nachbars, vielleicht seines bisherigen Verfolgers, indem er sich gleichfalls verpflichtete, ihm in gewisser, beschränkter Maaße mit Hand und Gespann zu Dienste zu stehen. Den Ursprung des Verhältnisses im Gedächtniß zu halten, kamen zu den regelmäßigen Leistungen unbestimmte, die jedesmal bei Veränderungen in den Personen der Besitzer eintraten; analog den Grundsätzen des höheren Lehnsverbandes. Wie auf den Gütern der Ritter, so war es auf den Grundbesitzungen der Fürsten. Aber auch später noch befolgte der Staat bei vielen Bedürfnissen den Grundsatz, statt von sämmtlichen Volksgenossen eine Abgabe zu erheben und diese zur Bestreitung des Bedürfnisses auf freiem Wege zu verwenden, Alle, die im Besitze der Mittel zu dessen Deckung und nicht durch ihre politischen Rechte geschützt waren, direct zur Naturalleistung aufzufordern. — In Zeiten, wo die Bedürfnisse der Einzelnen und des Staats gering waren, der Boden genug bot, um auch bei schlechter, unvollkommener Bestellung die Bevölkerung gnüglich zu nähren, der Herr keine sorgsame Arbeit forderte und dem Bauer auch für seine Wirthschaft die Zeit nicht kostbar, überdem das Verhältniß zwischen Grundherrn und Grundholden das einzige war, was diesen berührte, da mögen jene Einrichtungen unschädlich, ja natürlich gewesen sein; da mag man auch nicht eben sorglich die Größe des Rechts und der Pflicht beachtet und gewahrt haben. Einzelne Herren, die schärfer auf die Zukunft blickten, mögen auch damals ihre Ansprüche weiter ausgedehnt, als der ursprünglichen Berechtigung gemäß war, und diese Ausdehnung im Dunkel damaliger Zeiten durch Verjährung gesichert haben. Die Umstände änderten sich. Die Bedürfnisse der Staaten wuchsen und die Vasallen bewilligten Abgaben, die um so schwerer auf den Einkünften der Hintersassen lasteten, da die Grundherren sich selbst eine Befreiung davon gar klüglich bedungen hatten. Es verbreiteten sich neue Genüsse, die anfangs durch ihre Wohlfeilheit lockten, bald zum Bedürfnisse geworden einen höheren Aufwand zur unvermeidlichen Nothwendigkeit machten. Die zunehmende Bevölkerung machte die sorgfältigste Benutzung des Bodens zur Pflicht und verbannte das leichtsinnige Verfahren der Vorzeit. Theorie und Praxis der Landwirthschaft erweiterten ihre Bahnen und führten neue Bestellungsweisen ein. Die Grundherren nahmen daher die Thätigkeit ihrer Frohnpflichtigen schärfer in Anspruch. Die Pflichtigen, aufmerksamer geworden auf den Werth der Zeit und der Arbeit, und mit der Cultur ihrer eigenen Besitzungen sorglicher beschäftigt, überdem von neuen Lasten und Ausgaben bedrängt, wurden unwillig, mehr als das strenge Recht zuzugestehen und geizten mit den Augenblicken der freien Zeit. Bei dem Erwachen dieser Periode wurden die einzelnen Befugnisse festgestellt, und Käufe, Erbregister, Dienstbücher enthielten die Aufzeichnung der Leistungen, die jedes einzelne Gut dem Gute des Berechtigten schuldete. Mag es sein, daß auch damals die Grundherren ihre Gewalt und ihre obrigkeitliche Stellung, wie den Einfluß, den sie auf Gerichte und Staatsbehörden ausübten, gemißbraucht haben, um diese Feststellung zu ihren Gunsten zu lenken. Zu lange Zeit ist seitdem verflossen, als daß nicht die Verjährung das Verhältniß geheiligt, der Verkehr es ausgeglichen haben sollte. Nicht die jetzigen Besitzer des Rechts haben durch die Misbräuche ihrer Vorgänger gewonnen; nicht die jetzigen Pflichtigen durch das Unglück ihrer Vorgänger gelitten. So ist denn das Erbtheil einer vergangenen Zeit in einem durch das Eigenthumsrecht geheiligten Verhältnisse auf uns gekommen. Aber es ist ein trauriges, unheilvolles Erbtheil. Es stellt eine Verwickelung entsprechender Rechte und Pflichten dar, die drückender für den Verpflichteten, als dem Berechtigten nützlich, ja dem Letzteren in vieler Beziehung nachtheilig, wie für den Aufschwung des Landbaus lähmend und verderblich sind.

Der Pflichtige muß eine geraume Zeit des Jahres hindurch einen Theil seiner Zeit der Bestellung fremden Eigenthums widmen, eine Arbeit verrichten, deren Früchte nicht ihm zu Gute gehen. Er muß an vielen Orten, sobald er nicht seine eigne Wirthschaft vernachlässigen will, Gesinde und Gespanne halten und aus dem Ertrage seines Guts ernähren, die nicht zu seinem eignen Dienste, sondern zu dem des Herrn bestimmt sind. Im letzteren Falle hat er eine große Ausgabe zu übernehmen, aus der kein Vortheil für ihn zurückfließt. Wo er dagegen die Frohnen nur mit seinen gewöhnlichen Wirthschaftskräften bestreitet, da bleibt seine eigne Wirthschaft vielfachen Versäumnissen ausgesetzt, und selbst große Verluste können ihm drohen, wenn er zu ungelegener Zeit seinem wahren Berufe entzogen wird. Die Erinnerung an das ursprüngliche Verhältniß ist verwischt. Vielleicht daß diese Dienste immer mit Unlust geleistet wurden und daß nur die Peitsche des Frohns eine mismuthige Sklavenarbeit erzwang. Jetzt aber, wo das Gesetz den freien Menschen vor persönlicher Gewaltthätigkeit in Schutz nimmt, wo der Bauer in dem Gutsherrn nur den gleichberechtigten Mitbürger sieht, jetzt in unsern berechnenden, lichtvollen Zeiten, wer möchte sich da wundern, wenn die Arbeit zu fremdem Nutzen nur unwillig, träge, ohne Sorgfalt verrichtet wird und nach dem Sprichwort Frohnarbeit halbe Arbeit ist? Wenn nur nicht allzuoft der Fröhner diese Trägheit und Nachlässigkeit auf seine eigne Wirthschaft übertrüge, und was er zum Schaden des Herrn in dessen Dienste erlernt, auch zu eignem Schaden bei seinem Gute beibehielte! Wenn nur nicht der Pflichtige, wo die Frohnen hart sind, an der Möglichkeit, sein Gut mit voller Kraft zu bestellen und zu vollem Ertrage zu nutzen, verzweifelnd, auch den Fleiß und den Aufwand nicht mehr auf seine Besitzung wendete, zu denen er allerdings noch fähig gewesen wäre! Und wenn nur nicht oft die sorgfältige, alle Theile mit gleichem Eifer umfassende Bewirthschaftung, die im natürlichen Stande der Sache dem kleinen Landmann eigen und möglich ist, durch den Zeit- und Kraftverlust, den ihm der Herrendienst zuzieht, geradezu unmöglich gemacht würde! In unsern Tagen zudem, wo auch der Landmann von einer freisinnigen Gesetzgebung zu dem Gefühle höherer Menschen- und Bürgerwürde erzogen wird, und der Bauer sich neben den Edlen setzt, muß ihn das Gefühl eines Abhängigkeitsverhältnisses, was doch immer in den Frohnen liegt, niederdrücken und anwidern. Gründe genug, den Pflichtigen die Auflösung des Verhältnisses wünschenswerth zu machen.

Aber auch die Berechtigten haben Anlaß zu diesem Wunsche. Einmal weil es dem einsichtsvollen Landwirth nicht gleichgültig sein kann, ob er mit Arbeitern zu thun hat, von denen er die volle, ja die höchste Anstrengung ihrer Kräfte fordern kann, oder mit solchen, die mit Unlust das Herkömmliche mühselig leisten, nirgends auf den Vortheil des Herrn bedacht sind, bei ihrem Verfahren mehr auf den Wortsinn alter Erbregister, als auf die Anweisungen des Anstellers hören, an dem Gedeihen der Arbeit nicht das mindeste Interesse haben, und bei denen er selbst sich sagen muß, daß er ihnen dieses Verfahren nicht verdenken, einen thätigeren Eifer ihnen nicht zumuthen könne. Geschäfte, die eine besondere Vorsicht und Sorgfalt erfordern, können Frohnarbeitern gar nicht aufgetragen werden. Dann, weil er in den Fröhnern keineswegs Arbeiter hat, die er frei verwenden kann, sondern in ihnen Werkzeuge empfängt, bei denen selbst die Art und Weise, wie er sie benutzen soll, durch privatrechtliche Satzungen festgestellt ist. Die Frohnen sind häufig der Q u a n t i t ä t nach gemessen. Hat der Fröhner seine Frohntage abgearbeitet, so ist er nichts mehr schuldig. Vielleicht daß die Witterung der Arbeit einzelne Hindernisse entgegensetzte, aber der Herr hatte ihn einmal geladen, das Wetter ist unbeständig und der Arbeitstag ging unter Unterbrechungen hin; freies Gesinde kann in solchen Fällen zu häuslichen Arbeiten verwendet werden; nicht so der Fröhner. Seine Dienste sind in der Regel der Qualität nach gemessene, und wer zum Pflügen bestellt ist, kann nicht zum Dreschen, das Gespann, das die Erndte einfahren soll, kann nicht zu Holzfuhren verwendet, der Erbdrescher nicht zum Mähen oder Aufladen gebraucht werden. In den meisten Fällen sind die Frohnen selbst auf die zur Zeit ihrer Feststellung übliche Culturart berechnet. Die Einführung eines Wirthschaftssystemes, das neue und mehrere Arbeit erfordert, muß unterbleiben, sobald man die Mehrarbeit nicht durch Lohnarbeiter bestreiten kann. Wo aber die Zeit der Landleute schon durch Frohnen so vielfach in Anspruch genommen ist, da ist die Lohnarbeit theuer und schwer zu bekommen. Allein nicht nur mehrere Arbeit weist der Fröhner zurück; er weigert sich auch neue und andere zu verrichten; er will dieselbe Getreideart auf demselben Acker; er will dasselbe Werkzeug, dieselbe Methode der Bestellung und Einerndtung und wo es hergebracht ist, das Getreide des Herrn mit Sicheln zu erndten, da nimmt der Fröhner nun und nimmermehr die Sense in die Hand. Dadurch wird der Bewirthschaftung frohnberechtigter Güter der Charakter starrer Stabilität aufgedrückt und ihr Besitzer genöthigt, einem für ihn vortheilhafteren Wirthschaftssysteme zu entsagen, weil ihm das bisherige Verfahren mit unentgeldlicher Arbeit doch noch mehr reinen Gewinn abwirft, als das bessere mit bezahlter. Müßte er die Arbeit auch bei dem bisherigen Systeme bezahlen, so würde er ein anderes wählen, weil dies dann auch einen höhern Reinertrag liefern würde. So aber muß er dem Mehrbetrag des Nettoertrags sowohl als des Rohertrags entsagen, um den Werth der unentgeldlichen Frohnarbeit nicht zu verlieren.

Beides ist aber zugleich ein Verlust für das Nationalvermögen. Die Unmöglichkeit, bei dem Fortbestehen der Frohnverhältnisse, sowohl die Benutzung der kleinen Güter, als die der großen auf die höchstmögliche Stufe zu bringen und auf beiden das Wirthschaftssystem durchzuführen, das ihrer besonderen Beschaffenheit und dem heutigen Standpunkte der Agricultur wahrhaft angemessen erscheint, läßt diese Einrichtungen als ein Haupthinderniß einer gründlichen Verbesserung des Landbaues erscheinen. Aber auch sonst kann es dem Staate nicht gleichgültig sein, daß gerade der kleine Grundbesitz, der hoch mit Steuern belegt ward und auf dem sich der wahre Kern des Volkes, die Stütze seiner Wohlfahrt nährt, mit drückenden Leistungen an Kirche, Gemeinde und Grundherrn belastet, an der freien Verwendung seiner Kräfte, dem zweckmäßigen Gebahren mit seinem Eigenthume verhindert und der Gefahr preisgegeben ist, den Geist der Trägheit und der Vernachlässigung, den er bei der Frohnarbeit einsaugt, auch auf seine eignen Geschäfte überzutragen. Der Staat sieht den zahlreichsten Theil seiner Bevölkerung unter einer Ueberlastung mit Abgaben und Leistungen seufzen, die nur zu häufig den ganzen Reinertrag der Güter verschlingt und ein Verhältniß herbeiführt, in welchem der Landmann nur von dem Lohn seiner Arbeit, nicht mehr vom Ertrage seines Feldes lebt, nur unter der größten Einschränkung bestehen kann, und endlich unrettbar der Verschuldung und dem Concurse entgegengeht. Auch ist es für das Nationalvermögen kein unwichtiger Nachtheil, daß die Frohnarbeit, bei ihrer lassen Betreibung, eine weit größere Anzahl von Arbeitern in Anspruch nimmt, als die freie, daß folglich eine bedeutende Summe von Kräften der Production entzogen wird. Endlich werden die Frohnen nur zu häufig ein Anlaß zu kostspieligen und langwierigen Rechtsstreitigkeiten, und tragen auch hierdurch zu vielen Verlusten, Ausgaben und Versäumnissen der Pflichtigen und Berechtigten bei. Dies aber ist zugleich ein Verlust für den Staat und eine unnöthige, zeitraubende Behelligung seiner Behörden. Dazu kommt die nachtheilige Abhängigkeit, das gespannte Verhältniß, in welches die kleinen und großen Grundbesitzer gegenseitig gesetzt sind. Die Erfahrung hat gelehrt, daß, nach vollständiger Auseinandersetzung über Gefälle und Lasten, das verjährte Mistrauen des Bauern gegen den Rittergutsbesitzer augenblicklich verschwand und nun erst das patriarchalische Verhältniß sich bildete, mit dem man zuweilen jene mittelalterlichen Institute zu vertheidigen gesucht hat.

So wären also Berechtigte, Pflichtige und der Staat bei einer Auflösung des bisherigen Frohnverhältnisses sämmtlich interessirt und es wird deshalb zu einer wichtigen Aufgabe für die Regierung, sie herbeizuführen. Das Recht dazu kann ihr niemals abgesprochen werden, sobald sie nicht bei der Ausübung desselben auf eine rechtskränkende Weise verfährt. Wie der Staat vollkommen berechtigt ist, das Eigenthum eines Bürgers, sobald er es zur Befriedigung seiner Zwecke bedarf, ihm gegen entsprechende Entschädigung zu entziehen, so ist er auch gleichmäßig befugt, ein Institut zu entfernen, dessen Fortbestehen den gemeinschaftlichen Zwecken zuwider ist, sobald er nur Allen die Fortdauer des Genusses sichert, den sie aus dem bisherigen Verhältnisse zu ziehen und dessen Fortdauer zu erwarten sie berechtigt waren. Wohl aber unterliegt die Ausführung der Aufgabe unter diesen Bedingungen erheblichen Schwierigkeiten und nur mit Anstrengung wird die Reform den Knoten lösen, den revolutionaire Gewaltthätigkeit mit leichter Mühe zerhauen hat.

Der Staat hat zuvörderst*) das fernere Eingehen ähnlicher Verhältnisse, so wie die fernere Erwerbung solcher Rechte durch Verjährung oder auf anderem Wege, zu verbieten. Dann hat er die unentgeldliche Aufhebung der Leistungen, die mehr auf einer öffentlichen, als auf einer privatrechtlichen Basis beruhen, ihren Zweck in neueren Zeiten verloren haben und nicht vollkommen zur Reallast geworden sind, aus-

*) Handelt es sich um einen Staat, in welchem Verhältnisse und Volkswünsche nicht gerade drangen, so kann es zweckmäßig sein, einige Zeit vor Ausführung der Ablösungsmaaßregel durch gesetzliche Entscheidung der in solchen Sachen vorkommenden Zweifelfragen die oft misbrauchlich ausgedehnten Ansprüche der Berechtigten auf einen sichern Standpunkt zurückzuführen.

zusprechen. Es sind dies größtentheils Leistungen, die keinen berechenbaren Werth hatten, auf deren Benutzung der Berechtigte nicht mit Sicherheit rechnen konnte, bei deren Aufhören er keinen klaren Verlust hat und die als schmachvolle Reste einer Zeit der Knechtschaft und Willkür der Vernichtung anheimfallen müssen. Die Landleute sind nicht mehr bloß durch die Gutsherren mit dem Staate verbunden, sie fühlen es nur zu sehr, daß sie Staatsbürger geworden sind, und der letzte Begriff der Gutsunterthänigkeit muß verdrängt werden. Nun bleiben aber die eigentlichen Reallasten übrig, deren Werth für Pflichtige und Berechtigte in dem Gutspreise bezahlt ist oder bezahlt wird, bei denen eben so klar, wie das Wünschenswerthe ihrer Entfernung für den Pflichtigen, doch auch die Nothwendigkeit, ihren Werth den Berechtigten zu sichern, ist, und wo nun alles darauf ankommt, dem Pflichtigen die Befreiung von der Last ohne Beeinträchtigung des Berechtigten möglich zu machen.

Ich werde später untersuchen, inwiefern eine directe Beihülfe des Staates bei der Entfernung dieser Gattung von Grundlasten billig erscheinen kann. In jedem Falle aber und die leichte Fähigkeit der Pflichtigen, sich von ihnen zu befreien, auch angenommen, bedarf das wohlthätige Gelingen der Operation mehrfacher Beförderungsmittel, die in den Händen des Staats liegen. Auch hier ist die Einsetzung von Vermittelungsbehörden erforderlich, an die sich die Interessenten wenden können, wenn hartnäckiger Eigensinn die gütliche Auseinandersetzung vereitelt. Ueber die Kosten derselben gilt eben das, was bei der Zehntablösung bemerkt ward. Auch hier wird aber die Bildung eines Instituts von ersprießlichem Nutzen sein, das, in der Form einer Rentenbank, zwischen die Interessenten tritt, eine Aufhebung der persönlichen Berührung unter ihnen erleichtert und zugleich dem Berechtigten es möglich macht, sich ein Capital zu verschaffen, während der Pflichtige nur eine Rente zahlt, für den Pflichtigen aber, dem sie die allmälige und gelegentliche Ablösung der Rente zuläßt, die Stelle einer Creditanstalt auf die wohlthätigste Weise vertritt. Der Staat hat ferner, indem er für die Wahrung der Rechte dritter Personen, die als Mitbelehnte, Gläubiger, Pachter u. s. w. bei der Ausführung des Geschäfts betheiligt sein können, gesetzliche Sorge trägt, eine unbefugte Verhinderung der Maaßregel durch diese unmöglich zu machen und ihnen ein Widerspruchsrecht zu versagen. Endlich hat er, indem er die allgemeine Ablösbarkeit der dinglichen Lasten ausspricht, die subsidiarischen Normen festzustellen, auf deren unter öffentlicher Autorität erfolgende Anwendung die Betheiligten provociren können, wenn ein gütliches Abkommen auf Privatwege unter ihnen nicht zu erreichen steht.

Sei jetzt die Frage über das Aufkündigungsrecht noch bei Seite gestellt. Die nächste Frage betrifft die Schätzung der vorhandenen Leistungen, und hier ist nach der verschiedenen Natur der Verhältnisse verschieden zu verfahren; immer aber der Nutzen, den das bisherige Verhältniß für den Berechtigten hatte, als der Zielpunkt zu betrachten, da es ja eben darauf ankommt, ihm die Fortdauer dieses Nutzens zu sichern. Die Leistungen sind entweder ständige, regelmäßig wiederkehrende, oder sie sind wechselnde, vom jedesmaligen Bedürfnisse, von zufälligen äußeren Ereignissen bedingte. Bei den ersteren kann man keinen andern Maaßstab wählen, als daß man berechnet, wie hoch es dem Berechtigten zu stehen kommen werde, wenn er dieselbe Leistung durch freie Arbeit verrichten ließe. Wo daher die Frohnarbeit in der Ableistung gewisser Arbeitstage besteht, da wird man auszumitteln haben, wie hoch ein solcher Arbeitstag zu der angegebenen Zeit in der fraglichen Gegend an freie Arbeiter bezahlt werde, wobei man natürlich den wohlfeilsten Weg, auf welchem diese nur zu bekommen sind, ins Auge faßt. Von dem Betrage letzterer Ermittelung wird aber ein Abzug zu machen sein, da die Frohnarbeit von geringerer Güte als die freie Arbeit ist, der Berechtigte also gewinnen würde, wenn er freie Arbeit bezahlt erhielte, während er nur Frohnarbeit verlangen konnte. Dieser Abzug wird niemals unter einem Drittheil betragen, ja er wird auf die Hälfte gesteigert werden können, wenn sich ermessen läßt, daß der Berechtigte durch den Wegfall der mit der Frohnarbeit verbundenen Beschränkungen einen bedeutenden Gewinn machen oder wenn man voraussetzen kann, daß sich die Zahl der freien Arbeiter beträchtlich vermehren und mit ihrer Zunahme der Arbeitslohn sich verringern werde. Man hat hier örtliche Verhältnisse zu beachten und die Entscheidung kommt den Ablösungsbehörden zu. Da ferner in den meisten Fällen die Frohnberechtigten verbunden sind, den Pflichtigen gewisse herkömmliche, wenn auch zu dem Werthe der Leistung noch so sehr außer Verhältniß stehende Gegenentrichtungen zu geben, so sind auch diese sorgfältig abzuschätzen und gleichfalls von dem berechneten Werthe des Frohndienstes in Abzug zu bringen. Nach Analogie dieses Verfahrens ist in allen ähnlichen Fällen zu handeln. Bei wechselnden, unregelmäßigen Leistungen findet zwar zuletzt die gleiche Methode Anwendung, vorher aber ist zu erörtern, wie oft in einem längeren Zeitraume das Eintreten derselben stattgefunden habe, wie oft es also durchschnittlich in der Zukunft zu erwarten sei, und wie hoch es nun den Herren zu stehen kommen werde, diese Leistung durch freie Arbeit verrichten zu lassen. Auch hier ist aber theils der Betrag der Gegenentrichtungen abzuziehen, theils ein gesetzlicher, der schlechteren Beschaffenheit der Frohndienste entsprechender Abzug zu machen. Eine bedeutende Stelle unter dieser Art von unständigen Leistungen nehmen übrigens die Baudienste ein. Gerade bei ihnen aber dürfte es zweifelhaft sein, ob nicht die Gesetzgebung berechtigt sei, die Pflichtigen von ihrer ferneren Leistung auch ohne Entschädigung der Berechtigten frei zu sprechen. Denn in den meisten Ländern haben die Baudienste mehr den Charakter einer öffentlichen Last, als eines privatrechtlichen Befugnisses. Sie werden gesetzlich präsumirt. Die Hoffnung des Genusses derselben aber weist auf eine unbestimmte Zukunft hinaus. Der Berechtigte hat vielleicht bei Erwerbung des Guts sie in einigen Anschlag gebracht; von dem Pflichtigen kann man dies schwer behaupten. Ein Institut des öffentlichen Rechts kann der Staat aber mit größerer Leichtigkeit aufheben. Diejenigen wenigstens, deren Recht noch nicht aufgelebt ist, die höchstens in ferner Zukunft einen Verlust dadurch befürchten, mögen weder zum Widerspruche noch zum Verlangen einer Entschädigung berechtigt erscheinen. Darum dürften in unsrem Falle wenigstens dann alle Rücksichten der Billigkeit vollkommen befriedigt sein, wenn die Gesetzgebung ausspräche: nur noch für einen, den nächsten, nach einer Wahrscheinlichkeitsannahme zu berechnenden Fall seien die Unterthanen zu Baudiensten verpflichtet; für die Zukunft aber höre diese Verbindlichkeit auf. Der Gutsbesitzer, der seine Gebäude von Grund aus neu gebaut sieht, wird sicher für sein Gut nicht einen Heller weniger bekommen, wenn gleich der neue Erwerber die Aussicht nicht mehr hat, in dem fernen, nach langen Jahren eintretenden Falle eines Neubaues die Unterthanen zu Baudiensten auffordern zu können. Der Werth dieser einmaligen Baudienste ist zu schätzen, davon aber theils ein auf die schlechtere Beschaffenheit der Frohndienste berechneter Abzug zu machen, theils der Betrag dessen abzurechnen, umwieviel dem Berechtigten die Entschädigung, die er jetzt empfängt, dieses früheren Bezugs wegen, mehr werth ist, als die Dienstleistung, die er erst in einer gewissen Reihe von Jahren hätte verlangen können. — Im löblichen Eifer, die Interessen der Pflichtigen zu fördern, hat man zuweilen die Billigkeit der eben erörterten Normen und namentlich des Grundsatzes in Zweifel gezogen, daß die Leistung nach dem Werthe zu schätzen sei, den sie für den Berechtigten hat. Man hat geglaubt, für das Beste der Pflichtigen zu sorgen, indem man behauptete, da die Ablösung wesentlich zu der Erleichterung der Pflichtigen vorgenommen werde, so sei gleichmäßig zu berechnen, wieviel die Leistung dem Pflichtigen gekostet habe, und die Mitte zwischen beiden Ansätzen werde alle Ansprüche versöhnen. Man vergißt aber, daß, wenn man hier nicht dem willkührlichen Anführen des Pflichtigen leichtsinnigen Glauben beimessen, wenn man vielmehr eine gerechte und sachgemäße Abschätzung vornehmen will, beide Ansätze zusammenfallen, beide in dem einzigen Maaßstabe, der hier den Ausschlag geben kann, sich vereinigen müssen, nehmlich in dem wahren Werthe der Leistung. Der Fröhner kann seine Arbeit nicht unter ihrem Werthe schätzen. Auch steht die von den Gegnern empfohlene Schätzung außer aller Beziehung zu dem eigentlichen Charakter eines rechtmäßigen Ablösungsverfahrens: daß nehmlich dem Berechtigten der Fortgenuß seines Befugnisses, aber in einer andern, für den Pflichtigen wohlthätigeren Weise gesichert werden solle. Zudem würde ihr Verfahren schwerlich ihren Wünschen entsprechen. Entweder die Leistung kostet wirklich dem Pflichtigen mehr, als sie dem Berechtigten einbringt. Dies ist es, was die Theorie, auf die Lehren der Nationalökonomie gestützt, als Regel schon **a priori** annimmt und die Erfahrung in den meisten Fällen bestätigt. Dies ist es, was allein das ganze Ablösungsverfahren rechtfertigt. Wäre es nicht gegründet, so müßte man auf der Fortdauer der Frohnen bestehen, und wenn man diese für unerträglich hielte, in einer Gütervertheilung, also in einer rechtlich unmöglichen Maaßregel die einzige Hülfe des bedrückten Landvolkes sehen. Beruht es aber in Wahrheit, dann müssen auch die Pflichtigen **durch den von uns vertheidigten Grundsatz**, sie müssen den Mehrbetrag gewinnen, den ihnen die Leistung über den Nutzen des Berechtigten kostet. Oder die Leistung kostet dem Pflichtigen weniger, als sie dem Berechtigten einbringt. Dann müßte man sich gegen alle Ablösung, dann müßte man sich für das Fortbestehen der Frohnen erklären. Der von den Gegnern empfohlene Maaßstab wäre aber jedenfalls ungerecht, weil er den Berechtigten einen Genuß entzöge, den sie bis jetzt zu fordern berechtigt waren. Ich komme bald auf die Erörterung einiger Momente, durch welche das Vorhandensein des zuletzterwähnten Falles, das in einzelnen Fällen einigen Schein für sich hat, in Zweifel gestellt wird.

Hat man nun den wahren Werth eines bisherigen Frohndienstes ergründet, so kommt es darauf an, einen Weg ausfindig zu machen, auf welchem der Genuß desselben dem Berechtigten auch ferner bleibt, und doch für den Pflichtigen das Drückende der bisherigen Leistungsweise gemildert, die völlige Befreiung seines Grundeigenthums erleichtert wird. In vielen besonders nordteutschen Ländern hat man das zweckmäßigste Mittel besonders in der Abtretung von Land in der Größe, die erforderlich ist, um durch dessen Ertrag bei guter Bewirthschaftung den jährlichen Nutzen der bisherigen Frohnen zu decken, zu finden geglaubt. Es hat auch dieses Ablösungsmittel gewiß den Vorzug, daß es der Natur der Sache und der ursprünglichen Entstehung der Last entspricht. Früher war dem großen Grundherrn die Bewirthschaftung umfangreichen Eigenthums durch alleinige Kräfte geradezu unmöglich gewesen; jetzt ist dies anders. Dem kleinen Landmann hatte es früher genügt, nur das Nothwendigste zu erbauen; er hatte Theile seines Gutes vernachlässigt, andere kärglich bestellt; jetzt aber ist ihm daran gelegen, soviel wenigstens, als er mit seinen Wirthschaftskräften umfassen kann, vollständig zu benutzen. Er tritt also gern den Ueberschuß seiner Felder dem Herrn ab. Dadurch kommen beide Theile außer Berührung; das Verhältniß ist für ewige Zeiten aufgelöst, der Herr hat die vollkommenste Sicherheit, der Bauer kommt nicht in Schulden; keine fortgehende Rente bewahrt das Gedächtniß des Früheren; mit voller Kraft vermag der Befreite dem Ueberreste seiner Aecker, die nun volles, freies und sichres Eigenthum geworden sind, einen höheren Ertrag abzugewinnen, als früher dem Ganzen. Aber diese Ablösungsweise ist keineswegs überall anwendbar. Sie setzt geringe Lasten voraus, damit das abzutretende Stück nicht zu groß sei; die Bauern müssen einen Ueberfluß von Feldern besitzen und die Berechtigten müssen in der Lage sein, die Abfindungsstücke mit Leichtigkeit in ihr Wirthschaftssystem aufnehmen zu können. Wo aber die Güter der Berechtigten ohnehin zur freien Bearbeitung zu groß, die Güter der Pflichtigen aber klein genug sind, um eine vollständige Bearbeitung zu erlauben, da ist diese Abfindungsweise zwar für einzelne Fälle zulässig, nicht aber als allgemeine gesetzliche Norm zu begründen, nicht als Regel zu betrachten. Der zweite Ablösungsmodus: durch Capital, entspricht dem Interesse der Berechtigten gleichfalls, da er ihnen sogleich die Mittel zu den etwa im Gute zu treffenden Veränderungen, und überhaupt eine genügliche Sicherheit in die Hand giebt. Für beide Theile bietet er in der Art dieselben Vortheile, wie die Abfindung durch Land dar, daß auch hier alle Berührung zwischen ihnen aufgehoben ist und der Pflichtige nicht mehr in dem Berechtigten die Qulle seiner Lasten erblicken darf. Aber bei dem herrschenden Geldmangel unter den Pflichtigen wird ihnen in den meisten Fällen die Anwendung dieser Entschädigungsweise unmöglich. Ohnehin verschuldet finden sie nicht immer hinlänglichen Credit, die erforderliche Summe aufzubringen, wiewohl der Gutswerth durch die Ablösung bedeutend genug erhöht wird, um den Gläubigern ausreichende Sicherheit zu gewähren. Immer werden sie, sobald ihre eignen Mittel nicht genügen, in ein nachtheiliges Schuldverhältniß gezogen, das zur reichen Quelle von Sorgen, Verlusten, Streitigkeiten, von gänzlichem Untergange werden kann. Wird gleichzeitig aus gleichem Grunde an vielen Orten Geld gesucht, so steigt der Zinsfuß über den Maaßstab, der der Capitalberechnung bei der Ablösung zum Grunde gelegt ward und dieses Plus ist reiner Verlust für den Pflichtigen. Es könnte also nur dann diesen Uebelständen geholfen werden, wenn der Staat eine Creditkasse errichtete, die jedem Pflichtigen den Betrag des Ablösungskapitals vorschösse und sich eben durch den nunmehr erhöhten Werth der Güter gedeckt sähe, niemals aber einen höheren Zinsfuß annähme, als den bei der Veranschlagung der Frohnen zu Capital ins Auge gefaßten. Dadurch änderte sich nun das Verhältniß dergestalt, daß der Frohnpflichtige, statt die Frohnen in natura zu leisten, einen die Kosten derselben nicht erreichenden Jahreszins an den Staat entrichtete, und von diesem Zinse sich durch allmälige Abtragung des Capitals befreien könnte, der Berechtigte aber den Werth des bisherigen Frohndienstes zum Capital erhöht empfinge und fernerhin nichts mehr von dem Pflichtigen zu fordern hätte. Da es jedoch in manchen Fällen bedenklich sein mag, dem Pflichtigen eine förmliche Capitalschuld zuzuziehen*), und da auf der andern Seite dem Berechtigten es häufig lieber sein kann, eine sichre Jahresrente zu beziehen, als ein Capital zu bekommen, das er vielleicht nicht benutzen kann und zu niedrigem Zinsfuß, oder unter Gefahr des Verlustes, ausleihen muß; so kann es auch zweckmäßig erscheinen, dieselbe Entschädigungsweise in folgender Art unter einer andern Form auszusprechen. Man kann nehmlich die Zahlung einer dem Schätzungswerthe der Frohnen in obiger Weise entsprechenden Rente von Seiten des Pflichtigen an den Berechtigten als Regel aussprechen, durch Gründung einer Landrentenbank aber, die auf Verlangen den Empfang der Rente übernimmt und dafür dem Berechtigten einen auf das Capital der Rente lautenden Rentenbrief aushändigt, dem Berechtigten die Erlangung der erforderlichen Capitalien verbürgen, dem Pflichtigen die allmälige Befreiung von der Rente erleichtern, für beide die Möglichkeit herstellen, sich außer persönliche Berührung zu setzen. Es muß dies geschehen auf das Verlangen des Berechtigten, weil dieser ein unmittelbares Interesse daran haben kann, der Pflichtige aber keinen Verlust dadurch erleidet, sobald nur die Verbindung mit der Anstalt die Kosten oder die Zahlungsweise nicht beschwerlicher macht; aber ich möchte auch dem Verlangen des Pflichtigen die gleiche Kraft beigelegt wissen, weil auch für ihn es wünschenswerth sein kann, sich von aller Beziehung zu dem Berechtigten frei zu machen, und die allmälige Abtragung des Capitals sich zu erleichtern, und weil die Anstalt Bürgschaften besitzen muß, die jede Gefahr eines Verlustes für den Rentenbesitzer entfernen. Nur auf diesem Wege kann die Ablösung der Rente erleichtert werden. Denn wenn gleich die Ablösbarkeit auch der von dem Pflichtigen unmittelbar an den Berechtigten zu zahlenden Renten gesetzlich ausgesprochen und geregelt werden muß, damit es wenigstens möglich werde, dereinst den Boden von allen verjährten Grundlasten befreit zu sehen, so kann doch dem Be-

*) Ein Einwurf, der freilich nur da Anwendung findet, wo der Glaubiger keine Landesanstalt ist.

rechtigten keinesweges zugemuthet werden, die Ablösungssumme in kleinen, gelegentlich bezahlten Posten zu empfangen, da er von diesen selten nützlichen Gebrauch machen kann, das gelegentlich Empfangene gelegentlich mit verthut und so allmälig die Rente sich verringern und endlich ihm unter den Händen verschwinden sieht. Er muß vielmehr die Fortdauer der ganzen Rente, oder den Empfang des ganzen Capitals fordern können. Gerade jenes allmälige Abtragen aber ist für den Pflichtigen das Vortheilhafteste. Er kann dabei kleine Ersparnisse auf die nützlichste Weise anwenden. Soll er sie sammeln, so bleibt die Versuchung, sie für augenblickliche Bedürfnisse anzugreifen. Unser Landmann ist ein schlechter Geldwirth und auch für den Umsichtigsten gingen doch die Zinsen verloren. Wichtig ist es also, daß es ihm freistehe, das Erleichterungsmittel, was ihm die Anstalt bietet, zu ergreifen. Uebrigens muß ich aus allgemeinen nationalökonomischen Gründen es auch für zweckmäßig erklären, daß die Rente in einer gangbaren Getreideart (in Roggen) ausgesprochen, dann aber nach einem durchschnittlichen Marktpreise in Geld verwandelt, und diese Ausmittelung des durchschnittlichen Marktpreises von Zeit zu Zeit erneuert werde. Nur dadurch wir den Fluctuationen des Geldpreises erfolgreich ausgewichen.

Eine sehr bestrittene Frage bleibt noch: die Frage über die Initiative der Ablösung, das Provocations-, das Aufkündigungsrecht, seine Zuständigkeit und seine Folgen. Darüber dürften die meisten einig sein, daß dem Staate selbst es nicht zustehen dürfe, daß er nicht zu ermächtigen sei, die Durchführung der Ablösungsmaaßregel gesetzlich anzubefehlen. Wäre diese Operation eine leichte und vorübergehende, so müßte ihm allerdings das Recht zustehen, das Aufhören eines den allgemeinen Staatszwecken feindlichen Institutes zu gebieten, und den Interessenten die gegenseitige Ausgleichung ihrer noch davon herstammenden Rechtsverhältnisse aufzutragen. Allein es mag nicht verkannt werden, daß die Maaßregel die größten Veränderungen in den Verhältnissen aller Betheiligten mit sich führt, die Berechtigten häufig zur gänzlichen Umgestaltung ihrer Wirthschaft nöthigt, den Pflichtigen Lasten abnimmt, um sie mit neuen, zwar geringeren, aber doch bisher ihnen unbekannten, zu vertauschen; kurz daß sie eine zu große Erschütterung des Privatlebens verursacht, und doch zu wenig das öffentliche Interesse unmittelbar berührt, als daß ein so gewaltsames Eingreifen der Gesetzgebung sich rechtfertigen ließe, durch welches auf einmal eine große Masse von Staatsbürgern in ihren eignen Angelegenheiten zu den vielfachsten Handlungen, Unternehmungen, Anstrengungen, Leistungen genöthigt würden. Das Einzige also, was der Staat thun kann, ist: daß er die Nothwendigkeit beiderseitigen Einverständnisses aufhebt, dem einseitigen Antrag ein Zwangsrecht beilegt und den Widerspruch dritter Personen zurückweist. Darauf beruht zunächst die ganze Ablösungsmaaßregel. Denn wenn alle Interessenten über die Aufhebung der Last einig waren, so hat deren Entfernung von jeher frei gestanden. Daß ferner, wenn die Rechte dritter Personen gesichert bleiben, ihnen kein Befugniß zu lassen sei, der Maaßregel eigensinnig zu widerstreben, auch darüber sind alle Stimmen einig. Allein wohl ist lebhafter Zweifel erhoben worden, ob dem einseitigen Antrage, gleichviel von welcher Seite er komme, die Kraft zu verleihen sei, unter Anrufung der öffentlichen Autoritäten und gegen die von ihnen zu ermessende Entschädigung, die Auflösung des bisherigen Nexus zu erzwingen; oder ob das Aufkündigungsrecht nur dem Berechtigten, oder nur dem Verpflichteten einzuräumen sei. Für den zweiten Fall wird wohl Niemand sprechen. Nur über den ersten und den letzten kann Streit sein. Nun haben mehrere Gesetzgebungen das Recht zur Kündigung nur dem Pflichtigen beigelegt; einzelne Theoretiker haben sich gleichfalls für diesen Grundsatz entschieden, und neuerdings haben lebhafte Stimmen die entgegengesetzte Verfahrungsweise anzugreifen gesucht. Es dürfte sich aber nachweisen lassen, daß die Gründe, aus denen man hier die Gleichheit des Rechts bei Seite setzt, theils unhaltbar oder aus Irrthümern hervorgegangen, theils durch die Art der Ausführung der großen

Maaßregel zu beseitigen sein dürften. In einem seltsamen Widerspruche stellt man, nachdem das Drückende und Verderbliche der Frohnen mit den schwärzesten Farben geschildert, die Ablösung derselben als die dringendste Forderung der Zeit dargestellt war, auf einmal, wo es sich um die Entschädigung handelt, die Pflichtigen als unvermögend dar, diese zu leisten. Wenigstens, meint man, seien nur Einzelne, sie seien nur bei besonderer Begünstigung äußerer Glücksfälle dazu im Stande und das Eintreten Solcher habe man abzuwarten. Nur dann könne man behaupten, daß die Maaßregel für den Pflichtigen unschädlich oder wohlthätig vorübergehen werde, wenn dieser selbst auf ihre Ausführung angetragen habe. Dagegen müsse es zum Ruine der Pflichtigen führen, wenn diese, ohnehin verschuldet, auf einmal und unvorbereitet genöthigt würden, ein größeres Capital zur Ablösung aufzubringen und in Ermangelung eignen Vermögens es gegen wucherliche Zinsen aufborgen müßten. Selbst die Zahlung einer Rente sei für den Landmann drückend, da für diesen nun einmal Geldabgaben die lästigsten wären. Arbeit rechne er nicht. Ein paar Tage Frohne im Jahre würden mit abgemacht; durch verdoppelten Fleiß wieder eingebracht. Fielen sie weg, so wisse er mit seiner Zeit auch weiter nichts anzufangen, und vermöge keinesweges damit soviel zu verdienen, als die Rente betrage. Viele Frohnen seien überdem so gestellt, daß die Fröhner, wegen der großen Entschädigung, die sie erhielten, noch dabei verdienten. Für Häusler und solche Leute, die bloß Handfrohnen verrichteten und dafür Kost, Geld, Naturalien bekämen, sei die Frohne ein wahres Glück; sie würden bei deren Wegfall brotlos und seien überdem unfähig, auch nur die kleinste Abgabe aufzubringen. Kurz dem Pflichtigen könnten mannigfache Nachtheile aus der Ablösung erwachsen und darum dürfe er nicht wider seinen Willen dazu gezwungen werden.

Das wäre schlimm, wenn dem wirklich so wäre; es müßte über die Zweckmäßigkeit der ganzen Operation, ja über deren Ausführbarkeit zweifelhaft machen. Denn unter diesen Bedingungen, und wenn nur den Pflichtigen das

Aufkündigungsrecht zugeschrieben werden sollte, könnte man mit Billigkeit den Berechtigten nicht zumuthen, auf solche Anträge einzugehen. Es würde nehmlich für diese nicht nur der ganze Zweck der Maaßregel verloren gehen, sondern auch die größte Verwirrung in ihrem Wirthschaftssysteme zu besorgen sein, wenn sie die Frohnpflicht Einzelner gegen Capital oder Rente aufgeben müßten, bei andern aber das alte Verhältniß fortbestünde. Denn wenn z. B. ein Drittheil oder die Hälfte der Fröhner abgelöst hätte, die Uebrigen aber auf diese Maaßregel nicht eingingen, so würden dem Berechtigten auf der einen Seite die Ablösungssummen nicht viel helfen, da er doch kein neues Wirthschaftssystem begründen könnte, und auf der andern Seite würden die Frohnen für ihn den größten Theil ihres Werthes verlieren, da sie nun unzulänglich wären. Nicht nur würde er keinen der beabsichtigten Vortheile erreichen, da er an der ihm zu gewährenden Entschädigung weder etwas gewinnen kann noch soll; nicht nur würde er ferner mit den alten Uebelständen zu kämpfen haben; sondern diese mißlichen Einrichtungen verlören für ihn auch noch den Nutzen, den sie bisher gehabt hätten. Wo eine Veränderung in den Frohnen begleitet sein muß mit einer Veränderung in den Wirthschaftsverhältnissen des Frohnherrn, da muß die Gerechtigkeit diesem das Befugniß zusprechen, auch seinerseits den Pflichtigen aufzukündigen, die nicht geneigt sind, ihn zur Ablösung zu provociren. Das Aeußerste also, was die Gesetzgebung, in der Annahme, daß die Ablosung für einzelne Pflichtige lästig sein oder scheinen könnte, zugestehen dürfte, wäre: daß sie den Ablösungsbehörden die Aufgabe stellte, zu erkennen, ob wirklich die Verhältnisse eines Gutsherrn durch die Ablösung einzelner Frohnen keine solche Veränderung erlitten, daß ihm die Ablösung sämmtlicher Frohnen wünschenswerth würde; dann, daß für den Berechtigten das Befugniß zur Aufkündigung erst auflebte, wenn ihm von Einzelnen der Pflichtigen aufgekündigt worden wäre. Letzteren dürfte jedoch das Bedenken entgegenstehen, daß, wenn die Mehrzahl einer Gemeinde der Ablösung feindlich ist, diese ihren Einfluß au die Minderzahl anwenden dürfte, um auch diese von einem Schritte abzuhalten, mit welchem das Provocationsrecht für den Berechtigten auflebte. — Uebrigens sind alle die Einwürfe, welche von dem Unvermögen des Landmanns, Capitalien aufzutreiben und von der Besorgniß einer Ueberschuldung hergeleitet sind, nur auf die Ablösung durch Capitalien und ohne Landescreditkasse, nicht aber auf die Unterstützung dieser wohlthätigen Anstalt und noch weniger auf die Ablösung durch Rente anwendbar. Die Uebernahme einer jährlichen Geldrente, die nur soviel beträgt, als dem Frohnherrn der schlecht geleistete Frohndienst nothdürftig eingebracht hat, führt nicht zur Ueberlastung, sondern zur Erleichterung des Landmanns. Inconsequent ist es, die Frohnen als etwas Drückendes, dann aber wieder als eine Sache darzustellen, die leichter zu tragen sei, als eine ihrem Werthe für den Pflichtigen bei Weitem nicht gleichkommende Geldentrichtung. Inconsequent ist es, zu sagen: durch doppelte Arbeit habe der Fröhner den Zeitverlust wieder beigebracht und dann zu läugnen, daß, wenn er die Arbeit der bisherigen Frohntage auf sein Gut wendet, er den Werth der Rente sich wohl verdienen könne. Will man die Ablösung als dringend darstellen, so schildert man die Frohnen in ihrer äußersten Uebertreibung, wo sie den Fröhner zur wahren Vernachlässigung seines Eigenthums und zur Uebernehmung eines kostbaren Aufwandes im Interesse des Herrn nöthigen. Will man aber die Unbilligkeit ihrer zwangsweisen Ablösung beweisen, so nimmt man Fälle an, wo die Frohnen nur in leichten, gelegentlich abzumachenden Diensten bestehen. Dort bleibt dem Fröhner keine Zeit für sein Gut übrig, hier sind es nur einige Tage im Jahre, an denen er dienen muß. Aber kann er sich etwa diese Tage aussuchen, und kann er nicht an Tagen geboten werden, wo ihn eigne Arbeit bedrängt? Freilich sind die Frohnen verschiedener Art, schwere und leichte. Selten aber mag diese Verschiedenheit an einem Orte gefunden werden, sondern sie ist die natürliche Folge des verschiedenen Rechts, der verschiedenen Geschichte verschiedener Gegenden. Und wo die Frohnen nur leicht sind, da wird auch die Entschädigung spärlich sein; es wird immer dem Fröhner durch die Ablösung freie Zeit werden, in der er sich mehr verdienen kann, als die Rente kostet. Weiß er seine Zeit nicht zu benutzen, so mag er es lernen und wird es, durch Noth gedrängt. Daraus, daß der Landmann die Zeit und die Arbeit nicht rechnet, folgt noch nicht, daß sie für ihn keinen Werth hat. Sind die Frohnrechte an einzelnen Orten so günstig für die Pflichtigen geordnet, daß sie bei den Frohnen noch verdienen, nun so werden sie auch bei der Abschätzung nichts verlieren; vielmehr werden sie dann noch herausbekommen. Bei bloßen unbegüterten Handfröhnern endlich mag, in Berücksichtigung ihrer Armuth und der Schwierigkeit, von ihnen eine sichere Rente zu beziehen, allerdings die Gesetzgebung eine Ausnahme machen, und gegen sie das Aufkündigungsrecht suspendiren; wiewohl gerade für sie der Erfolg der Ablösung, indem er den Werth der freien Arbeit erhöht, eine günstigere Lage verspricht. — Man hat gesagt, man solle wenigstens den Berechtigten, wenn er provocire, ungünstiger stellen; man solle in diesem Falle eine andere Schätzungsweise annehmen, da es hier klar sei, wie er einen Vortheil für sich in der Ablösung suche. Aber man vergißt, daß der Berechtigte in vielen Fällen zur Provocation gedrängt, daß er gezwungen ist, aufzukündigen, weil ihm von Andern aufgekündigt worden. Dann daß es vor dem Rechte unmöglich ist, eine andre Schätzungsmethode zu adoptiren, als die Geschilderte, weil das Recht für den Berechtigten den Fortgenuß des bisherigen Ertrages fordert. Dagegen bin ich allerdings der Meinung, daß dem Berechtigten niemals, auch in dem Falle nicht, wo er provocirt wurde, ein Wahlrecht des Entschädigungsmodus zu lassen sei. Zwar meint man, in allen den Fällen, wo der Berechtigte, nach Ablösung der Frohnen, genöthigt sei, sein ganzes Wirthschaftssystem zu verändern, vielleicht neue Gebäude aufzurichten, aus eignen Mitteln, ohne Baufrohnen, zu bauen, zahlreiches Gesinde anzunehmen, Spannvieh zu kaufen und dergl., da fordere die Billigkeit, wenigstens wenn er zu dem allen durch die Provocation von den Pflichtigen gezwungen sei, daß es ihm möglich gemacht werde, die Entschädigung in Capital zu fordern. So lange es aber für die Pflichtigen schwierig ist, Capital zur Ablösung zu bekommen, wird die Operation in vielen Fällen an dieser Bedingung scheitern. Die Pflichtigen werden nicht provociren, weil sie voraussehen, daß dann der Herr auf Capital dringt; der Herr provocirt nicht, weil er sich dann seines Wahlrechts begiebt und weil ihm nur mit Capital gedient ist. Wo aber eine guteingerichtete Rentenbank es möglich macht, daß, während der Pflichtige nur eine Rente zahlt, der Berechtigte sich mit Leichtigkeit das Capital derselben verschaffen kann, da ist ja jene Bestimmung vollkommen im Wege, da steht nichts dem Grundsatze entgegen, daß die Ablösung durch Rente die Regel bilde. Braucht der Herr Capital, so verschaffe er es sich durch das Medium der Bank. Hat der Pflichtige Capital, so wird er es gern zur gänzlichen Befreiung von seiner Last benutzen und der Wunsch des Berechtigten wird durch den Pflichtigen selbst erfüllt. Die Abtretung von Land wird nur in einzelnen Gegenden ein Abfindungsmodus sein können und braucht nie ein allgemeiner zu sein. Ist sie im Interesse beider Theile, so werden sie sich auch darüber vereinigen. Die Abfindung durch Rente belästigt den Pflichtigen nie; bei jeder anderen Abfindungsweise aber ist es möglich, daß er bedrückt wird.

Allerdings ist der Pflichtige möglichst zu schonen und allerdings kann es wünschenswerth erscheinen, ihn bei der Ablösung zu erleichtern, weil die Ablösung für ihn schwer, ja unmöglich scheint, weil ein Druck dabei sich entwickelt, der ihm selbst und Andern unerträglich dünkt. Aber dieser Druck ist nicht durch die Ablösung hervorgerufen, sondern er ist nur durch sie an das Licht gestellt. Indem die Summe der Anstrengungen und Opfer, die in der Form von körperlichen Diensten sich nicht messen, zählen und berechnen ließen, jetzt auf einmal in einer Allen verständlichen Werthsumme, in einem Geldquantum ausgesprochen wird, tritt es erst an den Tag, unter welchem entsetzlichen Drucke der Landmann geschmachtet hat; wird erst die Summe der Lasten sichtlich, die er ertragen muß; läßt es sich erst nachweisen, bis wieweit die Grundlasten den Ertrag des Bodens verschlungen, den Landbau erschwert und verkümmert haben. Der Landmann, der die Ablösungssumme hört und den Werth des Geldes so hoch anschlägt, erschrickt vor ihrer Größe und unfähig zu berechnen, daß er bis zur Ablösung ungleich mehr getragen, sieht er in letzterer eine Quelle der Bedrückung. Nun bin ich zwar der Ueberzeugung, daß trotz dem allen, die Ablösung überall, wo sie auf billige Rechtsnormen gestützt ist, ihren wohlthätigen Fortgang nehmen, daß der Landmann unter großen und beharrlichen Anstrengungen sich von den Fesseln, die ihn gebunden halten, befreien wird. Aber ich kann nicht hoffen, daß diese Emancipation, solange man ihn ohne alle Beihülfe, als die, welche allgemeine fördernde Maaßregeln darbieten, läßt, einen schnellen, gleichmäßigen und für Niemand nachtheiligen Schritt einschlagen werden. Die Lasten, welche die Ablösung mit sich führt, sind geringer als die, an deren Stelle sie tritt; aber eben die letzteren waren so hoch, so unerträglich geworden, daß sich der Landmann ängstlich und verzweifelungsvoll nach einer Rettung umsah. In der Ablösung glaubte er sie zu finden, aber er konnte dies nicht so schnell und nicht in dem Grade, wie er erwartete und wie er braucht. Doch diese Ablösung selbst könnte eine Gelegenheit geben, ihm zu Hülfe zu kommen und einen Theil der Lasten ihm abzunehmen, nicht die er jetzt bekommen, sondern die er von jeher getragen. Mag man dies eine Armensteuer, ein Almosen nennen. Gewiß ist kein Almosen besser angewendet, als das, was den Empfänger ermuthigt, sich aus drückender Lage emporzuarbeiten, in reicher Production die Gütermasse des Volks zu vermehren, und für sich ein genügliches Auskommen und eine achtbare Stellung im Leben zu erringen. Ist auch die Veränderung, die bei der Ablösung der Frohnen eintritt, nur eine wohlthätige für den Fröhner, so ist ihm dies doch nicht so erkenntlich, wie bei dem Zehnten, und der Werth der Frohnen ist nicht so sicher bei dem Kaufpreise des Gutes veranschlagt worden. Darum halte ich einen Beitrag des Staats bei der Frohnablösung für mehr gerechtfertigt, als bei der des Zehnten. Dazu kommt, daß bei der Ablösung des letzteren und aller ähnlichen Geld- oder Naturalgefälle gar keine Veränderung in den Verhältnissen des Pflichtigen erfolgt, als eine offenbar günstige, deren Nutzen augenblicklich eintritt. Bei den Frohnen dagegen muß der Pflichtige allerdings in der ersten Zeit sich anders einrichten, doppelte Kräfte anwenden, und kann den wahren Vortheil der Maaßregel zuweilen erst von der Zukunft erwarten. Diese schleuniger heraufzuführen, ist wohl eines Opfers der Gesammtheit werth. Der Gerechtigkeit ist eine solche Beiziehung sämmtlicher Staatsbürger nicht zuwider. Denn der Vortheil, der aus der Maaßregel erwächst, ist ein doppelter: einmal für die Pflichtigen; dann für den Landbau im Allgemeinen. Handelte es sich bloß um den Ersten, so wäre die Sache auch bloß den Anstrengungen der Individuen zu überlassen. Da aber der Letztere ebensowenig zu verkennen, als zu läugnen ist, daß der Aufschwung des Landbaues auch auf den Flor der Städte und das Gedeihen des Ganzen von den wohlthätigsten Nachwirkungen ist, so scheint es wenigstens nicht unbillig, wenn der Staat auch diejenigen zur Unterstützung des Unternehmens auffordert, die keinen direkten Vortheil davon haben. Daß dann die Pflichtigen selbst auch hierzu etwas beitragen müssen, ist kein Einwurf. Sie hätten das Ganze tragen müssen, wenn sich der Staat ihrer nicht annähme und geben so eine geringere Summe. Die Berechtigten können zu einer solchen Steuer gleichfalls einen Beitrag geben, insofern sie als Staatsbürger und Volksgenossen bei der Unternehmung interessirt sind. Die Uebrigen haben zu bedenken, daß nicht bloß das Interesse der Pflichtigen und Berechtigten, sondern auch das Interesse der Gesammtheit von der Emancipation des Landbaues vortheilhaft berührt wird, die Entfesselung des Grund und Bodens von Banden und Lasten auch auf den Zustand der unbegüterten Bevölkerung des Landes, auf den Flor der Städte, auf die gesammte Nationalwohlfahrt förderlich einwirkt und gewiß das kräftigste Heilmittel für die Leiden der

Zeit sein würde. Denken wir uns die beiden großen Maaßregeln gleichzeitig ausgeführt: die Befreiung des Handels von den Fesseln des Prohibitivsystems und die Entbürdung des Bodens von den Nachwirkungen der Feudalzeit und wahrlich wir können es wagen, einen hoffnungsreichen Blick in die Zukunft zu werfen. Sollte die schnellere Erreichung eines solchen Zieles nicht wenigstens einiger Anstrengung werth sein? — Freilich kommt der Hauptnutzen der Maaßregel, soweit er die Gesammtheit berührt, erst der Zukunft zu Gute. Aber kann man diese nicht auch zu einem Beitrage zu den Kosten der Unternehmung auffordern, indem man letztere durch eine Anleihe fördert, deren Rückzahlung auf einen spätern Termin hinausgesetzt ist. Zu einem gemeinnützigeren Unternehmen dürfte schwerlich eine Anleihe jemals gemacht worden sein! Auch bin ich nicht der Meinung, daß der vom Staate zu leistende Zuschuß gerade ohne Auswahl den Pflichtigen zu Gute käme, folglich auch denen, die mit Leichtigkeit die Ablösung aus eignen Mitteln durchzuführen vermögen. Vielmehr müßte seine Vertheilung dem pflichtmäßigen Ermessen der Ablösungsbehörden anvertraut und auf diejenigen eine besondere Rücksicht zu nehmen sein, die eine unerschwingliche Summe aufzubringen hätten, zur Ablösung wider ihren Willen provocirt, als unbemittelt aber als tüchtige Wirthe bekannt wären und bei denen eine Unterstützung als wahrhaft wünschenswerthe Erleichterung der Maaßregel erschiene, weil die Masse der auf ihnen ruhenden Lasten so groß ist, daß sie an sich schon der Verarmung anheimfallen müßten und die Erleichterung, die ihnen die Ablösung bringt, die Summe ihres Elends nur bekannter macht, nicht aber hinreichend mildert.

In vielen Ländern machen die Staatsfrohnen einen Hauptheil der öffentlichen Lasten aus. Alle Nachtheile, alle Uebelstände, die man bei den Privatfrohnen aufzählt, treffen diese in höherem Grade. Die Trägheit ihrer Leistung ist noch schreiender, die Aufsicht geringer, der Widerwille größer. Erfahrungen haben bewiesen, daß freie Unternehmer dieselben Dienste, welche bisher durch Frohnen bestritten wurden, für den zwanzigsten Theil des Betrags in besserer Maaße geleistet haben. Wo es sich nun um die möglichste Gleichheit der Besteuerung handelt, da muß es einer der ersten Schritte der Gesetzgebung sein, zuvörderst diese Gattungen von Lasten zu entfernen, die bisher ein Theil der Staatsbürger vorzugsweise vor den Uebrigen, nicht bloß zum eigenen Nachtheile, sondern zum Nachtheile des Ganzen getragen hat. Dadurch wird freilich keine Verminderung der im Budget aufgezeichneten Summen erzeugt; in Wahrheit aber werden die Lasten des Volks dadurch auf die wohlthätigste Weise verringert. Zu unterscheiden davon sind freilich diejenigen dem Staate zu leistenden Frohndienste, die völlig den Charakter einer privatrechtlichen Last erlangt haben und dem Staate nicht als solchem, sondern als Eigenthümer, vom Pflichtigen nicht als Unterthanen, sondern als Besitzer eines gewissen Gutes geleistet werden. Das Kriterium wird immer darin zu suchen sein, daß nur die Frohnen als öffentlichen Rechts zu betrachten sind, die allen in einem gewissen Verhältnisse Befindlichen, zu einer gewissen Classe von Staatsbürgern Gehörigen obliegen.

Unter den übrigen hierher gehörigen Lasten des Grundeigenthums giebt es einzelne Gattungen, bei denen zum Theil abweichende Grundsätze zu empfehlen sind. Die einzelnen in Naturalien bestehenden Gefälle zwar, kleine Entrichtungen, die vielleicht gleich anfangs weniger des Nutzens wegen bestimmt wurden, als um in der seltsamen Weise des Mittelalters eine gewisse Abhängigkeit im Gedächtnisse zu erhalten, machen die mindeste Schwierigkeit. Hält es der Berechtigte der Mühe für werth und seiner Würde nicht ungemäß, eine Entschädigung für ihr Aufhören in Anspruch zu nehmen, so ist der durchschnittliche Werth derselben zu berechnen und ihm zu gewähren. Dagegen kommen viele Güter vor, die, abgesehen von den Diensten und Leistungen, nur im unvollkommenen Eigenthume ihres Besitzers sind, dessen freies Verfügen über sie in mancher Hinsicht beschränkt ist und bei denen die Möglichkeit eines Rückfalles an ihren ursprünglichen Eigenthümer sich nicht ableugnen läßt. Dieses Verhältniß führt in noch höherem Grade als die Frohnen für den Besitzer weit mehr und gewissere Unannehmlichkeiten herbei, als es dem Obereigenthümer Vortheile verspricht. Es kann daher die Verwandlung dieses unvollkommenen Eigenthumes in Volles gegen eine sehr mäßige Rente verstattet werden, und die Gesetzgebung hat dabei die Grade des unvollkommenen Eigenthums und den Betrag der Vortheile, die vielleicht für den Herrn zu erwarten wären, ins Auge zu fassen. Da aber hier weder der Herr noch der Staat ein unmittelbares Interesse an der Veränderung hat und in den Verhältnissen des Ersteren nichts verändert wird, als daß er statt eines ungewissen Nutzens einen bestimmten erhält, ihm aber das Recht, diesen Vortheil, der kein Vortheil des Landbaues im Allgemeinen ist, zu erzwingen, nicht zugebilligt werden kann, so scheint hier das Aufkündigungsrecht nur dem Besitzer zugeschrieben werden zu können. Denn diesem wird allerdings eine neue Last aufgelegt, und er allein hat zu ermessen, ob diese Last ihm geringer dünkt, als die aus dem bisherigen Verhältnisse erwachsenden Unannehmlichkeiten. — Von besonderem Nachtheile und gleichwohl ungemein schwierig zu beseitigen sind einzelne Leistungen, die von den Pflichtigen nur bei gewissen Gelegenheiten, namentlich bei Veränderungen, die sich in der Person des Besitzers zutragen, an den Berechtigten zu entrichten sind. Hierher gehören besonders die sogenannten Laudemialgebühren, eine Nachbildung lehnrechtlicher Institute. Sie bestehen zuweilen in einer bestimmten Summe, öfterer aber in gewissen Procenten; ihre Höhe ist nicht selten beträchtlich und für den Pflichtigen um so drückender, je fühlbarer ihn die Leistung gerade in den Augenblicken trifft, wo er zur Uebernahme des Guts, zur ersten Einrichtung, zur Abfindung mit Geschwistern und dergl. ohnehin schon bedeutender Summen bedarf und mit Ausgaben überhäuft ist. Der Berechtigte aber hat in ihnen wenigstens eine ungewisse, nur im Durchschnitt zu berechnende Einnahme, für ihn kann es daher nur wünschenswerth sein, wenn diese Leistungen in eine ständige gleichbleibende Rente verwandelt würden, was sich ermöglichen ließe, nachdem mittelst auf viele Jahre und viele Güter erstreckter Durchschnittsberechnungen die Zeit der periodischen Wiederkehr der Leistung und zugleich der Werth derselben berechnet wären. Ein Abzug, der den Vortheil des Berechtigten ausgleicht, wird auch hier gerechtfertigt sein. Der Pflichtige hat, wenn er sein Interesse wohl versteht, gleichfalls nur Nutzen davon, da er seinen Erben in einem erleichterten Gute ein werthvolleres Besitzthum hinterläßt. Aber da er diesen Nutzen nicht persönlich zieht, da er vielmehr die Last bereits überwunden hat und nun noch die neue, an deren Stelle künftig tretende Leistung übernehmen soll, so wird er nicht immer geneigt sein, seinen Vortheil darin zu erkennen. Zunächst, da der Berechtigte zwar von der Aufhebung dieses Verhältnisses Nutzen hat, dieser aber weder seine Wirthschaft noch den Landbau trifft, dem Pflichtigen aber eine neue, bisher nicht gekannte Leistung, die nur an die Stelle einer künftigen, ungewissen tritt, zufällt, scheint es nothwendig, auch hier das Aufkündigungsrecht nur dem Pflichtigen zuzusprechen. Dann dürfte es vielleicht leichter zum Ziele führen, wenn die Gesetzgebung den Pflichtigen ermächtigte, bei dem Eintreten des Falles auf Ablösung anzutragen, und gleich hier, wo sein Interesse ins Spiel kommt, statt der höheren Leistung auf Einführung einer kleineren, aber bleibenden Rente anzutragen. Hier wird der Pflichtige dazu geneigt sein; der Berechtigte büßt allerdings momentan eine größere Summe ein, erlangt aber dafür eine bleibende Rente und auf anderem Wege scheint es unmöglich zu sein, dieses Verhältniß auf billige Weise zu beseitigen. Die Gesetzgebung hat im Voraus den Maaßstab anzugeben, nach dem die periodische Wiederkehr der einzelnen Fälle zu berechnen ist, und es bleibt daher in jedem besonderen Falle nur der verschiedene Werth der Leistung zu schätzen übrig. — Endlich sind sämmtliche Naturallieferungen nach einem durchschnittlichem Marktpreise in eine Geldrente zu verwandeln*) und diese, sowie alle bereits bestehende Zinsgelder für ablös-

*) D. h. die Verwandlung ist auf einseitigen Antrag zuzulassen.

bar zu erklären. Der Maaßstab, nach welchem in diesen und allen ähnlichen Fällen die Rente in Capital verwandelt wird, muß von der Gesetzgebung nach dem Betrage bestimmt werden, zu welchem die Empfänger, den allgemeinen Verhältnissen des Landes gemäß, das Capital bei umsichtiger Anwendung nutzen können. Die Gesetzgebung kann in längeren Perioden diesen Maaßstab ändern. Würde ein höherer Betrag angenommen, so erlitten die Berechtigten eine ungebührliche Einbuße, bei einem niederen machten sie einen ungebührlichen Gewinn. Die Ablösung soll keinen Theil auf Kosten des Andern bereichern, für beide sollen die Vortheile nur von selbst aus der Aufhebung eines Verhältnisses fließen, das unvollkommen genug war, um für Alle eine Quelle von Nachtheilen zu werden.

Von allen den Berechtigungen, die verjährtes Recht den Besitzern einzelner Güter auf dem Eigenthume Anderer auszuüben verstattet, tritt es bei keiner so sichtbar hervor, daß die Vortheile, die für den Berechtigten daraus fließen, bei Weitem die Nachtheile nicht erreichen, die sich für den Verpflichteten ergeben, wie bei den Triftgerechtigkeiten, den Weidebefugnissen. In den Zeiten des Anfangs deutscher Landwirthschaft, wo der Ackerbau nur erst schwach den Kampf mit der Viehzucht begann, gebrach es dem Landmann sowohl an Arbeitskraft, als an Düngemitteln, um das gesammte Land, das er zum Feldbaue bestimmt hatte, jährlich bestellen und zum Ertrage bringen zu können. Frühere Volkssitte hatte überdem an einen gewissen Wechsel in den Feldern gewöhnt. Darum fiel man auf den damals nothwendigen Ausweg, allemal den dritten Theil der Felder unbestellt, Brache, liegen zu lassen, wechselte mit den Feldern ab, behielt so Kraft und Mittel, die jedesmal der Bestellung gewidmeten zwei Drittheile vollständig zu benutzen, und brachte das Brache gelassene Stück doch zeitig genug wieder in Bearbeitung, um es nicht der Verwilderung anheimfallen zu sehen. Die Dreifelderwirthschaft war in jener Zeit von der Natur der Verhältnisse gebotenes System. Noch immer war die Viehzucht vorherrschend, und vielleicht daß die Mächtigeren des Volkes ihr mehr, als dem Landbaue huldigten. Die Brachefelder mochte man nicht völlig unbenutzt lassen; sie wurden daher zur Weide für das Vieh bestimmt; ihr Eigenthümer ließ fremdes Vieh, vielleicht gegen andre Vortheile, die später verschwanden, während das Befugniß fortdauerte, neben dem seinigen, er ließ auch wohl fremdes allein darauf. Allmälig wurde dieses Herkommen Pflicht, erworbenes Recht. Waren früher die Felder behütet worden, weil sie der Besitzer freiwillig, seinem allgemeinen Wirthschaftssysteme gemäß, unbestellt gelassen hatte, so ward er später durch das von den Besitzern der Heerden erworbene Recht genöthigt, fortwährend einzelne Theile seines Guts von bestimmtem, gleichbleibendem Umfange der Brache zu widmen, damit sie behütet werden könnten. Ebenso mochte der Landmann frühzeitig*) benachbarten Viehzüchtern verstattet haben, nach vollbrachter Erndte ihre Heerden auf die Stoppelfelder zu treiben. Auch dies ward zum erworbenen Recht, dessen Anfang durch Privatrechtstitel bestimmt ward. Endlich erlangten auch Viele das Befugniß, die Wiesen, die ihren Nachbaren zugehörig waren, vom Herbst zum Frühjahr, also in der Zeit mit ihren Heerden zu betreiben, in welcher der Eigenthümer der Wiesen nicht darauf rechnete, von ihnen einen Ertrag zu ziehen. Dieses Zugeständniß mochte anfänglich billig und unschädlich scheinen. Aber die Zeiten änderten sich. Man erkannte den Werth, den die Verbindung der Viehzucht mit dem Ackerbau gewähre; auch der Feldbesitzer hielt auf einen angemessenen Viehstand; deshalb wurde ihm selbst die Erlangung des nöthigen Futters zum eignen Bedarf wichtiger; bald ward dies sogar ein nicht zu verachtender Verkaufsartikel. Mit dem Einerndten ward es genauer genommen; das Stroh ward wichtiger zu Futter und Düngung; die Felder sollten auch nach der Erndte nicht unthätig liegen. Durch Noth geschärfte Einsicht lehrte

*) Häufig mag dies die Bedingung gewesen sein, unter welcher die Mark die Verwandlung des Weidelandes oder des Waldes in Ackerboden sich eher gefallen ließ.

das Mangelhafte der Dreifelderwirthschaft erkennen. Ein zweckmäßiger Fruchtwechsel; der Anbau von Futterkräutern und Handelsgewächsen zeigten sich nützlich. Aber überall trat die frühere Gefälligkeit in der starren Form des erworbenen Rechtes den gewünschten und heilsamen Veränderungen verbietend entgegen. Wollte der Landmann eine Wiese in Ackerland verwandeln — ein Anderer hatte das Recht, diese Wiese im Winter zu behüten, folglich mußte sie Wiese bleiben. Er hätte wenigstens eine Baumpflanzung darauf anlegen können; so aber konnte er, auch wenn es der Berechtigte verstattete, es an einem Orte, der zur Viehtrift benutzt ward, nicht wagen. Will er seine Wiese durch öfteren Schnitt zu höherem Ertrage nutzen, das frühzeitige Auftreiben und spätere Abtreiben der Heerden macht es ihm unmöglich. Will er auf seinen Feldern einen Anbau versuchen, der eine späte Erndte gewährt, so treibt der Berechtigte am gewohnten Tage das Vieh auf das Feld, und er muß zu der alten, wenn auch weniger lohnenden Culturweise zurückkehren. Das Stoppelfeld darf er nicht umreißen, bis nicht die Heerden gesättigt sind. Er will nicht länger den dritten Theil seines Eigenthums unbenutzt liegen lassen, während er Kraft und Einsicht genug besitzt, das Ganze zu nutzen; er will einen zweckmäßigen Fruchtwechsel einführen, der, ohne die Erde auszusaugen, ihr doch einen fortwährenden Ertrag ablockt. Umsonst! Das Weiderecht tritt ihm entgegen und zwingt ihn zur herkömmlichen Brache. Mithin ist jene Einrichtung eines der wesentlichsten Hindernisse einer wahrhaft rationellen Agricultur.

Der Vortheil, den es dem Berechtigten bringt, besteht einzig und allein in dem spärlichen und oft ungesunden Futter, das seine Heerden auf fremden Weideplätzen finden. Von diesem Nutzen ist in der Regel der Verlust des Düngers abzuziehen. Ist die Weide gemeinschaftlich, so sieht er sein Vieh der Ansteckung durch Seuchen ausgesetzt, die Hütung wird kostspielig; zu zahllosen Streitigkeiten ist reicher Anlaß gegeben. Der Verpflichtete entbehrt zunächst die Nutzung, die er dem Berechtigten einräumen muß. Außerdem aber — und dies ist reines Uebergewicht auf der Wagschaale seiner Verluste — verliert er den ganzen Mehrertrag, den er durch Annahme eines zweckmäßigeren Wirthschaftssystemes machen könnte; die Heerden, bei schlechter, oft böswilliger Aufsicht, richten auf ihrem Wege und in der Nachbarschaft ihrer Weide vielfachen Schaden an; durch das Durchtreten des Viehes bei nassem Wetter und Boden werden die Wiesen verdorben, durch das Betreiben überhaupt wird der Nachwuchs geschmälert. Diesen ganzen Verlust — in seinem Gesammtumfange unermeßlich, Verlust nicht bloß für den Leidenden, sondern für das ganze Nationalvermögen — trägt dem Berechtigten gar nichts ein. Es ist nicht zuviel gesagt, wenn man behauptet, daß auf diesem Wege das Vieh einen zehnfach größeren Aufwand verursacht, als den es an und für sich erfordern würde.

Dringendes Bedürfniß ist es, daß diesem Unfuge Abhülfe geleistet werde. Die Größe des Unheils und seine Sichtlichkeit erleichtern zum Glück die Mittel, es zu entfernen; sobald nur redlicher Wille da ist und nicht unverständige Selbstsucht Einzelner über den Vortheil Aller verblendet. Es genügt aber hier keinesweges eine bloße, schon auf das Privatrecht zu begründende, Beschränkung der Befugnisse auf den Grad, wo sie den Triftleidenden nicht länger verhindern, auch um das herkömmliche Wirthschaftssystem in höherer Vollkommenheit anzuwenden. Vielmehr ist eine völlige Auflösung zu bewirken. — Auch hier hat die Gesetzgebung zuvörderst die Einräumung aller ähnlicher Befugnisse auf das Strengste zu verbieten. Dann hat sie die Ablösbarkeit derselben auszusprechen und zu regeln. Es ist aber dem Berechtigten unweigerlich der Nutzen zu gewähren, den er bisher erweislich aus dem Befugnisse gezogen hat. Die Triftgerechtigkeit ist nicht selten eine gegenseitige zwischen einzelnen Mitgliedern derselben Gemeinde oder zwischen benachbarten Gemeinden (Koppelweide). Die schädlichsten Gattungen derselben, da sie durch Vermengung des Viehes verschiedener Eigenthümer und Orte die Verbreitung der Viehseuchen befördern, häufig einen unnöthigen Aufwand bei der

Hütung herbeiführen und zahllose Streitigkeiten veranlassen. Ist diese Berechtigung in jeder Weise eine gegenseitige, so daß in der That Keiner einen höheren Nutzen davon zieht, als die Andern, so bedarf es nur eines gegenseitigen Aufgebens des Befugnisses, um es zu beendigen. Aufmunterung von Seiten der Behörden, Belohnung, Beispiel, der Einfluß verständiger Männer wird hier zum Ziele führen. Die Gesetzgebung kann aber auch, ohne Unbilligkeit, jedem Einzelnen das Recht zusprechen, sich von dem Verhältnisse loszusagen und durch eignes Verzichtleisten auf die Rechte, die ihm auf den Feldern der Andern zustanden, sein Eigenthum für die Zukunft zu sichern. Liegt darin, wie allerdings häufig der Fall sein dürfte, ein indirecter Zwang gegen die Uebrigen, das Verhältniß ganz aufzulösen, so ist dieser Zwang weder unrecht, noch unbillig. Dabei kann es auch nichts ändern, ob vielleicht Einzelne factisch einen höheren Nutzen aus dem bisherigen Verhältnisse gezogen haben, als die Uebrigen; so lange ihnen dieser nur nicht rechtlich zukam. War aber das letztere der Fall, so muß allerdings der Mehrbetrag des Nutzens, der ihnen zustand, abgeschätzt, und ihnen eine Entschädigung dafür gegeben werden. — Wo endlich die Triftgerechtigkeit einem Einzelnen über die Fluren eines oder mehrerer Andern zustand, ohne daß diese ein gegenseitiges Befugniß gehabt hätten, da ist allerdings ein förmliches Ablösungsverfahren einzuleiten. Hier dürfte aber unter die regelmäßigen Abfindungsmittel die Abtretung von Land aufzunehmen und besonders zu befördern und zu empfehlen sein. Dem Verpflichteten kann eine Verringerung seines Guts nur wünschenswerth sein, da er dadurch das Mittel erlangt, sogleich den gesammten Ueberrest zu einem viel höheren Ertrage nutzen zu können, als den das abgetretene Stück ihm brachte. Dem Berechtigten aber wird es durch den neu erworbenen Grundbesitz möglich, den bisherigen Viehstand auf für ihn vortheilhaftere und für Niemanden schädliche Weise fortzuerhalten. Das Recht zur Aufkündigung dürfte auch hier gegenseitig zu stellen sein. Denn die Ablösung Einzelner unter den Triftleidenden würde nur Nachtheile für den Berechtigten mit sich führen. Die Maaßregel muß im Ganzen und Großen erfolgen. Nun könnte man zwar festsetzen: nur den Pflichtigen solle das Provocationsrecht zustehen; sie dürften es aber nur in Masse, nur gemeinschaftlich ausüben und der Beschluß der Mehrzahl sei für die Uebrigen bindend. Indeß auch die Mehrzahl kann ihren Vortheil verkennen, und in diesem Falle würde die Minderzahl und das Ganze darunter leiden. Eine Härte aber scheint nicht darin zu liegen, daß man den Berechtigten das Provocationsrecht einräumt, da der Vortheil der Triftleidenden augenfällig ist. Keine von allen bisher erörterten Maaßregeln wird so schnell, so unmittelbar und in so bedeutendem Umfange ihre segensreichen Folgen entfalten, als die Auflösung der Triftgerechtigkeiten.

VIII.

Die Zusammenlegung der Felder.

Groß und segensreich werden die Wirkungen sein, die aus der Entfernung der bisher erörterten Hindernisse einer rationellen Agricultur für die Production des Bodens und für den Zustand seiner Bebauer sich ergeben werden. Aber es giebt ein Mittel, ihren wohlthätigen Einfluß noch unendlich zu erhöhen. Dieses Mittel ist einfach; wie die früher besprochenen keine Rechtskränkung enthielten, so ergiebt sich aus diesem nicht einmal eine Veränderung, ein Aufgeben von Rechten; ein reiner Tausch der Objecte der Rechte findet Statt, bei dem Niemand verliert und Alle gewinnen. Auch wird die Anwendung dieses Mittels, die jetzt schon wünschenswerth ist, nach der allmäligen Ausführung der übrigen Operationen, und wenn durch letztere der freie Verkehr mit Grund und Boden hergestellt und in Wirksamkeit getreten ist, zur wahren Nothwendigkeit werden und dem Erfolge der andern Maaßregeln die Krone aufsetzen. Es besteht aber dieses Mittel in der Zusammenlegung der Felder.

Ein Blick auf die Art und Weise der Vertheilung des Grund und Bodens unter seine Eigenthümer reicht hin, um die Ueberzeugung zu gewinnen, daß diese Unzweckmäßigkeiten enthält, die für die Besitzer fühlbare Nachtheile entfalten müssen. Selten daß die Besitzungen eines Gutes unmittelbar an einander stoßen, oder nur in gemeinschaftlicher Nähe liegen; selten daß der Zugang vom Gute zu ihnen so leicht ist, als er sein könnte, und daß er ohne Beeinträchtigung anderer Gutsbesitzer durch Wegeservituten sich ermöglichen läßt. Die Meisten haben ihre Felder verstreut, zerstückelt, auf allen Seiten des Dorfs liegen. Der Zugang zu den einzelnen Feldern geht über die Felder Anderer; folglich sind die Besitzer, um zu ihren Feldern zu kommen und sich nicht gegenseitig zu schaden, zu einem gemeinschaftlichen Verfahren bei ihren Arbeiten genöthigt. Die zerrissene Lage der Ackerstücke, das bunte Durcheinanderlaufen der Grenzen, macht eine Menge von Wegen, Rainen, Hecken, Feldzeichen, Gräben nöthig. Die Anstalten zur Bewässerung der Wiesen und zur Ableitung der Gewässer von den Feldern sind nicht nach einem gemeinschaftlichen Plane geordnet, nicht einfach und sachgemäß. Einzelne Feldstücke liegen entfernt von der Hauptmasse ihres Besitzers, aber unmittelbar an die Felder eines Andern stoßend, der wieder an den Rainen des ersteren Gutes Besitzungen hat. Die einzelnen Feldstücke selbst haben häufig eine ganz unförmliche Gestalt, sind von im Verhältniß zur Breite unförmlicher Länge und legen dadurch einer zweckmäßigen Beackerung das ungemein nachtheilige Hinderniß in den Weg, daß diese immer nach einer Richtung gehen muß, machen überdem durch die Größe ihres Umfangs eine Umzäunung, die sich zur Abhaltung des Viehes, zum Schutze von Baumpflanzungen, zur Abwehr des Wildes oder in andern, auf klimatischen Verhältnissen beruhenden Rücksichten wünschenswerth darstellen kann, schwierig, ja unmöglich. Ein Grundstück, das 1000 Ruthen lang und 10 breit ist, hat einen Umfang von 2020 Ruthen. Wäre es aber nur 100 Ruthen lang und 100 breit, so würde es, bei ganz gleichem Flächeninhalte und gleichem Ertrage, doch nur einen Umfang von 400 Ruthen haben.

Es mag das jetzige Verhältniß in den Gegenden weniger grell hervortreten, wo die Güter weit von einander liegen und die ursprünglichen Colonen sich recht in der Mitte ihrer Besitzungen angebaut haben. Da aber, wo die Wohnungen in Dörfer zusammengedrängt sind, aus denen die Landwirthe auf ihre Felder hinausziehen, sind diese Uebelstände überall sichtbar. Und in noch höherem Grade zeigen sie sich in Ländern, wo die durch die Gesetzgebung erleichterte und begünstigte Theilbarkeit des Bodens eine große Parcellirung desselben hervorgerufen hat und die Erwerber der kleinen Grundstücke bald in dieser, bald in jener Gegend ein einzelnes Feldstück an sich brachten, weil es gerade zu wohlfeilem Preise feil war, dabei aber nicht beachteten, ob es ihnen im Verhältniß zu ihren anderen Besitzungen wahrhaft gelegen sei. Doch auch in andern Gegenden findet sich die gleiche Erscheinung, theils weil man bei der ersten Erwerbung nicht von einem sichern Plane ausgehen, sondern von zufälligen Rücksichten geleitet sein mochte; weil man darauf Bedacht nahm, wo sich die wenigsten Hindernisse der Urbarmachung des Bodens fänden, die ersten Besitzer also sich die leichtesten Stücke aussuchten und mitten unter ihnen andere uncultivirt ließen, die dann von späteren Zuzügern in Besitz und Cultur genommen wurden; theils und besonders aber weil die Dreifelderwirthschaft es den Landwirthen wünschenswerth machte, in jeder Bodenart und nach jedem Himmelsstriche hin Felder zu haben.

Doch der Grund der Erscheinung sei welcher er wolle; ihre Nachtheile sind nicht zu verkennen; die Vortheile ihrer Beseitigung nicht zu läugnen. Werden die sämmtlichen, jetzt zerrissen unter einander liegenden Felder einer Gemeinde vereinigt, um dann von Neuem, aber dergestalt unter ihre Besitzer vertheilt zu werden, daß Jeder ein Gut von gleichem oder höherem Ertrage empfängt, aber mit aneinanderstoßenden Feldern und unter einer solchen Anordnung, die allen Besitzern die zweckmäßigste Bestellung ihrer Felder auf jede Weise erleichtert, so scheint durch eine einfache Operation auf einmal der Werth jedes einzelnen Gutes auf das Beträchtlichste gesteigert. Eine Menge von Wegen, Fußsteigen, Uebertriften, Rainen und Gräben kann hinwegfallen, und nicht nur die Kosten ihrer Instandhaltung werden erspart, nicht nur ein Anlaß zu geld- und zeitraubenden Streitigkeiten wird vermieden, sondern es wird auch ein beträchtlicher Bodenantheil, der durch jene Anstalten zeither in Anspruch genommen ward, verfügbar und vermehrt durch die von ihm zu gewinnenden Früchte die Masse der Gesammtproduction.

Die einzelnen Landwirthe ersparen die Zeit und die Kosten, die wegen des zerstreuten Auseinanderliegens ihrer Felder vergeudet werden mußten. Ein Weg reicht nunmehr hin, wo sonst zehn gemacht werden mußten. Es wird an Leuten, Gespann, Geschirr erspart. Die Aufsicht wird nicht nur weniger kostspielig, sondern auch leichter und wirksamer, da Alles in einen Plan gebracht und mit einem Auge überschaut werden kann. Die Feldstücke selbst werden bei der Vertheilung in zweckmäßige Form gebracht, ihre Bearbeitung wird erleichtert, ihr Umfang ohne Verringerung des Flächeninhalts vermindert, folglich ihre Umzäunung möglich. Wie nützlich aber diese, wenn sie zur Landessitte wird, für die Bodencultur werden kann, lehrt Englands Beispiel. Vor allen Dingen aber wird erst durch diese Maaßregel der Landmann vollkommen unabhängig von seinen Nachbarn; vermag der Bewirthschaftung seines Gutes einen umfassenden, einen alle Theile gleichmäßig beachtenden und berechnenden Plan zu Grunde zu legen; einen zweckmäßigen Fruchtwechsel einzuleiten; Versuche zu machen, die von dem gewöhnlichen Verfahren abweichen, kurz mit seinem Eigenthume so frei zu gebahren, wie Vernunft und Recht es fordern. Bis dahin war der einsichtsvolle und thätige Landwirth in tausend Fällen von dem Schlendrian seiner Nachbarn abhängig und selbst nicht im Stande, ihnen durch Beispiel das Bessere einer Culturart zu beweisen, von deren Werthe er sie durch Worte nicht überzeugen konnte. Dann aber sind die Fesseln, die ihm die getrennte Lage seiner Feldstücke anlegte, verschwunden; die Hindernisse entfernt, die ihn von mancher Verbesserung abhielten, weil er ihr nicht die Ausdehnung geben konnte, die allein ihre Einträglichkeit sichert. Mit der Zusammenlegung der Felder beginnt eine neue Aera für den Landbau.

Es ist hier nicht am Orte, eine ausführliche Nachweisung über das Verfahren bei dieser Operation zu geben. Nur auf ihren Werth und ihre Vortheile sollte aufmerksam gemacht werden. Einiger Grundzüge will ich jedoch gedenken, weil von ihrer Beachtung zum Theil der Nutzen der Maaßregel abhängig ist; einige Streitfragen besprechen, deren Lösung Schwierigkeiten gemacht hat. Die Maaßregel gehört zu den durchgreifenden, und wenn sie auch weder Rechte noch Interessen kränkt, so tritt sie doch Vorurtheilen und Gewohnheiten entgegen und greift tief in viele Verhältnisse ein. Wünschenswerth bleibt es daher, sie gleich anfangs dergestalt durchzuführen, daß ihre Wiederholung entweder ganz entbehrlich gemacht, oder doch so viel als möglich erleichtert wird. Deshalb würde ein bloßer Austausch einzelner Feldstücke, bei dem im Wesentlichen deren unzweckmäßige Form, sowie die Gestalt der jetzigen Hauptttheile beibehalten, der jetzige Gutsumfang nicht bloß innerlich, sondern auch äußerlich erhalten würde, nicht ausreichend sein. Denn wenn nun diese neugestalteten Güter selbst wieder vertheilt werden, kann da nicht nach einigen Menschenaltern der frühere Uebelstand wieder aufgelebt sein? Man hat vielmehr den ganzen Umfang aller betheiligten Besitzungen sich vereinigt zu denken, dann aber eine ideelle Vertheilung auf lauter möglichst gleichgestaltete Parcellen vorzunehmen, deren Ertrag dem Minimum der von der Gesetzgebung zugelassenen Theilbarkeit des Grund und Bodens in der angegebenen Gegend gleichkommt. Sie werden nicht gleich groß sein; man wird die Schlechtigkeit des Bodens durch größeren Flächeninhalt ausgleichen; aber sie werden alle zweckmäßig geformt und von gleichem Ertrage sein. Diese Antheile bilden das Fundament des Bodenbesitzes in der Gemeinde und werden in einem zu entwerfenden Grundrisse sorgfältig angemerkt. Nun bekommt jeder Interessent so viele, unmittelbar an einander grenzende und zu einem zweckmäßigen Umfange vereinigte Antheile, als erforderlich sind, um ihm den bisherigen Durchschnittsertrag seines Gutes zu sichern. Wird nun in der Zukunft eine neue Vertauschung in einzelnen Fällen nöthig, so ist dies auf dieser Grundlage ungemein erleichtert. Zugleich aber haben auch die Betheiligten, unter Zuziehung von Sachverständigen, sich über eine derartige Anlegung der künftig noch nöthig bleibenden Wege, Gräben und Raine zu vereinigen, bei welcher der Wegfall jeder unnöthigen Boden=

verschwendung mit völliger Zugänglichkeit aller Theile, möglichster Erleichterung für alle Interessenten und thunlichster Freiheit ihrer Bewegungen und Pläne vereinigt ist. Jeder bekommt eine geschiedene, compacte, ihm wohl gelegene Masse, in deren Innern er nach Gutdünken seine Anordnungen nach bestem Ermessen treffen kann. Die Bodenvertheilung ist, ohne Eingreifen in Eigenthumsrechte, ohne Beschränkung des natürlichen Ganges des Verkehrs, nicht länger auf unverständiges Herkommen, sondern auf das Princip der Zweckmäßigkeit gestützt, was Allem und Jedem im Staate zum Grunde liegen soll.

Natürlich daß Niemand dabei verlieren darf, und wenn Güter von gleichem Umfange zeither einen verschiedenen Ertrag geliefert haben, dem Besitzer des besseren Gutes der zeitherige Ertrag auch für die Zukunft zu sichern ist. Eine solche Verschiedenheit in dem Ertrage gleich großer Grundstücke hat nun ihren Grund theils in bleibenden, theils in vorübergehenden Verhältnissen gehabt. In bleibenden, wenn sie in der natürlichen Güte des Bodens, der leichten Bestellungsweise, der größeren Tragbarkeit bedingt war. Die Fortdauer dieser Vortheile ist nun gleichfalls bleibend zu sichern. Dies wird sich nun freilich nicht immer so machen lassen, daß, wer jetzt nur guten Boden besaß, auch künftig lauter gleich guten Boden bekommen sollte. Die Rücksicht auf die übrigen Zwecke der Maaßregel wird dies häufig verhindern. Aber was ihm an Güte abgeht, das soll ihm an Größe ersetzt werden. Ebenso wird Mancher vielleicht an Flächeninhalt seiner Grundstücke verlieren müssen. Aber was er an Größe verliert, das wird er an Güte gewinnen. Jedem ist der gleiche Ertrag, den er bisher bezogen, zu gewähren, und ihm selbst nun zu überlassen, wie er durch Benutzung aller übrigen aus der Operation sich ergebenden Vortheile ihn steigern kann. Aber jene Verschiedenheit in dem Ertrage und Werthe der Grundstücke ist auch durch vorübergehende Verhältnisse begründet; durch Anstalten nehmlich, die der Besitzer getroffen hat und die Jeder zu treffen im Stande ist, sobald er sich gleicher Mittel bedient, die aber einer steten Erneuerung oder Unterhaltung bedürfen, um fortdauernd ihre Wirksamkeit zu behaupten. Hierher gehört die Verbesserung eines Guts durch starke und vorzügliche Düngung. Hierher die Schutzmittel, die vielleicht durch Wildzäune, durch Hecken, Gräben und dergl. getroffen sind, und allerdings den Werth eines Grundstücks erhöhen. Unmöglich wird es sein, einem Besitzer, dessen Felder durch gute Wirthschaft in vorzüglichen Stand gesetzt waren, gerade lauter gleich gut bestellte Felder zu gewähren. Unbillig gegen die Uebrigen aber wäre es, ihm den Betrag des Ausfalles in einem bleibenden Mehrbetrage des Bodens zu ersetzen und dieses dem zu entziehen, dem das gutgedüngte, das umzäunte, das verbesserte Grundstück zufällt. Denn die Kraft des Düngers verliert sich ja, der Wildzaun wird zerstört, die Verbesserung verschwindet, wenn sie nicht durch neue Anstrengungen erhalten wird. Folglich ist der Werth solcher vorübergehender Vortheile zu schätzen und demjenigen, dem sie bisher zu Gebote standen, von seinem Nachfolger in ihrem Genusse in Geld zu gewähren. Dadurch erhält er die Mittel, eine gleiche Verbesserung den ihm zufallenden, vernachlässigten Stücken zuzuwenden und der Andere findet seine Auslage in dem reicheren Ertrage des verbesserten Feldes wiedererstattet. Endlich wird der Ueberschuß, der durch den Wegfall unnöthiger Wege, Raine u. dergl. gewonnen wird, den einzelnen Antheilen gleich mit beigerechnet und dabei kann nicht füglich ein anderer Maaßstab entscheiden, als das bisherige Eigenthum, und wo dieses nicht klar ist, die Größe der betheiligten Güter, so daß Jeder im Verhältnisse seines Antheils einen Zuwachs erhält. Der Unterschied, der auch künftig durch die größere oder geringere Entfernung von der Wohnung des Besitzers hervorgerufen wird, kann dadurch ausgeglichen werden, daß man denen die entlegeneren Felder zutheilt, die schon jetzt den größten Theil ihrer Grundstücke in weiterer Entfernung besaßen, und nun immer den großen Vortheil erlangen, Alles beisammen zu haben. Doch mag der Ausfall, wenn er bedeutend ist und fühlbare Unannehmlichkeiten hervorruft, durch Zutheilung größerer Antheile auf Kosten derjenigen, die von der Veränderung bedeutende Vortheile ziehen, ausgeglichen werden. In vielen Gegenden würde es freilich sehr zweckmäßig sein, wenn man die Besitzer sehr entlegener Feldcomplexe vermögen und durch eine von den Uebrigen ihnen zu gewährende Beihilfe unterstützen könnte, sich von dem Dorfe abzubauen und in der Mitte ihrer neuen Besitzungen niederzulassen. Dazu aber könnte natürlich Niemand genöthigt werden; es muß eine Sache freien Einverständnisses bleiben.

Dagegen scheint es keinem Zweifel zu unterliegen, daß zur Vornahme der Maaßregel selbst, zur Durchführung der Zusammenlegung der Felder auch ein Widerstrebender genöthigt werden könne. Zwar greift dies tief in das Eigenthumsrecht ein; zwar scheint es hart, einen Staatsbürger zur Entäußerung eines unläugbaren Besitzthums zu zwingen; zwar werden manche Vorurtheile, manche Gewohnheiten, die Gefühle der Anhänglichkeit an den mühsam errungenen, unter Schweiß und Arbeit bestellten Acker dadurch verletzt. Aber es wird ja nirgends das Eigenthum entzogen, es wird kein Interesse gekränkt; man bietet nur einen Tausch an, der für beide Theile gewinnreich ist; nur Eigensinn kann ihn zurückweisen, und wenn der Staat auch in gleichgültigen Dingen, wo es sich nur um seine Wünsche, um eine Bequemlichkeit, eine Verschönerung handelt, selbst den Eigensinn seiner Bürger achten muß, so muß er doch diesen zu besiegen im Stande sein, wo er einem großen, umfassenden Staatszwecke, wo er dem Volkswohl feindselig entgegentritt. In solchen Fällen schreiben ja Alle dem Staate das Recht zu, dem Einzelnen das Eigenthum gegen Gewährung gesetzlicher Entschädigung zu entziehen. Nun auch in unsrer Frage findet nichts anderes statt; nur die Form ist anders: das Geschäft ist verschleiert; die Entschädigung wird nicht in Geld, sondern in Grund und Boden gegeben. Nur darauf kommt alles an, ob die Maaßregel wirklich in höherem Grade zweckmäßig ist, ob sie wesentliche Hemmnisse wegräumt, ob das Widerstreben der Einzelnen, als Hinderniß allgemeiner

Verbesserung, eine wahrhafte Beeinträchtigung für die Uebrigen enthält.

Doch möchte man schwerlich dem Staate an sich das Recht zum eignen Anbefehlen der Maaßregel einräumen, selbst wenn er die Kosten aus seinen Kassen bestreiten wollte. Zwar kann man sagen, der Staat werde sorglich unterscheiden, ob und wo es nöthig sei oder nicht; die Maaßregel gereiche zu Aller Vortheil; in dem Aufschwung der Bodencultur sei auch die Gesammtheit betheiligt. Allein der Staat soll in allen Verhältnissen der Güterwelt sich vor dem Streben hüten: die Menschen zum eignen Vortheil zwingen zu wollen. Das Beispiel wäre zu gefährlich; es könnte zu Consequenzen führen; es stünde den Rechtsansichten, dem Freiheitsgefühl des Volks zu schroff entgegen. Der Staatsmann muß sich gewöhnen, auch auf Wünschenswerthes zu verzichten, wenn er es nur zwangsweise verwirklichen kann; und er kann sich mit dieser Nothwendigkeit versöhnen, wenn er auf die Zukunft blickt und bedenkt, daß der Staat ein ewiges Institut ist. Auch wäre ein solches Einschreiten unnöthig. Denn man kann sich versichert halten, daß ein wahrhaft vortheilhaftes Unternehmen in unsrer berechnenden Zeit, die auch die Gewohnheit dem Gewinne zum Opfer bringt, nicht lange gleichgültig zurückgewiesen wird. Das erste glückliche Beispiel findet Nachahmer; und bald wird eine zaghaft begonnene Maaßregel allgemein. Die Initiative kann auch hier nur den Betheiligten übertragen werden. Aber sobald diese ihren Vortheil erkannt und in Anspruch genommen haben, dann sind sie auch berechtigt, den Schutz des Staates für dessen, ohne Beeinträchtigung der Interessen Anderer, zu erreichende Verwirklichung in Anspruch zu nehmen. Nur muß es nachgewiesen sein, daß wirklich die Interessen Andrer nicht darunter leiden. Bei der hier besprochenen Maaßregel ist es denkbar, daß einzelne Betheiligte durch die Durchführung derselben gewinnen, die Andern keinen so großen Nutzen davon ziehen, daß dieser die mit ihr unläugbar verbundene Störung in ihrem ruhigen

Besitze überwiegen könnte. Der Behauptung Einiger, die Maaßregel sei für die ganze Gemeinde vortheilhaft, steht vielleicht der Widerspruch Andrer entgegen. • Der Zwang, der in ihr für die Widerstrebenden liegt, findet nur dann eine Entschuldigung, wenn die Maaßregel im Großen ausgeführt wird, und für Alle Vortheile daraus fließen. Es ist endlich in manchen, freilich seltnen, Fällen möglich, daß wirklich Einzelne darunter leiden, daß sie Vortheile einbüßen würden, die ihnen nichts ersetzen kann und daß sie mit Recht die Nothwendigkeit des Schrittes läugnen; daß aber auch Einzelne großen Gewinn dabei machen könnten, ohne daß Einer verlöre, und daß nur der Starrsinn, das Vorurtheil der Andern ihnen entgegensteht. Es stehen Rechte gegen Rechte; dem Einen kann sein Recht nicht werden, wenn nicht der Andre nachgiebt. Hier kommen wir auf keinen Ausweg, als auf: die Zahl der Stimmen und das Ermessen der Behörden. Es handelt sich um die Vortheile der Maaßregel. Halten die Meisten sie für nützlich, so mag sie als solche betrachtet, so mag sie durchgeführt werden. Aber der Nutzen derselben läßt sich beurtheilen, und darum mögen unparteiische Behörden auch die Ansicht der Minorität zur siegenden machen, wenn sie dieselbe als die richtige erkannt haben. Nach diesen Ansichten würde zu bestimmen sein, daß in der Regel die Majorität entscheide, daß aber, wenn die Minorität sich auf Gefahr, die Kosten zu verlieren, auf die Entscheidung der Behörde beruft und diese erkennt, die Maaßregel werde, ohne großen Nutzen zu haben, die Interessen der Minderzahl wesentlich beeinträchtigen, oder sie werde für alle Theile nützlich, für die Minorität aber ganz besonders vortheilhaft sein, der Beitritt der Behörde zu der Stimme der Minorität der letzteren den Sieg verschaffe.

Aber wie sollen die Stimmen gezählt werden? Soll die Zahl der Parzellen, die Zahl also der vorwaltenden Interessen den Ausschlag geben? Oder soll es der Umfang der Besitzungen, das Gewicht also der betheiligten Gegenstände der Operation? Es scheint unbillig, daß derjenige, der drei

Acker Landes an drei verschiedenen Stellen besitzt, drei Stimmen haben soll, während ein Andrer, der zehn Acker an einer Stelle vereinigt hat, nur mit einer bekleidet ist. Aber es kann auch nicht für billig gehalten werden, daß der Besitzer eines größern vereinigten Grundstücks die mehreren Besitzer einer gleich großen Fläche, deren Felder aber zerstreut und vertheilt sind, an einer Operation sollte hindern, oder wenigstens ebensoviel Gewicht dabei äußern können, die den Werth ihrer Grundstücke, ohne seinen Nachtheil, bedeutend erhöhen würde. Man hat eine Combination beider Methoden vorgeschlagen, wonach die Zahl der Parzellen multiplicirt mit der Größe des Flächeninhalts das Verhältniß der Stimmen, die jeder Einzelne ausübt, bezeichnen soll. Dies dürfte mathematischer Gerechtigkeit entsprechen; aber dem unmathematischen Sinne unsrer Landleute um so schwerer einleuchten, je weniger es dem gewöhnlichen Verfahren in ähnlichen Fällen angemessen wäre. Meiner Meinung nach ist eigentlich auf die Größe des Flächeninhalts gar keine Rücksicht zu nehmen. Denn zu der hier verhandelten Frage steht dieser in gar keiner Beziehung, sondern es handelt sich nur um die Lage der Felder. Die getrennten Stücke sollen vereinigt, aber die vereinigten sollen nicht getrennt werden. Für die Besitzer größerer Parzellen ist die Maaßregel nur scheinbar wichtiger; zu ihrem Nachtheile soll die Aenderung gar nichts, zu ihrem Vortheile wird sie weniger beitragen, als zu dem der Inhaber kleinerer Antheile; nur die vielen kleinen Theilstückchen sind größerer Umgestaltung ausgesetzt und mithin höher betheiligt. Trotz aller logischer Consequenz, die in jener combinirten Methode liegt, scheint mir das unlogische, aber historisch und volksthümlich besser begründete Verfahren den Vorzug zu verdienen, hier wie in allen die Gemeinden betreffenden Fragen nach der Zahl der Güter stimmen zu lassen, allen Besitzern von in der Feldmark gelegenen Gütern gleiche Stimmen zu geben. Denn die Maaßregel ist nicht bloß ein Austausch unter Grundbesitzern; sie greift tief in alle Verhältnisse unsrer ländlichen Communen ein; sie ist eine Gemeindereform. Wird übrigens der

Minorität Gelegenheit gelassen, ihrer Meinung, wenn sie die vernünftige ist, durch Berufung auf den Staat den Sieg zu verschaffen, so ist zuletzt die Methode der Stimmzählung minder wichtig, und wird die Durchführung dieser wohlthätigsten aller den Landbau betreffenden Maaßregeln nicht verzögern.

IX.

Schlußwort.

In den vorhergehenden Abhandlungen handelte es sich um die Entfernung von Hindernissen, die der Entfesselung des Landbaues direct entgegenstehen, um die Aufhebung von Lasten, die unmittelbar auf ihm ruhen. Es waren Verhältnisse, die ihre Begründung in einer längst vergangenen Zeit finden, aber in ihrem feindseligen Widerstreben gegen den unendlich veränderten Charakter der Gegenwart verderblich werden. Es waren Momente, die fast durchgängig den Landboden unmittelbar betreffen, aus der rechtlichen Lage seiner Besitzer hervorgehen, und, wie nachtheilig sie auch auf andre Seiten des Volkslebens wirken mögen, doch am drückendsten auf dem Landbau lasten. Aber der Organismus unsrer Staaten enthält auch noch andre Theile in sich, die von allgemeinerer Bedeutung, von höherer Beziehung zu andern oder zu allen Seiten des Staatslebens, auf den Zustand der Bevölkerung des platten Landes eine mittelbare, aber nicht unbedeutende Nachwirkung äußern. Es würde den Plan dieses Werkes überschreiten, wollte ich auch diese, der Agriculturpolitik nicht ausschließlich angehörigen Fragen in seinen Bereich ziehen. Es mag genügen, sie zu nennen und ihrer Bedeutung für den Landbau zu gedenken. Gelegentlich mag ich dabei noch einige andere, in den hier behandelten Kreis allerdings gehörige, aber geringfügigere und weniger streitigere Fragen erwähnen.

Die Gemeindeverfassung ist eine wichtige Grundlage des gesammten Staatsgebäudes. Aber für keinen Theil des Volks mag ihre vernünftige und den natürlichen Verhältnissen angemessene Anordnung so einflußreich sein, als für die Bewohner des Landes. Die städtische Bevölkerung umfaßt viele Mitglieder, die zu dem Staate in einer viel näheren, viel unmittelbareren Beziehung stehen, als zur Gemeinde, mit letzterer selten oder nie in Berührung kommen. Der Bewohner des Landes ist mit der Gemeinde verwachsen; sie ist das Nächste, was außerhalb seines Hofes ihn angeht; und je enger der Kreis ist, den sie bildet, desto inniger umschließt er ihre Glieder. Fremd und kalt gehen die Bewohner der Städte an einander vorüber und die Bewohner desselben Hauses kennen sich oft selbst dem Namen nach nicht. Das Nachbarverhältniß auf unsern Dörfern aber enthält noch manche schöne Nachklänge der verschwundenen Zeit eines herzlicheren, innigeren Volksthums. An vielen Orten hat die Sitte gegenseitige Hülfeleistung, z. B. bei Bauten, zum heilig gehaltenen Gesetze gemacht. Hier kann eine gute Gemeindeordnung gar kräftige Wurzeln schlagen. Aber sie muß auf die Eigenthümlichkeiten des Landes berechnet, einfach, freisinnig, der natürlichen Gestalt der Verhältnisse angemessen sein. Sie muß das Hausrecht des Einzelnen vor den Eingriffen der Gemeinde, das Recht der Gemeinde vor den Eingriffen des Staates schützen. Nirgends wäre engherzige Bevormundung gehässiger, lästiger, unnatürlicher und überflüssiger, als in unsern ländlichen Communen. Möge die Ordnung des Gemeindewesens überall den Bauer zu dem stolzen Bewußtsein erziehen, daß er Herr, Herrscher, König in seinem Hause ist, und mögen die einfachen Angelegenheiten ländlicher Gemeinden dem freien Zusammentritt ihrer biedern Genossen überlassen bleiben. — Bei Anordnung des ländlichen Gemeindewesens dürfte eine höhere Aufmerksamkeit auf einen Gegenstand zu wenden sein, der bisher von der Gesetzgebung über Gebühr vernachlässigt worden: die Feldpolizei. Ihre zweckmäßigere und kräftigere Gestaltung würde den Landmann vor vielen Verlusten und Nachtheilen sichern und zahllosen Streitigkeiten und Feindseligkeiten vorbeugen. In beiden Beziehunaen hat aber die

Gesetzgebung das Volksthümliche sorglich zu achten und die in dem ländlichen Volksleben noch immer verstreuten Reste der löblichen Gebräuche unsrer Altvordern als treffliche Keime des Besseren zu benutzen. — Die Gemeindeordnung muß aber nicht bei der Gemeinde stehen bleiben; sie muß eine Bezirksordnung an sich schließen, und durch zweckmäßige Abgrenzung der Bezirke die Gemeinden vereinigen, denen natürliche Verhältnisse ein gemeinschaftliches Interesse geben, das zu erkennen sie durch verkehrte, das Zusammengehörige trennende Einrichtungen verhindert wurden. Zu den größten Nachtheilen der Patrimonialgerichtsbarkeit gehört es, daß sie den obrigkeitlichen Wirkungskreis von zufälligen Umständen, statt von einem Principe der Zweckmäßigkeit abhängig machte, die Gemeindebezirke unendlich zersplitterte und so die Kräfte durch Theilung schwächte. Wenn aber alle Gemeinden, die gemeinschaftliche Berührungspunkte haben, unter eine gemeinschaftliche Obrigkeit gestellt sind, dann erst wird es möglich werden, auch auf dem Lande eine kräftige Polizei zu handhaben; dann werden viele auch unmittelbar auf den Landbau wohlthätig einwirkende Unternehmungen, wie zweckmäßige Anlage von Communicationswegen, Geradelegung von Flüssen, große Entwässerungs- und Bewässerungsanstalten, Eindeichungen u. dergl., ja es werden viele Verbesserungen des Kirchen- und Schulwesens durch vereinte Kräfte möglich werden, und das ganze Gebäude des Staats wird eine neue, breite und sichre Stütze gewinnen.

Das Gewerbswesen berührt die Städte näher als das Land. Aber bei seiner gesetzgeberischen Behandlung hat der Staat eine große und folgenreiche Ungerechtigkeit gegen das Land, das Volk und sich selbst wieder gut zu machen, eine Abweichung von den Grundsätzen des ewigen Rechts zu entfernen, deren Entstehung natürlich, deren Fortdauer aber auf die Länge nicht zu tragen ist, weil sie jetzt schon dem Bedürfniß der Zeit widerspricht und in der Zukunft in gebieterischer Nothwendigkeit einen unbesiegbaren Feind erhalten wird. Es war natürlich, daß Gewerbe und Handel sich in den Stürmen des Mittelalters in die Mauern der Städte flüchteten, wo sie Schutz und Sicherheit fanden. Die zusammengedrängte Bevölkerung der Städte gab ihnen neue Nahrung, reiche Beschäftigung und rief neue und mannigfaltige Zweige der Gewerbsthätigkeit hervor. Das Gewerbsleben selbst erhielt in den Städten große Erleichterungen durch die Leichtigkeit, Material und Werkzeuge zu beziehen, gewann zahlreiche Hülfsmittel und fand reichen Absatz seiner Erzeugnisse. Der Landmann bereitete sich die wenigen Gegenstände der Gewerbe, deren er bedurfte, in roher, kunstloser, unvollkommener Gestalt mit eignen Händen und brauchte die Städte nicht. Das Verhältniß mochte natürlich scheinen, daß auf dem Lande nur Ackerbau und Viehzucht getrieben ward, Gewerbe und Handel Sache der Städte waren. Auch heute noch ist es natürlich, daß die meisten Gewerbtreibenden in Städten wohnen, wo sie Erleichterung, Hülfsmittel und bei dichter Bevölkerung sicheren und ausgedehnten Absatz finden. Aber auch hierauf erstreckte der charakteristische Zug des Mittelalters seine verderbliche Wirkung: daß man ein Verhältniß zum Rechte erhob, etwas, was sich natürlich gefügt hatte, zur bleibenden Einrichtung machte, die Ausübung einer Handlung zum Monopol, die freiwillige Unterlassung zur Zwangspflicht machte, und dadurch der natürlichen Entwickelung des Lebens entgegentrat, der Zukunft feindselige Gesetze vorschrieb. Nicht darüber, daß Gewerbe und Handel vorzugsweise die Städte suchen, hat man zu klagen. Aber daß sie an die Städte gebannt sind, daß das Land ihrer beraubt ist, daß man eine frühere Fügung zum ewigen Recht gemacht hat, das ist das Unheil. Die Verhältnisse haben sich geändert. Der Landmann hat Bedürfnisse, die er früher nicht kannte, sein Geschäft hat sich erweitert und er will auch die Güter, die seine eigne Hand sonst fertigte, lieber in höherer Vollkommenheit und ohne Zeitverlust von den Gewerbtreibenden beziehen. Viele Gewerbe könnten in der Mitte des Landes bestehen. Auf der andern Seite finden ausgedehntere Gewerbsunternehmungen auf dem Lande vielfache Vortheile, wohlfeilere Arbeit, geringere Abgaben. Die kleineren Handwerker leben auf dem Lande wohlfeiler und arbeiten billiger. Einzelne Zweige des innern Handels würden ebenso zur Bequemlichkeit der Landleute, als zum vermehrten Absatz der Städte beitragen. Dem allen aber setzen die städtischen Privilegien eine Schranke entgegen, die oft umgangen eine Zeit lang noch halten, aber wenn sie nicht friedlich entfernt, gewaltsam einstürzen wird. Denn diese Einrichtungen beeinträchtigen den Landmann ebenso wie viele an die Städte gebannte Gewerbtreibende und viele Glieder der städtischen Bevölkerung selbst. Ersteren, weil er Alles, was er aus den Städten bezieht, ihrem Monopole zu Dank, theurer bezahlen muß, bei der Entfernung der Stadt von seinem Wohnsitze unnöthigen Geld- und Zeitverlust hat, der Keinem zu Gute kommt, schleunige Bedürfnisse oft gar nicht befriedigen kann und manches Nützliche sich versagt, manches nothdürftig selbst herstellt, um sich den sauren Gang in die Stadt zu ersparen Die Zweiten, weil sie dadurch gezwungen werden, einen kostspieligeren, unpassenderen, ungesunderen Wohnort auswählen zu müssen, vielen Vortheilen zu entsagen, und sich unter einer Menge von Concurrenten niederzulassen, während ihnen auf dem Lande ein sicherer Absatz winkte. Der ganze Mehrbetrag der Gewerbsthätigkeit, der sich entfalten würde, wenn das Land den Gewerben geöffnet wäre, ist Verlust für das Ganze. Der Capitalgewinn, der durch freien Handel auf dem Lande gemacht werden würde, gleichfalls. Die Bedürfnisse, die die Landleute befriedigen würden, wenn sie in der Nähe zu beziehen wären, entgehen dem Gewinne der Industrie. Endlich verlieren alle Consumenten, insofern als das Monopol der Städte die Waaren vertheuert. Würden diese Einrichtungen entfernt, so ersparte der Landmann zahlreiche Verluste, eine große Anzahl von Staatsbürgern erlangte freie Bahn zu nützlicher Thätigkeit, die Kosten vieler Gewerbsunternehmungen würden verringert, eine größere Wohlfeilheit vieler Waaren wäre erzielt. Verlieren könnte die Gesammtheit gar nichts; denn es würde ja nicht weniger gebraucht, folglich auch nicht weniger producirt als früher; die Gewerbe veränderten nur ihren Sitz, ihre Thätigkeit würde nicht verringert, sondern erhöht. Aber, so sagt man, die Städte gingen ein. So lange für viele Gewerbe noch ein steter, täglicher und starker Absatz erforderlich ist, so lange viele sich gegenseitig nothwendig machen, weil Eines der Unterstützung der Andern bedarf, so lange die Städte noch der Sitz der Behörden, der Mittelpunkt der Handelsgeschäfte und der Lieblingsaufenthalt der Capitalisten sind, werden sie immer der Hauptsitz des Handels und der Gewerbe bleiben. Der Handel ohnedem ist fast nothwendig an die Städte gebannt; die Verhältnisse, die ihn an sie fesseln, sind bleibende. So auch viele Gewerbe. Die vermehrte und an Wohlstand zunehmende Bevölkerung des Landes, wird aber dem Handel und den in den Städten bleibenden Gewerben einen erhöhten Absatz schaffen. Die Bevölkerung der Städte wird also mehr auf das Land verkaufen und wieder manche Bedürfnisse wohlfeiler vom Lande beziehen. Einzelne Städte mögen leiden, sie mögen dem Ruine entgegensehen, sie mögen eingehen. In Gottes Namen! Was für ein Recht haben sie, ihr Dasein, das sie auf Kosten ihrer Mitbürger bis hierher gefristet haben, auch ferner auf deren und der Gesammtheit Kosten erhalten zu wollen? Ist denn eine Stadt ein lebendes Wesen, dessen Dasein man um jeden Preis zu erhalten suchen muß? Und wenn die ganze städtische Bevölkerung auf das Land hinauszöge und Thore, Mauern und Straßen unsrer Städte zerfielen, und vom Pfluge überackert würden, wenn nur diese Bevölkerung freier, gesünder, glücklicher lebte, was sollte es schaden? Aber obgleich ich eine Art von allmäliger Verschmelzung der Stadt und des Landes für wahrscheinlich halte, so wird es doch, so lange die Welt steht, in civilisirten Staaten Städte und Dörfer geben und der Flor des Landes wird segensreicher auf den Flor der Städte wirken, als das Gedeihen der Städte auf das Wohl des Landes gewirkt hat.

Auch der Staat selbst, in einem Zweige seiner öffentlichen Thätigkeit als Partei gewissermaaßen und in eignem Interesse handelnd, hat zur Bedrückung des Landbaues, zur ungerechten Behandlung der Grundbesitzer und zur

Schwächung der in ihm wirkenden Kräfte beigetragen. Die ersten Steuern waren Vermögensteuern. Das Vermögen bestand damals wesentlich im Grundbesitz. Bewegliche Güter waren nur in den Händen der Städte und der großen Grundherren. Die letzteren wußten sich Freiheit von der Besteuerung zu erwirken und wälzten die Last auf ihre Hintersassen. Darum nahmen alle Steuern, soweit sie nicht die Städte betrafen, sehr bald die Natur von Grundsteuern an. Dazu trugen überdem die Leichtigkeit der Erhebung, die Sicherheit des Ertrags, die Gewißheit des Steuerobjects gar Vieles bei. Im Anfang war ihr Betrag niedrig; man glaubte sie nur für kurze Dauer bestimmt. Bald aber wurden sie bleibend und stiegen zu nie geahnter Höhe. Bei der Schätzung der Güter war man leichtsinnig zu Werke gegangen; man hatte nur den zufälligen damaligen Zustand des Guts und auch den nur oberflächlich ins Auge gefaßt. Ungleichheiten waren von Anbeginn sichtbar; einige Menschenalter mußten sie vermehren; die ungeheuren Veränderungen der Agricultur vervielfachten sie unermeßlich. Wo die Grundsteuern eine lange Zeit sich auf gleicher Höhe erhielten, da glich der Verkehr das Unbillige wenigstens einigermaaßen aus; aber daß er dieß that, daß die Steuer sich an den Kaufpreis heftete, war an sich ein Unheil. In Zeiten der Bedrängniß aber, wenn die Abgaben plötzlich und unerwartet anstiegen, da ward die Unbilligkeit zur furchtbarsten Bedrückung, führte zum gänzlichen Ruine oder legte wenigstens die Keime der Verarmung. Wo diese Grundsteuern noch nach altem Fuße bestehen, da sind sie außer allem Verhältnisse zum wirklichen Ertrage der Güter. Die Masse unbesteuerten Grundeigenthums macht es überdem den Besteuerten unmöglich, einen Theil ihrer Lasten auf die Consumenten zu wälzen. Es soll aber jede Besteuerung im Staate das Ziel ins Auge fassen: nur das reine Einkommen in verhältnißmäßiger Gleichheit zu treffen. Es muß unmöglich sein, den Preis eines Guts höher oder niedriger zu stellen, weil es höher oder niedriger besteuert ist, und dadurch die ganze Begründung der Steuer zu eludiren. Das

Einkommen aus Grund und Boden muß nicht mehr und nicht weniger besteuert sein, als jedes andre Einkommen im Staate. Es muß steigend und fallend besteuert sein, nach dem steigenden und fallenden Bedürfniß des Staats. Die Grundsteuer aber muß sich auf eine zuverlässige Ergründung des Grundertrags stützen. Dabei hat man mit der größten Sorgfalt zu verfahren und nicht den leichtesten, sondern den sichersten Weg zu wählen. Eine Abschätzung nach dem mittleren Kaufpreise, oder der Pachtrente, oder eine Combination beider Methoden kann hier nicht zum Ziele führen. Auch hat man den früher begangenen Fehler zu vermeiden; man hat die bleibende Beschaffenheit des Grundstücks ins Auge zu fassen, nicht den Ertrag, der durch zufällige äußere Umstände bedingt ward. Unter allen Grundsteuersystemen erscheint das als das vorzüglichste, was den natürlichen Ertrag der Grundstücke erforscht, den diese, bei guter Bewirthschaftung, aber abgesehen von zufälligen äußeren Umständen, bringen müssen. Zweckmäßig ist es, die Grundsteuer in einer gangbaren Getreideart auszuwerfen und ihren Geldpreis von Zeit zu Zeit nach dem mittleren Marktpreis zu normiren.

Hat der Staat die Beschwerden des Landbaues gehoben, die er selbst hervorrief oder zuließ, so macht der Landbau wenig Anforderungen an ihn. Er bedarf keiner Vorschüsse, keiner kostspieligen Anstalten, keiner Leitung und Controle. Vielmehr ist es nöthig, daß der Staat dem Eingreifen in die Betreibung des Landbaues auch da entsage, wo es in einzelnen Ländern noch stattfindet, wo der Staat den Landmann in der freien Benutzung des Bodens beengt und ihm die Art und Weise der Bestellung vorschreiben, ihm gewisse Culturarten anbefehlen, andre verbieten will. Selbst Musterwirthschaften werden überflüssig, wo das ganze Land eine Musterwirthschaft sein wird. Was er noch von dem Staate heischt, das sind die Forderungen, die alle Bürger an ihn stellen. Eine freisinnige, volksthümliche Verfassung, die unter biedern Fürsten und weisen Räthen das Volk zum freien, kräftigen Wirken, zu Bürgerstolz und Bürgertugend erzieht. Persönliche Freiheit, die dem Menschenherzen den wahren Adel, die hochherzige Unabhängigkeit der Gesinnung verleiht. Gleichheit des Rechts, die Jeden nach seinem Maaße mißt, dem Verdienst seine Stelle giebt und den Biedermann im Kittel so hoch achtet wie den Biedermann im gestickten Hofkleid. Eine schnelle, offne, unparteiische Rechtspflege, die den Streit im Entstehen zu ersticken liebt, und die Schuld nicht voraussetzt; dem überwiesenen Verbrecher furchtbar ist, aber vor der Gefahr, einen Unschuldigen zu drücken, zittert. Eine kräftige Polizei, ein vernichtender Schrecken für das Diebsgesindel und die Blutsauger des Landes, die vagabondirenden Bettler, aber dem rechtlichen Manne nicht fühlbar und voll Ehrfurcht vor dem Innern der Familien, vor den Rechten des Hauses; die Bewegung beschirmend, nicht hemmend; schützend und nicht bevormundend. Eine Armenpflege, die das Unglück ehrt und lindert, den Trägen zur Arbeit zwingt und der Fortdauer der Verarmung vorbeugt. Freiheit der Bewegung, freie Entfaltung, freien Gebrauch der Kräfte; die sichersten Stützen des Volkswohls. Die Last des Kriegsdienstes nicht auf eine Klasse gewälzt, aber Allen erleichtert. Freiheit des Glaubens, Freiheit der Gottesverehrung; Schutz und Ehre der Kirche und lauterer Frömmigkeit. Freiheit vernünftigen Gedankenaustauschs in Rede und Schrift. Oeffentlichkeit in allen Seiten des Staatslebens; Geistesfreiheit, auf wahre Aufklärung gegründet. Dazu vor Allem verbesserte Einrichtung der Volksbildung, in deren allgemeines System sich auch landwirthschaftliche Lehranstalten einreihen. Gebet ihm das und unter edlen Bürgern eines herrlichen Volks wird der Stand des Landmanns nicht der schlechteste Stand sein.

Kolibri 360 GmbH
Ferdinand-Jühlke-Straße 7
99095 Erfurt, Deutschland
produktsicherheit@kolibri360.de